绿色低碳导向下的西部产业结构优化

蔡绍洪　赵　普　常兴仁　张杰飞　陆　阳◎著

人民出版社

责任编辑:李椒元

装帧设计:中联学林

责任校对:张明明

图书在版编目(CIP)数据

绿色低碳导向下的西部产业结构优化/蔡绍洪等著.

—北京:人民出版社,2015.12

ISBN 978 - 7 - 01 - 015582 - 1

Ⅰ.①绿… Ⅱ.①蔡… Ⅲ.①节能—产业结构优化—研究—西北地区②节能—产业结构优化—研究—西南地区 Ⅳ.①F127

中国版本图书馆 CIP 数据核字(2015)第 289707 号

绿色低碳导向下的西部产业结构优化

LÜSE DITAN DAOXIANGXIA DE XIBU CHANYE JIEGOU YOUHUA

蔡绍洪 赵普 常兴仁 张杰飞 陆阳 著

人民出版社 出版发行

(10076 北京市东城区隆福寺街 99 号)

北京天正元印务有限公司印刷 新华书店经销

2015 年 12 月第 1 版 2015 年 12 月北京第 1 次印刷

开本:710 毫米×1000 毫米 1/16 印张:18.5

字数:332 千字 印数:0,001 - 3,000 册

ISBN 978-7-01-015582-1 定价:38.00 元

邮购地址:100706 北京市东城区隆福寺街 99 号

人民东方图书销售中心 电话:(010)65250042 65289539

前　言

　　随着全球气候变暖和人类生存环境的日趋恶化,全球科学界以及世界各国政府已基本达成一致,认为温室气体排放和工业废弃物污染是造成全球气候升温和生态环境恶化的最主要原因,绿色低碳发展已成为人类可持续发展的广泛共识。绿色低碳经济是以绿色低碳发展为目标,以经济与生态的和谐为目的,以效率、和谐、持续为追求,以低能耗、低排放、低污染为基础,以生态产业(生态农业、生态工业、生态服务业)为载体,为适应人类环保与健康需要,尽可能降低温室气体和有害物质排放量而产生并表现出来的一种新的发展形态和经济模式。该模式将环境资源作为经济社会发展的内在要素,把实现经济社会和生态环境的可持续发展作为绿色发展的目标,把经济活动过程和结果的"低碳化"、"绿色化"和"生态化"作为发展的主要内容和途径。绿色低碳发展作为应对气候环境恶化的必然选择,已逐渐成为全球化的发展趋势。

　　我国西部地区自然资源丰富,不仅是我国资源能源的续接地,而且是我国的大江大河源头和重要自然生态屏障。由于地理位置、自然环境和历史文化等方面的原因,西部地区的经济发展相对滞后,生态环境较为脆弱,特别是西部一些欠发达的生态脆弱地区,由于特殊的地理结构、气候条件以及落后的生产方式和生活方式,经济贫困问题与生态脆弱问题长期相互交织,陷入恶性循环、积重难返的生态贫困状态,成为我国贫困面最广、贫困人口最多、贫困程度最深、经济发展最为落后的区域和自然生态环境最脆弱的地区。西部欠发达地区经济发展落后,生态环境脆弱,除了上述地理、自然、历史等原因之外,还有一个重要的原因就是区域产业结构和产业组织模式不合理,西部地区产业结构和组织模式如何进行优化调整是一个急需解决的重大问题。

　　进入新世纪后,党和国家提出了全面建设小康社会的奋斗目标,党的十八大又提出了在 2020 年全面建成小康社会的新要求,并首次把生态文明建设提升至与经济、政治、文化、社会四大建设并列的高度,列为建设中国特色社会主义的"五位一体"的总布局之一,成为全面建成小康社会任务的重要组成部分,强调要把生态文明"融入经济建设、政治建设、文化建设、社会建设各方面和全过程"。面对贫困落后和生态脆弱的现状,西部地区要与全国一道同步建成小康社会,还存在着许多困难和问题,不仅需要追求发展速度,缩小与东、中部发达地区的差距,实现跨越式快速发展,更需要追求发展质量,保护好脆弱的自然生态环境,实现可持续绿色发展。而要实现快速绿色发展,必须要有绿色低碳高效的产业结构和组织模式作支撑。因此,从调整优化产业结构入手,加快产业转型,形成低碳高效的生态型产业结构,是西部地区推动绿色低碳高效快速发展的重要切入点。

产业结构是指各产业组成的状态和发展水平以及产业间的生产联系和数量的比例关系。在经济系统中各个产业部门构成以及它们之间联系不同,对经济发展的贡献也有所不同,各产业能否实现均衡高效发展取决于各产业的配置比例及产业内部的运行机制。产业结构包括比例结构、技术结构、产业布局、产业组织、产业链等要素,反映分布在国民经济各产业中经济资源之间的相互联系、相互依存、相互提升资源配置效率的运动关系。产业结构的优化调整是指通过对产业间及产业内各企业类型、数量、规模、水平、质量、结构、关系及运行机制等方面的调整,使产业结构更为合理化、高度化、高效化、生态化,从而使产业资源得到优化配置,产业发展更为协调高效。产业结构调整优化追求的目标是产业经济效益的最大化和生态效益的最佳化。

传统产业结构理论中,产业结构优化主要是指产业结构合理化和高度化。所谓产业结构合理化是指产业与产业之间协调能力的加强和关联水平的提高,使所有产业都能协调发展。即在一定的经济发展阶段上,根据消费需求和资源条件,对不合理的产业结构进行调整,使资源在产业间得到合理配置和有效利用。产业结构合理化状态是产业结构与资源供给结构、技术结构、需求结构相适应的状态。所谓产业结构高度化是指按照产业结构演化规律,通过技术进步,使产业结构的整体质量和效率从初级状态向高级状态,从较低水平向较高水平发展。即产业结构向高技术化、高知识化、高资本密集化、高加工化和高附加值化方向发展。产业结构高度化(也称高级化)的一个重要标志是与经济发展阶段相适应的支柱产业和主导产业群的形成,代表现代产业科技水平的高效率产业部门的比重不断增大。

面对西部地区产业效率低下和生态环境脆弱等问题，除了上述的合理化和高度化外，其产业结构的高效化和生态化任务更为紧迫。所谓产业结构的高效化是指通过对各产业间资源配置的不断优化，使劳动生产率、投资产出率、技术进步率、劳动要素配置效率和资本配置效率等都得到提高，主要表现为产业系统由低生产效率、低科技含量、劳动密集型的产业向高生产效率、高科技含量、技术密集型和资本密集型的产业演进和转移。所谓产业结构的生态化是指按照生态经济原理和自然生态规律，来调整和构造高效和谐的产业结构，使多个生产体系或环节之间通过系统的耦合和物质、能量的多级利用，形成类似于自然生态系统那样有自净化功能的与周边环境友好的产业生态系统，在对自然生态环境不产生负面影响的情况下，实现物质产品的高效产出和资源环境的持续利用。

在新形势下，通过产业结构优化来推进西部地区的跨越式快速发展与可持续绿色发展，是西部地区缩小与全国其他地区发展差距的一个重要手段。深入研究在绿色低碳背景下的西部产业结构优化问题，有利于探索内陆欠发达地区后发赶超实现跨越的新途径，对于保障我国区域的能源安全、生态安全和经济安全，对于进一步优化国家生产力布局，保持我国新一轮的长波发展，对于促进西部地区快速绿色发展，实现与全国同步建成小康社会宏伟目标等具有积极意义。为使西部地区在短时期内走上一条跨越式快速发展和可持续绿色低碳发展之路，从绿色低碳视角对西部地区产业结构优化进行系统深入的研究，为西部地区加快转型、加速发展、推动跨越，实现"工业化、城镇化、农业现代化"三化同步提供有价值的参考和指导，是一个极为重要和迫切的研究课题。

本书从可持续发展的视角，根据绿色经济、低碳经济、产业结构优化及产业生态学的理论，深入分析了不同产业结构对自然生态环境的影响，以及所产生的结构性污染，如产业比例与结构性污染、产业组织与结构性污染、产业布局与结构性污染等方面的问题，并对产业结构优化所涉及的合理化、高级化、高效化、生态化等方面的基本内涵、特征、途径、手段等进行了系统的理论梳理和深入分析。针对西部地区产业效率低下和生态环境脆弱的现实情况，提出了在西部地区产业结构优化调整的过程中，不仅需要尽快实现产业结构的合理化和高度化，更需要尽快实现产业结构的高效化和生态化，只有真正形成绿色低碳高效的生态型产业结构，才有可能实现西部地区产业经济效益和生态效益的有机统一,才有可能实现西部地区的跨越式快速发展与可持续绿色发展,才有可能使西部与全国一道同步建成小康社会,真正实现西部地区经济社会发展的历史性跨越。

本书通过对西部地区的产业发展及其产业结构的现状分析,指出了西部地区产业结构总体上存在着三次产业结构不够合理造成的产业效率低下,褐色高碳产业比例过高造成的环境污染严重,产业价值链与产业生态链相分离造成的资源利用率不高等方面的问题,以及由此导致的产业结构在生产效率和经济效益以及资源效率和生态效益两方面的双低下状况。深入分析和探讨了西部地区由于产业比例结构、能源消费结构、生产组织结构等不合理引起的高碳型产业结构的原因及其相应的破解思路。分别针对西部地区农业、工业和服务业的发展情况,深入探讨了相应产业内结构优化的绿色低碳高效发展问题,分析了各行业的绿色低碳高效发展趋势及其面临的发展机遇和挑战,有针对性地提出了各自的绿色低碳高效发展路径及发展模式。

本书还将产业结构的微观基础——产业组织结构作为优化西部地区产业结构的重要内容,通过对产业组织模式的有机整合与生态化改造来推进西部地区产业结构的高效化和生态化。在对产业价值链与产业生态链、产业集群与循环经济以及跨产业整合生态链构建循环产业集群进行理论分析的基础上,提出基于产业组织生态化的产业结构低碳高效化对策,即通过产业价值链与产业生态链的有机整合,产业集群与循环经济的有机融合,来实现产业的生产效率与资源效率,经济效益与生态效益的统一。通过产业生态链的跨业整合来构建多路循环的产业共生网络和资源利用体系,形成高效有序低碳绿色的循环产业集群,从而使西部地区产业结构在高效率和生态化方面得到进一步优化,最终形成绿色低碳高效生态型产业结构。

本书还根据西部地区的生态状况和资源型产业的发展实际,提出了重整资源型产业组织价值链,提高资源型产业经济效益;重整资源型产业组织生态链,扩大资源型产业生态效益;整合产业价值链与生态链,构建循环产业集群模式等基于产业组织生态化的产业结构绿色低碳优化对策。并从产业结构政策、产业组织政策、财税金融政策等方面,提出了促进西部地区产业结构绿色低碳优化的相关建议。主要包括:促进战略性新兴产业快速发展,促进传统优势产业低碳化改造,促进关联产业间资源循环利用等方面的产业结构政策;促进大企业集团绿色低碳发展,促进中小企业"专特精深配"发展,促进大中小企业聚集协同共生等方面的产业组织政策;以及促进西部地区产业结构绿色低碳优化发展的财政政策、税收政策、金融政策等。

相对于其他同类研究来说,本书对基于绿色低碳约束下西部地区产业结构优化的研究,除了系统探讨西部地区产业结构的合理化与高度化问题外,更注重从西部地区产业实际出发,深入研究西部地区产业结构的高效化与生态化问题。不仅十分强调从区域产业比例布局结构的宏观层面来对产业结构进行合理化和高度化的优化调整,而且更加重视从产业生产组织结构的微观层面对产业结构进行高效化和生态化的优化调整。这为在全球绿色低碳经济背景下我国新一轮区域产业结构的优化调整开拓了新的视野和思路。本书提出的在产业结构优化调整过程中,通过调整与整合各产业内部以及跨产业之间的产业价值链和生态链,推动循环集群的要素聚集与重组,形成低碳绿色高效生态的循环集群式产业结构,并以此为基础构建西部地区"绿色增长极"的思路,对于促进西部地区的跨越式快速发展和可持续绿色发展具有积极意义。

本书适于区域经济发展、产业发展规划、产业组织管理、资源开发利用、生态环境保护以及产业集群、循环经济、生态产业、节能减排等相关管理部门和机构工作的人员和领导,相关学科研究领域的学者和研究人员,以及国民经济学、区域经济学、产业经济学等相关专业的本科生和研究生阅读。特别是可为西部地区从事区域发展战略决策、区域发展战略规划、区域产业政策调整、产业组织管理机制设计工作的部门和领导提供决策参考。

目　录

Contents

第1章　导　论 ……………………………………………………… 1

1.1　选题背景及研究意义 …………………………………………… / 1

1.1.1　问题的提出与研究背景 ……………………………………… / 1

1.1.2　研究目的 ……………………………………………………… / 3

1.1.3　研究意义 ……………………………………………………… / 4

1.2　相关研究进展及评述 …………………………………………… / 6

1.2.1　绿色低碳经济的相关研究进展及评述 ……………………… / 6

1.2.2　产业结构优化的相关研究进展及评述 ……………………… / 10

1.2.3　产业结构生态化的相关研究进展及评述 …………………… / 12

1.3　主要研究内容及思路 …………………………………………… / 14

1.3.1　本书研究的主要内容 ………………………………………… / 14

1.3.2　主要思路和方法 ……………………………………………… / 16

1.3.3　本研究的基本构架 …………………………………………… / 17

第2章　相关的概念梳理及理论研究 ……………………………… 19

2.1　绿色经济与产业生态学的相关理论 …………………………… / 19

2.1.1　绿色经济的相关理论 ………………………………………… / 19

2.1.2　产业生态学的基本原理 ……………………………………… / 21

2.1.3　产业生态系统与绿色经济 …………………………………… / 24

2.2　低碳经济与可持续发展的相关理论 …………………………… / 26

2.2.1　低碳经济的相关理论 ………………………………………… / 26

2.2.2　可持续发展的基本思想 ……………………………………… / 29

2.2.3　低碳经济与可持续发展 ……………………………………… / 31

2.3 产业结构对生态环境的影响 /34

2.3.1 产业比例结构与结构性污染 /34

2.3.2 产业组织模式与结构性污染 /36

2.3.3 产业布局方式与结构性污染 /39

2.4 产业结构优化的相关理论 /41

2.4.1 产业结构合理化 /41

2.4.2 产业结构高级化 /43

2.4.3 产业结构高效化 /45

2.4.4 产业结构生态化 /47

2.5 本章小结 /50

第3章 西部地区产业发展状况及存在的问题 ················· 51

3.1 西部地区产业发展变化状况 /51

3.1.1 西部地区农业发展变化情况 /51

3.1.2 西部地区工业发展变化情况 /54

3.1.3 西部地区服务业发展变化情况 /56

3.2 西部地区产业结构现状 /58

3.2.1 西部地区三次产业结构变化情况 /58

3.2.2 西部地区各产业内部结构状况 /61

3.2.3 西部地区产业结构的主要特征 /65

3.3 西部地区产业结构存在的主要问题 /68

3.3.1 三次产业的比例结构不够合理 /68

3.3.2 产业结构趋同和高碳产业比例大 /72

3.3.3 产业链较短及价值链与生态链分离 /75

3.3.4 产业结构呈现高碳低效特征 /77

3.4 本章小结 /79

第4章 西部产业结构的高碳低效原因及破解思路 ········· 81

4.1 西部地区产业结构呈高碳低效的原因 /81

4.1.1 产业结构尤其是工业结构不合理 /81

4.1.2 能源消费结构和消费方式不合理 /86

4.1.3 产业组织结构不合理与生产方式粗放 / 88

4.2 产业结构绿色低碳高效化的国内外经验及启示 / 90

4.2.1 产业结构低碳高效化的国际经验 / 90

4.2.2 产业结构低碳高效化的国内经验 / 92

4.2.3 对西部产业结构低碳高效优化的启示 / 94

4.3 西部产业结构绿色低碳高效化的思路与路径 / 96

4.3.1 产业结构低碳高效优化的原则与思路 / 96

4.3.2 西部产业结构低碳高效优化的关键环节 / 99

4.3.3 西部产业结构低碳高效优化的几种路径 / 100

4.4 本章小结 / 102

第5章 促进产业结构优化的绿色低碳高效农业 …………………… 104

5.1 绿色低碳高效农业及其发展趋势 / 104

5.1.1 人类农业发展阶段的历史演进 / 104

5.1.2 低碳高效农业的低碳高效机理及主要特征 / 106

5.1.3 低碳高效化是农业发展的必然趋势 / 108

5.2 西部发展绿色低碳高效农业的机遇和挑战 / 109

5.2.1 西部农业的高碳低效问题 / 109

5.2.2 西部发展低碳高效农业的机遇与优势 / 115

5.2.3 西部发展低碳高效农业的挑战与劣势 / 118

5.3 西部农业低碳高效化发展的途径及措施 / 125

5.3.1 适合西部农业低碳高效化发展的模式选择 / 125

5.3.2 支撑西部农业低碳高效化发展的关键技术 / 127

5.3.3 推动西部农业低碳高效化发展的主要措施 / 130

5.4 本章小结 / 131

第6章 促进产业结构优化的绿色低碳高效工业 …………………… 133

6.1 绿色低碳高效工业及其发展趋势 / 133

6.1.1 工业发展阶段的历史演进 / 133

6.1.2 低碳高效工业的低碳高效机理及其主要特征 / 135

6.1.3 绿色低碳高效化是工业发展的必然趋势 / 137

6.2　西部发展低碳高效工业的机遇和挑战　　　　　　　／139
　6.2.1　西部工业的高碳低效问题　　　　　　　　　　／140
　6.2.2　西部发展低碳高效工业的机遇与优势　　　　　／143
　6.2.3　西部发展低碳高效工业的挑战与劣势　　　　　／151
6.3　西部工业低碳高效化发展的途径及措施　　　　　　／156
　6.3.1　适合西部工业低碳高效化发展的模式选择　　　／156
　6.3.2　支撑西部工业低碳高效化发展的关键技术　　　／158
　6.3.3　推动西部工业低碳高效化发展的主要措施　　　／160
6.4　本章小结　　　　　　　　　　　　　　　　　　　／162

第7章　促进产业结构优化的绿色低碳高效服务业……………… 163
7.1　绿色低碳高效服务业及其发展趋势　　　　　　　　／163
　7.1.1　服务业发展的历史演进及其影响　　　　　　　／163
　7.1.2　低碳高效服务业的低碳高效机理及主要特征　　／165
　7.1.3　绿色低碳高效化是服务业发展的必然趋势　　　／167
7.2　西部发展低碳高效服务业的机遇和挑战　　　　　　／169
　7.2.1　西部服务业的高碳低效问题　　　　　　　　　／169
　7.2.2　西部发展绿色低碳服务业面临的机遇与优势　　／173
　7.2.3　西部发展绿色低碳服务业面临的挑战与劣势　　／181
7.3　西部地区服务业低碳高效化发展的途径及措施　　　／188
　7.3.1　适合西部服务业低碳高效化发展的模式选择　　／188
　7.3.2　支撑西部服务业低碳高效化发展的关键技术　　／191
　7.3.3　推动西部服务业低碳高效化发展的保障机制　　／192
7.4　本章小结　　　　　　　　　　　　　　　　　　　／195

第8章　西部产业生产组织的低碳高效化改造 ……………… 196
8.1　产业价值链与产业生态链的融合与改造　　　　　　／196
　8.1.1　产业价值链的价值创造和产业效率特征　　　　／196
　8.1.2　产业生态链的绿色低碳和生态效率特征　　　　／199
　8.1.3　价值链与生态链的有机融合与改造　　　　　　／201
8.2　产业集群与循环经济的有机融合与改造　　　　　　／203

8.2.1 产业集群组织模式的产业效率特征 / 203

8.2.2 循环经济组织模式的绿色低碳特征 / 205

8.2.3 产业集群与循环经济的有机融合与改造 / 208

8.3 整合各类产业链条和培育循环产业集群 / 210

8.3.1 整合产业生态链条,构建循环利用体系 / 210

8.3.2 融合价值生态链条,编织产业共生网络 / 213

8.3.3 培育循环产业集群,提升产业组织优势 / 215

8.4 本章小结 / 217

第9章 基于产业组织生态化的产业结构低碳高效优化对策 …………… 219

9.1 重整产业组织的价值链,提高资源型产业经济效益 / 219

9.1.1 重整资源投入体系,提高资源利用效率 / 219

9.1.2 重整生产协作体系,提升产业整体效益 / 221

9.1.3 重整产品销售体系,提升产品价值增值 / 224

9.2 重整产业组织的生态链,扩大资源型产业生态效益 / 226

9.2.1 生产组织生态化重构,提高产业生产生态效益 / 226

9.2.2 市场组织生态化重构,提高产业市场生态效益 / 228

9.2.3 管理组织生态化重构,提高产业管理生态效益 / 231

9.3 整合产业价值链与生态链,构建资源循环产业集群 / 233

9.3.1 重整价值链与生态链,实现经济生态有机统一 / 233

9.3.2 借助自组织与他组织,构建产业价值生态网 / 235

9.3.3 融合价值网与生态网,形成高效的循环集群 / 238

9.4 本章小结 / 240

第10章 促进西部产业结构低碳高效优化的产业政策 ……………… 242

10.1 促进西部产业结构低碳高效优化的产业结构政策 / 242

10.1.1 促进战略性新兴产业快速发展的相关政策 / 242

10.1.2 促进传统优势产业低碳高效改造的相关政策 / 244

10.1.3 促进产业间资源循环利用的相关政策 / 247

10.2 促进西部产业结构低碳高效优化的产业组织政策 / 249

10.2.1 促进大企业集团低碳高效发展的相关政策 / 249

10.2.2 促进中小企业"专特精绿"发展的相关政策 / 251

10.2.3 促进大中小企业聚集发展协同共生的相关政策 / 253

10.3 促进西部产业结构低碳高效优化的财税金融政策 / 256

10.3.1 促进西部产业结构绿色低碳优化的财政政策 / 256

10.3.2 促进西部产业结构低碳高效优化的税收政策 / 258

10.3.3 促进西部产业结构低碳高效优化的金融政策 / 260

10.4 本章小结 / 262

第 11 章 总结与展望 ·············· 263

11.1 本研究的主要内容及成果 / 263

11.1.1 研究内容总结 / 263

11.1.2 取得的成果与结论 / 265

11.2 本研究的创新和意义 / 267

11.2.1 本研究的主要创新点 / 267

11.2.2 研究成果的价值及意义 / 269

11.3 进一步的研究与展望 / 271

11.3.1 有待深入研究的问题 / 271

11.3.2 进一步的发展与展望 / 273

后 记 ·············· 276

第 1 章 导 论

西部地区是我国产业发展较为落后的地区。在新的历史时期,西部地区面临跨越式快速发展和可持续绿色发展双重艰巨任务,采用何种产业组织模式来优化升级产业结构,实现产业经济效益和环境生态效益的有机统一,是亟需解决的重大问题。

1.1 选题背景及研究意义

党的十八大报告提出,要"着力推进绿色发展、循环发展、低碳发展,形成节约资源和保护环境的空间格局、产业结构、生产方式、生活方式,从源头上扭转生态环境恶化趋势"。"绿色发展、循环发展、低碳发展"是生态文明的主要特征之一,是推进生态文明建设的基本途径和方式,也是转变经济发展方式的重点任务和重要内涵。要实现绿色、循环、低碳发展,必须转变经济增长方式,调整经济结构,而产业结构作为最重要的经济结构之一,必然也需要进行调整和优化。产业结构优化是指通过产业选择与调整,推动产业结构合理化和产业结构高级化发展的过程,是实现产业结构与资源结构、技术结构、需求结构相适应的状态。西部地区作为我国经济发展相对滞后、生态环境较为脆弱的地区,在新的形势下,必须走出一条绿色低碳导向下的产业结构优化的新路。

1.1.1 问题的提出与研究背景

西部地区不仅是我国的资源富集地,也是我国大江大河的发源地,是我国重要的生态安全屏障。受地理位置、自然环境和历史文化等因素的影响与制约,西部地区经济发展相对落后,生态环境较为脆弱,特别是西部一些欠发达的生态脆弱地区,由于特殊的地理结构、气候条件以及落后的生产方式和生活方式,经济贫困问题与生态脆弱问题长期相互交织、陷入恶性循环、积重难返的生态贫困状态,成为我国贫困面最广、贫困人口最多、贫困程度最深、经济发展最为落后的区域和自然生态环境最为脆弱的地区。

根据"木桶原理",西部地区经济发展的相对滞后已成为制约我国整体发展水平提高的短板,西部地区经济发展水平大大低于全国平均水平,在很大程度上影响着全面建成小康社会的目标实现。为了改变西部地区贫穷落后的面貌,同时加大对生态环境的保护,1999年国家提出西部大开发战略,扶持西部地区发展。从纵向来看,西部大开发战略实施以来西部地区的经济确实有了很大的发展,取得了不小的成就,但从横向来看,西部地区的经济发展速度和效率还远低于东部地区,经济差距依然明显,GDP、人均GDP、城镇居民可支配收入、农村居民人均纯收入均存在很大差距,而且这种差距还有继续扩大的趋势。以"高投入、高消费、高排放、低效益"为特征的粗放型增长方式、煤电油为主体的重化工业经济模式和产业结构,造成了西部矿产资源和能源的严重浪费以及生态环境的加剧恶化,严重制约了西部地区的跨越式可持续发展。

2011年,国家环境保护部组织开展西部大开发重点区域和行业发展战略环境评价,对相关地区未来可能面临的生态环境问题进行了系统评估,涉及贵州、云南、甘肃、青海、新疆等西部五省。该项目2013年4月的验收结果显示,西部地区不仅面临严重的经济发展问题,同时还面临着严峻的生态环境问题,主要问题包括:①关键性水土资源匹配条件差;②区域性生态恶化的趋势未根本扭转;③流域水环境安全问题突出;④结构性大气污染特征明显,呈现煤烟型特征;⑤累积的重金属污染不容忽视;⑥资源环境效率水平较低,落后东部10年以上。

西部地区经济发展落后和生态环境脆弱,除了历史与自然等原因之外,还有一个很重要的原因是区域产业结构和产业组织模式不合理。改革开放后,特别是西部大开发战略实施以来,西部地区的产业结构从纵向上看已有所改善,但从横向上看,与全国总体状况特别是与东部地区相比还有巨大差距,存在着三次产业结构不合理,褐色高碳产业比重大,各类产业链条不完整,产业链较短,价值链与生态链分离,产业结构高碳低效特征较突出等问题。

进入"十二五"以后,党和国家把深入实施西部大开发战略作为一项重大战略任务摆在了更加突出的位置。党的十八大又提出了在 2020 年全面建成小康社会的新要求,并把生态文明建设列为全面建成小康社会任务的重要组成部分。在新的历史时期,西部地区面临着跨越式快速发展和可持续绿色发展的双重艰巨任务,在发展过程中不仅要追求经济效益,更要追求生态效益,必须守住发展和生态"两条底线"。因此,从绿色低碳视角对西部地区产业结构优化问题进行系统深入的研究,探索西部地区以什么样的方式来调整和优化产业结构,以形成高效率生态化的产业结构体系,通过产业结构优化来推进西部地区跨越式快速发展与可持续绿色发展,是一个亟需研究的重大课题。

1.1.2 研究目的

西部地区拥有得天独厚的自然资源与能源优势,然而产业结构不合理和产业组织不科学导致了产业发展滞后、产业效率低下、环境污染严重、自然生态退化等问题,亟需通过产业结构的优化和产业组织模式的创新,形成既能高效利用资源和能源,获取低投入、高产出的经济效益,又能降低废弃物排放,产生良好生态效益的绿色低碳产业结构体系。本研究主要针对新一轮西部大开发背景下西部地区面临的跨越式快速发展与可持续绿色发展两大任务,从经济效益和生态效益双重视角来考察和探寻西部地区产业结构优化的目标和有效途径。在新的历史时期,西部地区的产业结构优化不仅是产业结构的合理化和高级化,更重要的是产业结构的高效化和生态化,只有通过产业结构的高效化和生态化,才能真正实现经济效益和生态效益的有机统一。

本研究旨在解决西部地区新一轮发展中的产业结构优化问题,即在绿色低碳约束下,如何通过对原有产业结构的合理化、高级化、高效化、生态化调整,实现产业结构的优化升级,形成绿色低碳和高效生态的产业结构,从而为西部地区的跨越式快速发展和可持续绿色发展奠定基础。以往对产业结构的相关研究,更多地侧重于产业结构的合理化和高级化问题,对产业结构的高效化和生态化问题涉及较少。在全球化绿色低碳发展的大背景下,面对自身的资源生态环境和产业发展状况,西部地区要实现快速绿色发展,产业结构的高效化和生态化问题显得极为突出。因此,本书不仅研究如何实现西部地区产业结构的合理化和高级化问题,还更多地研究如何解决西部地区产业结构的高效化和生态化问题,探寻实现西部地区产业结构高效化和生态化的有效途径和方法,并针对西部地区的具体实际提出相应的对策和政策建议。

本研究主要分为宏观和微观两个层面。在宏观层面主要是解决产业结构的合理化和高级化问题,重点探寻对西部地区各产业之间比例关系的调整优化途径,通过产业之间以及产业内部结构比例的调整、协调能力的加强、关联水平的提高,使资源在产业间得到更为合理的配置和更为有效的利用,使所有产业都能够得到更为协调的发展,并使产业结构不断向高技术化、高知识化、高资本化、高加工化和高增值化的方向演进,使现代高端技术产业的比重不断增大。在微观层面主要是解决产业结构的高效化和生态化问题,重点是从产业组织结构(产业结构的微观基础)的调整优化入手,探寻高效率和生态型的产业生产组织模式,通过搭建高效率的产业组织结构,形成高效率的产业价值链和产业集群体,从而使产业结构实现高效化;通过搭建生态化的产业组织网络,形成生态化的产业生态链和产业循环体,从而使产业结构实现生态化。

本书旨在通过对西部地区产业发展及其产业结构现状的系统分析,掌握西部地区在产业结构方面存在的主要问题,揭示西部地区产业结构在生产效率和经济效益以及资源效率和生态效益两方面都低下的根本原因,并提出相应的破解思路。在此基础上,分别针对西部地区农业、工业和服务业的发展情况,深入探讨相应产业内结构优化的绿色低碳发展问题,分析各行业的绿色低碳发展趋势及其面临的机遇和挑战,有针对性地分别提出各自的绿色低碳发展路径及其产业结构的高效绿色优化模式。同时,从产业组织生态化的视角提出促进产业结构绿色低碳化和高效生态化的对策,并从产业结构政策、产业组织政策、财税金融政策等方面,提出促进西部产业结构绿色低碳优化的相关建议,从而为西部地区新一轮产业结构调整提供思路与对策。

1.1.3　研究意义

绿色低碳发展作为应对地球环境恶化的必然选择,已经成为世界各国的广泛共识,并已逐渐成为一种全球化的发展趋势。人类经济社会的绿色低碳发展,只有在绿色低碳型产业结构的支撑下才有可能真正实现。对于欠发达地区而言,发展是解决一切问题的根本出路。而对于生态脆弱的欠发达地区来说,要尽快缩小与发达地区的差距,一方面要提高产业生产效率和加快发展速度,以实现跨越式的快速发展;另一方面也要提高资源生态效益和保护发展环境,以实现可持续的绿色发展,这就需要有高效绿色的生态型产业结构来支撑。因此,在对这些地区的产业结构进行优化调整时,除了要进行传统意义上的产业结构的合理化和高级化调整,还要进行产业结构的高效化和生态化调整,以形成绿色低碳高效生态型产业结构,这显得迫切和必要。本书研究的内容对于指导欠发达地区,特别是生态脆弱的欠发达地区,在绿色低碳经济背景下进行产业结构优化升级,实现高效快速发展和绿色低碳发展,具有重要而积极的现实意义。

在以往的产业结构优化理论中,往往都只是基于产业结构的宏观层面,对产业内部及产业之间的各种结构比例及其相互关系,以及对产业技术资本密集度和价值创造增值率的演化递进及其相互关系等进行讨论,以探寻对产业结构的合理化和高级化问题及解决思路,很少从产业结构的微观层面来探寻产业结构的高效化和生态化问题。本书研究的一个侧重点,是从产业结构的微观基础——产业组织结构和模式出发,以产业价值链和产业生态链为基础和载体,探索产业结构的高效化和生态化问题。主要研究以何种方式和途径,对各种产业价值链和产业生态链进行整合与优化,以形成高效率的产业组织模式(如产业集群模式)和生态型的产业组织模式(如循环经济模式),通过产业价值链和产业生态链的有机融合,形成高效生态型产业组织模式,从而使产业结构得到高效化和生态化提升。这是对传统产业结构优化理论的充实和扩展,有利于进一步完善现有的产业结构理论,具有重要的理论价值。

在新一轮西部大开发战略实施之际,党中央提出了全面建成小康社会的伟大目标,并提出了五位一体的建设要求,把生态文明建设摆在十分重要地位,成为全面建成小康社会任务的重要组成部分。发展滞后和生态脆弱的西部地区,要与全国一道同步建成小康社会,就必须走跨越式快速发展和可持续绿色发展之路。因此,在绿色低碳背景下,根据西部地区的自然生态状况和产业发展实际,深入系统地研究西部地区产业结构的调整优化问题,探索使西部地区产业结构合理化、高级化、高效化、生态化的最佳方法和有效途径,提出促进西部地区快速形成绿色低碳和高效生态型产业结构的对策思路和政策建议,对于新一轮西部地区产业结构的调整优化,进而推动西部地区的跨越式快速发展和可持续绿色发展,最终实现西部地区经济社会的历史性跨越,与全国一道同步建成小康社会,具有重要的理论参考价值和积极的实践指导意义。

1.2 相关研究进展及评述

绿色低碳发展问题已经成为全球性战略性问题,怎样推进绿色低碳发展,越来越多地引起人们的广泛关注,国内外学者从不同领域和不同视角开展了相关研究。本节对国内外关于绿色低碳经济、产业结构优化、产业结构生态化等相关研究的进展情况进行梳理和评述。

1.2.1 绿色低碳经济的相关研究进展及评述

"绿色经济"一词最早出自于英国环境经济学家 Pierce 1989 年出版的《绿色经济的蓝图》。但 Pierce 在书中没有对绿色经济进行明确定义,只是借用"绿色经济"这个词来阐述环境保护和改善的观点①。在整个 20 世纪 90 年代,绿色经济一词仍然主要被环境经济学界的学者所使用,其论述的重点是从环境经济学的角度如何进行环境保护及改善。Jacobs 与 Postel 等人在 1990 年代所提出的绿色经济学倡议在传统经济学三种生产基本要素:劳动、土地及人造资本之外,必须再加入一项社会组织资本,并对其他三项资本的定义略作修正,将劳动扩充为人类资本,将土地扩充为生态资本或自然资本,人造资本或称制造资本保持不变。他们特别指出,无论哪一种层级的组织,都会衍生出其个别的习惯、规范、情操、传统、程序、记忆与文化,从而培养出相异的效率、活力、动机及创造力,投身于人类福祉的创造②。环境经济学家认为经济发展必须是自然环境和人类自身可以承受的,不会因盲目追求生产增长而造成社会分裂和生态危机,主张从社会及其生态条件出发,建立一种"可承受的经济"。

2008 年前后爆发的全球金融危机,为绿色经济的崛起提供了历史性机遇。2007 年,联合国环境规划署等国际组织在《绿色工作:在低碳、可持续的世界中实现体面工作》的工作报告中首次定义了绿色经济,即"重视人与自然、能创造

---

① [英]大卫·皮尔斯等:《绿色经济的蓝图》,北京师范大学出版社 1996 年版。

② Michael Jacobs, The Green Economy: Environment, Sustainable Development and the Politics of the Future, Pluto Press, Massachusetts, 1991.

体面高薪工作的经济"①。与此同时,围绕经济系统绿色化,出现了绿色新政、绿色增长、绿色投资等诸多相关概念。特别是联合国开发计划署在《全球绿色新政》中定义了绿色经济的相反概念"褐色经济":依赖低能效、利用不可再生能源、高材耗、对生态环境的不可持续利用以及带来高度气候变化的风险②。同时,经济合作与发展组织提出了向绿色经济过渡的 8 个关键经济议题③,联合国环境规划署提出了与绿色经济有关的 8 个行业④,这标志着对绿色经济的研究已经深入到可操作性层面⑤。

2010 年,联合国开发计划署提出了绿色经济的定义,即"带来人类幸福感和社会的公平,同时显著地降低环境风险和改善生态缺乏的经济"。这一定义成为目前被广泛接受的对绿色经济概念的解释。2011 年,联合国环境规划署发布报告《迈向绿色经济——实现可持续发展和消除贫困的各种途径(面向政策制定者的综合报告)》,报告提出 3 个宏观层面的研究成果,一是实现绿色经济不仅会实现财富增长,特别是生态共有资源或自然资本的增益,而且还会产生更高的国内生产总值增长率。二是消除贫穷和更好地维护及保持生态共有资源之间存在密不可分的联系。三是在向绿色经济过渡进程中,需要对劳动人口的技能再培训或再教育进行投资 ⑥。2012 年,联合国可持续发展大会("里约 + 20"我们期待的未来),"绿色经济在可持续发展和消除贫困方面的作用"被定为主题词之一,标志着绿色经济已成为可持续发展战略的核心要素。

有学者指出,绿色理论以可持续发展为研究基础,其发展经历了一个由浅入深的过程。最早的绿色理论从科技的角度认识可持续发展,认为可持续发展应是废物排放量的减少或不排放,绿色意味着环境的净化,这可以称为狭义的绿色理论(或浅绿色理论)。随着研究的深入,人们开始考虑生态与经济的协调

---

① UNEP et al, Green Jobs: Towards Decent Work in a Sustainable, Low - Carbon World, Sep. 2008, Nairobi, p. 4.

② UNEP, Global Green New Deal: a Policy Brief, Mar. 2008, Nairobi, p. 6, p. 8.

③ OECD, Interim Report of the Green Growth Strategy: Implementing Our Commitment for a Sustainable Future, Report for Meeting of the OECD Council at Ministerial Level, 27 - 28 May. 2010, Paris.

④ UNEP, Global Green New Deal: a Policy Brief, Mar. 2008, Nairobi, p. 6, p. 8.

⑤ 唐啸:《绿色经济最新发展述评》,《国外理论动态》2014 年第 1 期。

⑥ UNEP. Towards a Green Economy: Pathways to Sustainable Development and Poverty Reduction, http://www.unep.org/greeneconomy/Home/test/tabid/29808/Default.aspx.

关系,并以此建立新的理论,这可以称为中义的绿色理论(或称为中绿色理论)。而广义的绿色理论(或称为绿色理论),关注的是社会、经济与环境三者的协调发展,谋求在经济发展、环境保护和社会祥和之间实现一种有机平衡。

在国内,刘思华(2001)是较早提出环境与经济问题的学者之一,他对绿色经济的理解是:绿色经济是可持续发展经济的实现形态和形象概括,它的本质是以生态经济协调发展为核心的可持续发展经济①。诸大建(2012)指出,依赖于自然资本无限投入的经济不是绿色经济,只有提高自然要素生产率的经济才是绿色增长。他认为新倡导的绿色经济内在地包括了经济高效、规模有度、社会包容等要素,绿色经济可以理解为两个方面的经济活动,即从当前看要大幅度提高资源生产率,强调经济过程的绿色创新;从长期看要投资于自然资本,维护和扩大经济社会发展的生态空间。有关物质流的循环经济和有关能源流的低碳经济是绿色经济的具体形式②。季铸(2014)认为绿色经济是以市场为导向、以传统产业经济为基础、以经济与环境的和谐为目的而发展起来的一种新的经济形式,是产业经济为适应人类环保与健康需要而产生并表现出来的一种发展状态。他对绿色经济的定义是:绿色经济是以效率、和谐、持续为发展目标,以生态农业、循环工业和持续服务产业为基本内容的经济结构、增长方式和社会形态③。唐啸(2014)对国外关于绿色经济的理论分析和政策建议进行了梳理,认为绿色经济的概念变迁是一个随着对人类发展方式反思而不断深入的过程:从最早的生态环境治理手段,到应对经济危机的系统经济改革,再到最后成为具有革命意义的经济—社会—生态复杂系统的人类发展模式变革,经历了单一的生态系统目标阶段、经济—生态系统目标阶段、经济—生态—社会复合系统共同发展目标阶段等三个阶段,最新倡导的绿色经济理论的发展目标包括生态和谐、经济高效、社会包容④。

"低碳经济"的概念最早是由英国的《我们未来的能源——创建低碳经济》白皮书提出的。该白皮书指出:表面上,低碳经济是为减少温室气体排放所做

---

①　刘思华:《绿色经济论——经济发展理论变革与中国经济再造》,中国财经经济出版社2001年版,第3页。

②　诸大建、刘强:《在可持续发展与绿色经济的前沿探索——诸大建教授访谈》,《学术月刊》2013年第10期,第170–176页。

③　季铸:《中国300个省市绿色经济与绿色GDP指数(CCGEI2011)绿色发展是中国未来的唯一选择》,《中国对外贸易》2012年第2期,第54–70页。

④　唐啸:《绿色经济最新发展述评》,《国外理论动态》2014年第1期。

努力的结果,但实质上是一种全新的变革,包括经济发展方式、能源消费方式、人类生活方式等方面,将对建立在化石能源基础上的现代工业文明进行全方位地改造,转向生态经济和生态文明。环境经济学者 Johnston[①] 等(2005)和 Treffers[②] 等(2005)分别探讨了英国、德国的碳减排问题,认为利用现有技术和相关政策,到2050年实现在1990年基础上减排80%是可能的。国内学者对低碳经济也进行了许多积极深入的研究,取得了一定的学术成果。庄贵阳(2008)认为低碳经济的本质是较高的能源利用效率和清洁的能源结构,其核心是能源(尤其是新能源)技术创新和政策制度创新,中国必须以节能减排优先应对气候变化挑战[③]。陈宇航(2010)在"我国产业升级的绿色低碳路径选择"一文中指出:绿色低碳经济已成为21世纪世界各国转变发展方式的新选择,然而,绿色低碳经济需要绿色低碳技术和绿色低碳产业作支撑,否则绿色低碳经济就是一具空壳[④]。彭近新(2012)在"全球绿色低碳发展与中国发展方式转型"论述了高碳经济和传统工业化道路促进了人类社会物质文明、政治文明和精神文明建设,但造成了环境污染、生态退化和气候变暖等生态文明三项负效应[⑤]。

　　通过对国内外学者关于环境与经济发展关系观点的介绍,可以看出他们的研究还在逐步深入的过程中,对于绿色经济,仅提出了概念,尚缺乏深入研究,没有系统的理论。就低碳经济而言,国外学者的研究主要集中于通过技术替代和制造业转移达到低碳目标,不涉及低碳经济的具体产业选择问题。而国内研究将低碳经济模式与中国实际经济相结合的程度还不够,针对性的研究还处于起步阶段,对西部地区产业发展的研究更不多见。针对当前产业结构的"高碳"特征,运用低碳经济思想对其进行分析研究,对于统筹经济发展与减排之间关

---

① Johnston D, Lowe R, Bell M. An exploration of the technical feasibility of achieving CO2 emission reductions in excess of 80% within the UK housing stock by the year 2050. Energy Policy, 2005,(33):1643-1659.

② Treffers T, Faaij, Sparkman J. Exploring the possibilities for setting up sustainable energy systems for the long-term:two visions for the dutch energy system in 2050. Energy Policy, 2005, (33):1723-1743.

③ 庄贵阳:《节能减排与中国经济的低碳发展》,《气候变化研究进展》2008年第5期,第303-308页。

④ 陈宇航:《我国产业升级的绿色低碳路径选择》,《江西社会科学》2010年第9期,第77-82页。

⑤ 彭近新:《全球绿色低碳发展与中国发展方式转型》,《环境科学与技术》2012年第1期,第1-12页。

系、促进产业结构优化,无疑具有重大现实意义,这应成为中国式绿色低碳经济研究的重要方向之一。

1.2.2 产业结构优化的相关研究进展及评述

国外许多学者从不同角度研究了产业结构调整、优化与经济增长之间的关系。有的学者从要素贡献的角度来研究三次产业结构调整,如 Romer(2000)认为,短期的经济增长是由资本和劳动等要素投入的增加所贡献的,资本、劳动和技术是在一定的产业结构中组织在一起进行生产的,不同的产业结构会导致不同的生产①。有的学者从可持续发展的角度来研究产业结构升级,如 Brock(2005)和 Talor(2005)认为,产业结构升级是从稀缺资源消耗型产业转移出来,提高生产和节能减排过程的技术进步,以达到可持续发展的目标②。有的学者从生态学的角度来研究产业结构优化,如 Cote(1995)认为工业系统仿照生态系统从生产者流向消费者,并由分解者和清除者再循环,实现物质领域的循环和再利用;企业之间建立共生关系,能够保护自然和经济资源,减少生产、物质、能量等方面的成本,提高运作效率、产品质量、工人健康状况和企业公共形象,并能及时提供由废物利用而获利的机会③。

国外对产业结构调整优化的理论研究和实践结果表明:随着经济社会的不断发展,建立在技术进步基础上的社会分工也得到不断深化和持续扩展,形成了众多的产业类别和纷繁复杂的产业联系,各种产业的相互关联和比例关系,随经济发展而有规律地演进,而这种演进能力,也就是产业结构的合理化和高度化的转换能力,这种转换能力的提高,可以有力地促进经济持续性地高速增长。而产业关联效应的强弱直接体现在结构效益上,使产业间关联效应又影响到产业发展速度及其可持续性。现代经济增长的速度和质量主要取决于产业结构优化升级。正因如此,国外许多关于经济增长的论著,都侧重于研究如何通过产业结构优化升级来促进经济增长。

---

① DavidRomer, Keynesian Macroeconomics without the LM Curve [J]. NBER working paper. NBER. 2000(1):56 – 97.

② Brock W, Taylor M. S. Economic Growth and the Environment[J]. In: Aghion, P Durlauf, S. (Eds.), Handbook of Economic Growth II. 2005 (28):1749 – 1821.

③ Cote Raymond J Hall. The Industrial Ecology Reader. Halifax, Nova ScoLia: Dallhousie University[D], School for Resource and Environmental Studies. 1995: 66 – 71.

国内学术界较早探究产业结构优化内涵的是周振华(1992),他认为产业结构优化包含产业结构的高度化和合理化两项主要内容。产业结构的高度化是指产业结构从较低水准向高度水准演进的发展过程,产业结构的合理化是指提高产业之间有机联系的聚合质量,即产业之间相互作用所产生的一种不同于各产业能力之和的整体能力①。李红梅(2000)指出,产业结构的优化主要意味着产业结构的升级、技术和资本密集程度的提高②。苏东水(2000)认为,产业结构优化是指推动产业结构合理化和高度化发展的过程,合理化主要依据产业关联技术经济的客观比例关系,来调整不协调的产业结构,促进国民经济各产业间的协调发展;高度化主要遵循产业结构演化规律,通过创新,使产业结构由低层次不断向高层次演进,加速产业结构的高度化演进③。

在产业结构优化对策研究方面,沈贵生、苏伟、陈明辉(2011)从低碳经济模式以及低碳经济和产业结构之间的关联角度出发,提出了我国在低碳经济背景下的产业结构调整措施④。康建军(2011)在比较 2009 年新疆地区与全国产业结构的情况,从低碳经济体系、发展路径和产业集聚等角度出发,提出了新疆地区在低碳经济下产业结构优化的政策建议⑤。张莉娜、王林秀(2011)也从定性的角度出发,分析了各自区域低碳经济下的产业结构现状,提出了相应的对策建议⑥。郑少春(2012)在研究福建省地区发展的基础上,从低碳的视角,提出了发展低碳经济和优化产业结构的相关政策建议⑦。王可强(2012)在产业结构演进、国外产业结构优化经验的视角下,运用对比分析的手法,定性地研究了我国产业结构的历史、现状和发展趋势,提出了产业结构优化的战略规划和对

---

① 周振华:《产业结构优化论》,上海人民出版社 1992 年版。
② 李红梅:《21 世纪中国产业结构调整的战略选择》,《首都师范大学学报(社会科学版)》2000 年第 6 期,第 50 - 56 页。
③ 苏东水:《产业经济学》,高等教育出版社 2000 年版。
④ 沈贵生、苏伟、陈明辉:《基于低碳经济的产业结构优化调整初探》,《2011 中国环境科学学会学术年会论文集(第一卷)》2011 年 8 月 17 日。
⑤ 康建军:《低碳经济模式下新疆产业结构优化的路径探析》,《经济研究导刊》2011 年第 8 期,第 34 - 36 页。
⑥ 张莉娜、王林秀:《徐州经济开发区低碳产业结构优化路径选择》,《科学与管理》2011 年第 4 期,第 77 - 80 页。
⑦ 郑少春:《发展低碳经济与福建省产业结构优化》,《中共福建省委党校学报》2012 年第 6 期,第 51 - 56 页。

策建议①。

从以上归纳总结可以看出,国内学者对产业结构的理论与实践研究进展较快,顺应了中国产业结构自改革开放以来快速发展的现实,而且研究涉及面较广,从不同角度对产业结构的理论研究做出了贡献。在产业结构内部矛盾相对缓和,而产业结构不适应因收入正常提高而引起的需求结构变动的情况下,产业结构优化的重点是大力推进高度化,以提高产业结构转换能力,促进产业结构适应需求结构的变动。在整个社会产业经济发展的全过程中,只有将产业结构合理化和高度化问题有机结合起来,以合理化促进高度化,以高度化带动合理化,才能确保产业结构优化的实现。应该说国内学者针对产业结构的合理化和高度化问题研究得较为透彻,但针对欠发达地区需要快速发展所面临的产业结构高效化问题的研究还不够多,特别是从产业组织层面来研究产业结构的高效化问题还不多见。

1.2.3 产业结构生态化的相关研究进展及评述

国际上关于产业结构生态化的思想,一般认为起源于通用汽车公司研究部副总裁罗伯特·福罗什(Robert Frosch)和尼古拉·加劳布劳斯(Nieolas Gallopoulos)于1989年9月在美国科普月刊《科学美国人》发表的一篇题为《可持续工业发展战略》的文章。在该文中,两位作者提出了这样的观点:工业可以运用新的生产方式,对环境的影响将大为减少②。1998年,安德(Audra J Potts Carr)指出单向线性物质能源流动已超出了自然生态系统能够承受的限度,必须采取新的产业组织形式和产业政策,改变产业流程,减少资源消耗和废物排放,来适应整个自然生态环境的循环③。在1997年之后,阿瑞斯(Ayres)、菲亚(Faye Duchin)、苏润(Suren Erkman)相继阐述了对产业系统进行生态重组的思想和意义,认为生态重组将成为产业结构系统演进的一个重要战略。

此后,国内学者也相继开展了产业生态化方面的理论研究。厉无畏(2002)等指出产业结构生态化是指产业依据自然生态的有机循环原理建立发展模式,

---

① 王可强:《基于低碳经济的产业结构优化研究》,吉林大学博士论文,2012年。

② Frosch R A,GalloPoulos N E. Strategies for Manufacturing [M]. Scientific American,1989, 261(3):94-102.

③ Audra J,PottsC. Eco-Industrial Parks:an ecological approach to industrial land-use Planning and design.

将不同的工业企业、不同类别的产业之间形成类似于自然生态链的关系,从而达到充分利用资源,减少废物产生,物质循环利用,消除环境破坏,提高经济发展规模和质量的目的①。袁增伟等(2004)也认为,产业结构生态化,就是依据生态经济学原理,运用生态、经济规律和系统工程的方法来经营和管理传统产业,以实现其社会、经济效益最大化、资源高效利用、生态环境损害最小和废弃物多层次利用的目标②。朱守先、张雷(2007)运用结构演进—单位能耗判别模型,判断产业结构演进的节能效果与变化趋势③。这些学者对产业结构生态化的定义强调了其目的,即资源的循环高效利用,减少对生态环境的破坏,提高经济发展的规模和质量。郭广涛、郭菊娥、席酉民等(2008)利用投入产出多目标优化模型对我国西部产业结构进行优化,结果表明:在技术、产品价格等条件保持不变的情况下,通过产业结构调整可以降低单位 GDP 能耗④。魏学文(2012)认为产业结构生态化是促进传统产业结构向着生态产业系统演进,进而带动整个经济生态化的过程。产业结构生态化发展的理论基础是资源稀缺理论、产业生态学理论和生态经济理论⑤。

国外学者对产业结构生态化的理解比较超前,他们从理论分析得出了现代化的产业发展不能完全依赖传统粗犷式的模式,必须对产业系统进行生态重组,通过一系列方式方法改造传统落后的生产组织模式,实现低碳化、无害化、绿色化产业发展,在经济产业发展的同时,必须更加注重人类生存、资源环境、社会福利等方面的效益。他们认为之所以会造成现在不断遇到产业发展与资源环境的矛盾,主要是人类的不合理生产,因此必须把人类活动、土地利用、自然资源循环和功能协调为统一的产业生态系统,将自然资源和生态环境纳入到产业生产要素核算体系中,才能够真正形成产业结构生态化的和谐发展。

---

① 厉无畏、王慧敏:《产业发展的趋势研判与理性思考》,《中国工业经济》2002 年第 4 期,第6 页。
② 袁增伟、毕军、张炳、刘文英:《传统产业生态化模式研究及应用》,《中国人口资源与环境》2004 年第 2 期,第 108 页。
③ 朱守先、张雷:《北京市产业结构的节能潜力分析》,《资源科学》2007 年第 11 期,第 194 - 198 页。
④ 郭广涛、郭菊娥、席酉民:《西部产业结构调整的节能降耗效应测算及其实现策略研究》,《中国人口、资源与环境》2008 年第 4 期,第 44 - 49 页。
⑤ 魏学文:《黄河三角洲产业结构生态化发展路径研究》,《生态经济》2012 年第 6 期,第 106 - 112 页。

国内学者对产业结构生态化的研究稍显滞后,特别是在西部地区特定的发展背景之下,2000年1月,国务院成立了西部地区开发领导小组,正式启动并实施西部大开发战略,利用西部地区丰富的自然资源快速发展经济,由于在发展过程中对自然资源和生态环境的保护力度不够,导致大开发遗留的一些环境问题到现在仍然在困扰着西部地区的发展。在此背景下,西部地区的一些学者提出了西部生态化发展战略,强调在加强工业生产的同时,以生态化的途径最大限度地减少废物产生,提高物质循环利用率,消除生产过程中对环境的破坏,提高经济发展规模和质量,最后实现政治、经济、文化、生态和谐发展。然而,对产业结构如何进行生态化,目前仍然没有形成统一的认识和明确的思路。以往的研究结果也只是从理论上对绿色低碳背景下产业结构优化指出了大致的方向,缺少量化的数据和实证分析,还没有从实证的角度具体落实到各个产业的发展目标和战略规划上。

1.3 主要研究内容及思路

本书以绿色低碳的产业发展主题为背景,以西部地区的产业结构为研究对象,采取理论研究和实证分析相结合的方法,以产业结构的合理化、高级化、高效化、生态化为主线,以提高产业生产效率和资源利用效率,降低资源能源消耗和废弃物排放为目标,深入研究西部地区产业结构优化问题,探讨促进绿色低碳和高效生态型产业结构形成的影响要素、实现途径和政策保障。

1.3.1 本书研究的主要内容

本书以绿色低碳经济背景下西部地区产业结构优化为主要研究内容,充分考虑区域产业结构对区域经济发展和区域生态环境产生的作用和影响,深入分析西部地区的产业发展及产业结构存在的问题,根据西部地区的产业发展实际和资源生态状况,以产业结构调整优化来促进西部地区跨越式快速发展和可持续绿色发展的研究视角,系统地研究西部地区产业结构的合理化、高级化、高效化、生态化等方面的问题,重点探寻西部地区产业结构向绿色低碳和高效生态方向发展的转轨路径和有效对策。主要包括以下研究内容:

(1)研究绿色低碳背景下产业结构优化的基本内涵。包括绿色低碳型产业结构的概念和特点,以及一般产业结构的绿色低碳优化路径。绿色低碳背景下的产业结构优化,是以产业经济的绿色增长和资源节约为目标,以产业生产的低消耗、低排放、高效率为特征的产业结构合理化、高级化、高效化和生态化。其本质是追求跨越式快速发展与可持续绿色发展的协调,其核心是实现经济效益和生态效益的统一,其目的是在资源环境得到有效保护的前提下实现经济的快速增长。三次产业的低碳发展和产业组织的绿色优化是产业结构优化的两个重要内容,是绿色低碳经济转型的重要途径。

(2)分析西部地区产业结构存在的问题及破解思路。通过对西部地区的产业发展及结构现状的分析,揭示其存在的突出问题。主要表现为:三次产业发展不平衡,农业基础薄弱,生产方式落后,生产能力不高;工业结构性矛盾突出,关联耦合不强,竞争能力较弱;服务业现代服务比重小,信息产业水平低等,呈现出协调程度低、结构水平低、产业效率低、高碳比重大等方面的特征,各产业的价值链与生态链相分离,导致了环境污染严重和生态退化加剧。产业结构尤其工业结构不协调,资源能源消费结构不合理,生产组织结构不科学,生产方式粗放和产业效率低下是导致上述问题的根本原因。对此,在借鉴国内外成功经验基础上,提出促进西部产业结构绿色低碳和生态高效的发展思路。

(3)探寻西部产业结构绿色低碳优化的模式和路径。产业结构的绿色低碳化,需要以绿色低碳农业、绿色低碳工业、绿色低碳服务业为基础。通过对西部地区的农业、工业、服务业存在的褐色高碳问题及面临的机遇和挑战分析,探寻与各个产业绿色低碳发展相应的技术路线、经济途径、模式选择。在对产业结构进行绿色低碳优化的过程中,农业应积极发展绿色农业、有机农业和循环农业,建设绿色低碳的农畜生产循环体系。工业应大力发展清洁能源,转变能源结构;以绿色低碳技术和循环经济技术改造传统工业,加快培育低能耗、低污染、高效益的战略性新兴产业。服务业应积极发展低碳金融、低碳物流、生态旅游以及以电子信息技术为核心的新兴服务业。通过对产业内部结构的调整,增加三次产业中的绿色低碳和生态高效性行业的比重。

(4)寻找对产业生产组织进行绿色低碳改造的方法。通过调整和优化产业组织结构和生产组织模式,构建产业效率高、经济效益好,资源效率高、生态效益优的产业组织体,从微观层面促进产业结构的绿色低碳化和高效生态化。即以产业各环节的价值增值和价值创造以及资源的高效利用和循环利用为基础,通过对产业价值链与产业生态链进行深度的有机整合与生态化改造,实现产业链层面上经济效益与生态效益的有机统一。通过对产业集群体与产业循环链进行深度的有机整合与生态化改造,实现产业群层面上经济效益与生态效益的有机统一。通过跨行业整合生态链条,构建跨业循环利用体系;通过跨产业整合生态链条,构建多路循环共生网络;通过跨层面整合各类生态链条,构建高效的循环产业集群。

(5)提出促进产业结构绿色低碳生态高效优化对策。根据西部地区偏重于资源型产业这一特点,提出基于产业组织生态化的产业结构绿色低碳的优化对策。即通过整合与重组资源型产业组织价值链,提高资源型产业经济效益;通过整合与重组资源型产业组织生态链,扩大资源型产业生态效益;通过整合与重组产业价值链与生态链,构建高效的循环产业集群。针对西部地区在推动产业结构调整优化和产业绿色低碳发展方面存在着市场机制方面的障碍,制度体系方面的缺失,以及资金技术等方面的约束,本书还从产业结构政策、产业组织政策、财税金融政策等方面提出了促进西部地区产业结构向绿色低碳和生态高效方向发展的政策建议。

1.3.2　主要思路和方法

本书从绿色经济与产业生态以及低碳经济与可持续发展的相互关系讨论开始,通过深入研究产业结构对生态环境的影响,以及产业结构优化的相关内涵和实现途径,考察分析西部地区产业结构存在的主要问题及可行的破解思路,分别从农业、工业、服务业入手探寻产业结构低碳转化和绿色发展路径及模式,从产业组织层面探寻产业结构绿色低碳化改造的方法和策略,提出促进西部地区产业组织生态化和产业结构绿色低碳化的对策建议。整个研究按照"理论研究—实证研究—政策研究"的思路展开。

在理论研究中,论述了绿色低碳型产业结构符合科学发展观和构建绿色低碳社会的要求,产业结构的绿色化和低碳化具有时代紧迫性和现实操作性,论述了新时期产业结构优化的内涵不仅包含产业结构的合理化和高级化,还应该包括产业结构的高效化和生态化。论证了在产业组织层面按照生态学原理,进行结构调整和功能优化,能够形成绿色低碳生态高效的产业组织体,从产业组织层面进行结构上的优化调整,也是实现产业结构高效化和生态化的一条有效途径。

在实证研究中,通过对西部地区的产业发展及结构现状进行系统调研与实证分析,揭示其产业结构表现出的高碳型特征和存在的低效率状况,通过对其形成根源的深入剖析,寻求对其高碳型和低效率问题的破解思路和优化路径。一条路径是:大力推动低碳农业、低碳工业和低碳服务业的快速发展,促进农业、工业和服务业结构的低碳高效化;另一条路径是:从产业结构的微观层面,通过对其产业组织的高效化和生态化改造来促进产业结构的高效化和生态化。

在对策研究中,在相关理论研究的基础上,结合西部地区产业发展状况和资源生态环境的具体实际,借鉴国内外的成功经验,针对西部地区产业结构主要呈现出的低效率和高碳型问题,从产业生产组织结构的绿色低碳化改造角度,以及从产业组织模式的高效化和生态化调整方面,提出对西部地区产业结构进行优化调整,形成低碳绿色高效生态型产业结构的相应对策,并从产业结构、产业组织、金融财税等方面,提出促进西部地区产业结构向绿色低碳方向优化的政策建议。

在研究方法上,本书以科学发展观为指导,运用区域经济学、产业经济学、产业生态学等学科的理论与研究方法,采用规范分析与实证研究相结合、定性分析与定量研究相结合、文献研究与实地调研相结合、纵向分析与横向比较相结合的研究方法,并在不同层面与侧面上有所侧重。课题研究的框架与内容设置主要基于规范分析,而问题分析、对策研究等则更多来自实证研究,或是二者的结合。课题在定性分析的基础上突出定量研究,如对西部地区产业结构进行分析与测算,对低碳经济、低碳产业的基本特点进行定性分析。课题研究立足于国内外大量文献的学习、借鉴与思考,并对西部各省进行实地调察研究,通过访谈、会议等方式获取第一手资料和信息。在建设生态文明、走新型工业化道路上,各地区都有自己的特色和优势,也有自身的缺点与不足,只有通过横向比较才能探寻到最佳的路径和方法。

1.3.3 本研究的基本构架

本书按照"总—分—总"的结构展开,并按照循序渐进的逻辑层次递进。总论部分是理论分析,对绿色低碳背景下的产业结构优化的基本内涵进行界定,并分析其主要特征、优化内容、优化的动力机制和实现途径;分论部分是以西部地区这个特定地域空间为例的实证分析,然后再总结分析促进低碳经济背景下产业结构优化的制度、政策和保障措施。在理论基础和现实基础之上,采用递进的逻辑研究思路,章节安排遵循前后呼应的逻辑关系。本书的逻辑结构框架如图 1 - 1 所示。

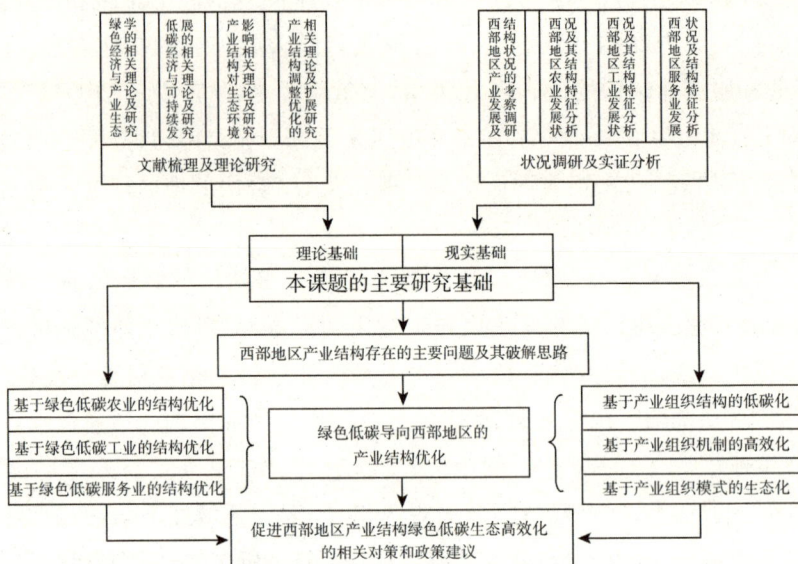

图 1 - 1　本项研究的逻辑框架

第 2 章　相关的概念梳理及理论研究

　　绿色低碳经济导向下西部地区产业结构的优化问题,涉及绿色经济、低碳经济、产业生态学、可持续发展以及产业结构优化等相关理论,本章在对相关概念及关系进行系统梳理的基础上,针对产业绿色低碳发展的新趋势,对产业结构调整优化等方面的相关理论进行深入研究,为后续系统深入地考察分析和对策研究提供理论支持①。

2.1　绿色经济与产业生态学的相关理论

　　绿色经济是以市场为导向、以传统产业经济为基础、以产业生态学原理为支撑,以经济与环境的和谐为目的而发展起来的一种新的经济形式,是产业经济为适应人类环保与健康需要而产生并表现出来的一种发展状态。这种经济模式与产业生态学之间存在密切的关系。

2.1.1　绿色经济的相关理论

　　绿色经济作为一个较新的概念,其在理论界和实践中均未形成统一的内涵和外延。国内一般认为,绿色经济分为狭义和广义两个层面。狭义的绿色经济,仅指环保产业,而环保产业又有狭义和广义之分,其中狭义的环保产业仅包括污染控制与减排、污染清理与在废物处理方面提供的产品和服务;广义的环

---

　　①　于音:《基于低碳经济的产业结构优化研究》,《改革与开放》2013 年第 17 期,第 11、12 – 13 页。

保产业除包含上述内容外,还包括涉及产品生命周期过程中的洁净技术与洁净产品、节能技术、资源综合利用、生态设计等与环境相关的服务。广义的绿色经济,除包括上述产业和领域外,还包括诸如绿色消费与政府采购、绿色贸易与金融、绿色税收与财政、绿色会计与审计等除生产领域外的其他一些绿色的制度和行为①。本书对绿色经济的理解体现在以下几个方面:

(1)绿色经济强调经济社会和生态环境的协调发展。在传统经济发展模式下,大量占有和利用自然资源,无节制地扰动生态环境,不断提高劳动生产率,最大化地促进经济增长是其基本特征,认为自然资源和生态环境与经济增长和社会发展之间彼此不能兼容,环境问题是经济与社会发展过程中的必然现象,社会发展、经济繁荣必然以牺牲自然环境为代价,其最终结果是导致经济发展的不可持续。绿色经济是以可持续发展观为基础形成的新型经济发展方式,它以自然生态规律为基础,通过政府主导和市场导向,制定和实施一系列引导社会经济发展符合生态系统规律的强制性或非强制性的制度安排,引导、推动、保障社会产业活动各个环节的绿色化,从根本上减少或消除污染②。

(2)绿色经济强调自然资源和生态环境的重要价值。传统经济系统坚持封闭性、独立性,对自然资源和生态环境的价值重视不够,认为只要系统本身不断扩大,经济就会得到永无止境的发展,不受其他任何条件(包括资源环境)的制约,从而导致了全球自然资源枯竭和生态环境危机的不断加剧。绿色经济坚持经济系统的开放性和协调性,强调自然资源和生态环境在人类经济社会发展中的重要价值,将资源环境的保护和合理利用作为经济系统运行的重要组成部分,在生产、流通和消费各个领域实行绿色先导原则,尽可能地减少对自然环境的影响和破坏,抑或改善环境资源条件,并将自然环境代价与生产收益一并作为产业经济核算的依据,确认和表现出经济发展过程中自然环境的价值。

(3)绿色经济强调对自然资源和环境利用的持续性。在传统经济模式下,经济增长是以自然资源无限消耗和生态环境严重污染为代价,仅仅满足当代人或少数区域的物质需求,忽略后代人或其他欠发达区域的生存需要,将后代或全人类的环境资源用于满足当代部分人的物质奢侈上,是极端不公平也是不可

---

① 王金南、李晓亮、葛察忠:《中国绿色经济发展现状与展望》,《环境保护》2009 年第 5 期,第 53 页。

② 唐啸:《绿色经济理论最新发展述评》,《国外理论动态》2014 年第 1 期,第 125 - 132 页。

持续的。绿色经济强调资源和环境的可持续利用,主张最大程度地提高资源和环境的利用率和再生能力,同时兼顾当代人和后代人的代际利益平衡和当代人之间的区域利益平衡,保持人类的可持续发展。对资源环境利用的持续性和公平性是可持续发展的重要特征,失去了持续和公平就等于丧失了可持续发展。追求经济利益最大化,不断提高人类的生活质量,是人类经济社会发展的基本目标。

(4)绿色经济强调通过优胜劣汰使产业结构绿色化。在经济发展过程中,产业结构是动态的,优胜劣汰是客观规律,正是基于产业结构的更新优化机制,才能实现产业的可持续发展。绿色经济的发展将引起经济社会的巨大变革,并通过优胜劣汰机制对原有的产业结构进行绿色优化。通过强化生产者、经营者、消费者的生态环境保护责任,最大化地提高社会劳动生产率和产业生产效率,促使以经济增长为中心的自然资源大量消耗和废物污染大量排放的传统产业结构和生产方式,向以持续发展为中心的自然资源得以充分高效利用和废物排放及环境污染最小化的绿色产业结构和生产方式转变。通过在生产领域内推行绿色生产和清洁生产,在流通领域内控制和禁止污染源的转移,在消费领域内引导和推动绿色消费等,引导全社会产业结构向绿色型和生态型转变。

总之,本研究认为,绿色经济是一种全新的经济现象,在本质上是一种实现环境合理性与经济效率性相统一的可持续发展的经济形态。绿色经济与可持续发展存在交集,作为一种更高级的经济形态,绿色经济是建立在生态环境良性循环基础之上的、生态与经济协调发展的可持续发展。绿色经济追求的是一切经济活动和过程,要建立在生态环保的基础之上,不仅要求提高经济效率,提高资源配置效率,以较小的成本和投入获取最大的和长远的效益,同时还要求提高生态效益,对环境没有破坏,对人的健康无损害,追求发展的安全性、低消耗、低排放、无公害,也就是说,不仅要追求产业经济效益,更要追求资源环境效益,实现自然资源保护、生态环境优化和经济效益提高的有机统一。

2.1.2　产业生态学的基本原理

随着全球工业化进程尤其是发展中国家工业化进程的不断深入,工业产业发展对环境的负面影响也越来越大,全球的生态环境正在遭受毁灭性的破坏。因此,越来越多的学者开始关注环境与经济发展的关系问题,开始探索促进环境保护与经济发展和谐统一的有效途径。随着这一过程的不断演进,诞生了许多新兴的边缘交叉学科,最开始是环境经济学的产生,后来又诞生了生态经济学等。这些学科都试图找到一种解决办法,但经过实践证明都或多或少地存在一定的缺陷,主要表现在没有从根本上突破传统的末端治理环境污染方式的束缚,也就无法从根本上解决经济发展对环境的破坏问题。为了解决这一问题,必须要有新的理论来指导实践,产业生态学就是为了适应这一需要而产生的①。产业生态学的基本原理和内涵主要体现在以下几个方面:

(1)产业生态学的基本定义。产业生态学是研究人类产业活动与自然环境相互关系的一门综合性、跨学科的应用科学,是一种有目的地探索科学维护可持续发展的方法②。其采用工业代谢和生命周期评价方法对产业活动全过程(包括原材料采掘、原材料生产、产品制造、产品使用,产品用后处理)进行定性描述和定量模拟,并着眼于人类和生态系统的长远利益,追求经济效益、生态效益和社会效益的统一。作为一门迅速崛起和快速发展的系统科学分支,产业生态学从局部、地区和全球三个层次上系统地研究产品、工艺、产业部门和经济部门中的能流和物流,其焦点是研究产业界如何降低产品生命周期过程对环境产生的压力,产品生命周期包括原材料的采掘与生产、产品制造、产品使用和废弃物管理。

(2)产业生态学的主要特征。产业生态学作为一种系统观,属于应用生态学范畴,其研究核心是产业系统与自然系统及社会系统之间的相互关系。试图仿照自然界的物质循环,通过企业间的系统耦合,使产业链显示生态链的性质,实现物质循环利用和能量的多级传递、高效产出和资源的永续利用。它强调一种整体观。考虑产品或工艺的整个生命周期的环境影响,而不是只考虑局部或某个阶段的影响。它提倡一种未来观。主要关注未来的生产、使用和再循环技术的潜在环境影响,研究目标着眼于人类与生态系统的长远利益,追求经济效益、社会效益和生态效益的统一。它倡导一种全球观。不仅要考虑人类产业活动对局部地区的环境影响,更要考虑对人类和地球生命支持系统的重大影响③。

(3)产业生态学的研究方向。产业生态学作为实现可持续发展研究的重要

---

① 邓伟根、陈林:《产业生态学的一种经济学解释》,《经济评论》2006 年第 6 期,第 75 – 79 页。

② 袁增伟、毕军:《产业生态学最新研究进展及趋势展望》,《生态学报》2006 年第 8 期,第 2709 – 2715 页。

③ 傅沂:《产业生态学:过去、现在与未来》,《生态经济》2004 年第 11 期,第 76 – 80 页。

手段,从不同的视角,以定量的方法研究工业系统的全部运行过程对自然环境造成的影响,从而找出减小这些影响的办法。其具体研究的问题包括生态效率的概念和衡量、产品政策的制订、生命周期的评价、家庭可持续消费等几个方面;研究的热点领域包括面向环境的设计、物质流和能量流的分析、产业系统中物质能量代谢关系,以及企业层面上的产业生态和系统层面上的产业生态等;研究的内容包括产业系统与生态自然系统的关系、产业生态系统结构分析与功能模拟、产业生态系统的减物质化、工业代谢过程的模拟与改进、产品生态评价与生态设计等,以达到资源充分利用、减少废物产生、消除环境污染的目的①。

(4)产业生态学的研究应用②。产业生态学的研究应用主要表现在宏观、中观和微观三个层面上。在宏观上,它是国家产业政策的重要理论依据,即围绕产业发展,如何将生态学的理论与原则融入国家法律、经济和社会发展纲要中,通过相关政策引导以及相应对策分析,促进国家以及全球生态产业的发展。在中观上,它是企业生态能力建设的主要途径和方法,其中涉及企业的竞争能力、管理水平、规划方案等,如企业的"绿色核算体系""生态产品规格与标准"等,促进企业清洁生产,在生产的同时保护生态环境。在微观上,它是对具体产品和工艺进行生态评价与生态设计。因此,产业生态学既是一种分析产业经济系统与自然生态系统和人类社会系统相互关系的系统工具,又是一种发展战略与决策支持手段。

当前,我国西部地区的经济发展模式仍然处于高投入、高排放、低产出的粗放型生产阶段,许多地方的经济增长仍旧是以破坏当地的自然资源和生态环境为代价,与现阶段所提倡的发展绿色低碳经济相悖。产业生态学正是通过对物质流、能量流的研究和控制,达到减少环境危害、提高资源利用效率、促进经济与环境协调发展的目的。因此,本书将以产业生态学的原理和视角,来审视西部地区产业发展与生态保护之间的关系,以及产业结构与绿色发展的关系,从产业结构绿色优化的角度,寻求一条经济效益与生态效益同步提升的产业发展道路,以期实现西部地区的绿色快速发展。

---

① 杨建新、王如松:《产业生态学基本理论探讨》,《城市环境与城市生态》1998 年第 2 期,第 56 – 60 页。

② 娄美珍、俞国方:《产业生态系统理论及其应用研究》,《当代财经》2009 年第 1 期,第 116 – 122 页。

2.1.3 产业生态系统与绿色经济

产业生态系统定义为在一定空间中共同存在的所有产业组织与其环境之间不断进行物质、能量和信息交换而形成的统一整体。产业组织可以是任何与产业活动有关的企业、公司等经济个体,也可以是这些经济个体以某种关系联系起来的经济集体。产业生态系统不是产业组织之间的简单组合,而是仿照自然生态过程物质循环的方式对各个组织从物质、能量和信息关联的角度进行的系统构造。产业生态系统是绿色经济发展的具体体现,绿色经济的发展是通过产业生态系统来实现和构筑起来的。绿色经济的发展,有力推动经济生产、流通、交换和消费过程的转化,要求产业结构调整、提升和绿色化,促进产业系统的培育和壮大。产业生态系统与绿色经济是相互促进、相互制约的关系①。两者在以下几个方面存在着密不可分的一致性:

(1)在基本宗旨和最终目的方面。构建产业生态系统和发展绿色生态经济的基本宗旨在于从产业生态化和产业绿色化角度,维护经济发展与生态环境的协调,推进人类社会可持续发展理想的实现。构建产业生态系统和发展生态经济的根本目的是通过统筹人类经济系统和自然生态系统,将人类经济活动对资源环境的影响控制在环境容量和生态承载力范围内,实现经济与资源环境的协调和可持续发展,着力解决传统经济和产业活动与资源环境的矛盾和冲突。而构建绿色产业系统和发展绿色经济的根本目的是为了人类社会经济与自然生态环境的和谐统一,生态经济是绿色经济的一种表现形式,也是绿色经济建设的重要途径。因此两者在基本宗旨和根本目的方面具有一致性。产业生态系统的构建是绿色经济发展的支柱,对绿色经济的整个发展具有全面的带动和促进作用②。

(2)在系统整体性和层次性方面。产业生态系统是一个有机构造的整体,系统内部单元之间从整体经济与环境效应最优的角度进行关联,每个环节紧密相连,注重环境效应与绿色发展。在产业生态系统内部强调整体利益大于每个单元,使其各自利益最优化时实现的利益之和呈现出外部的经济性,这与绿色

---

① 彭青霞:《中原经济区产业生态化的发展路径初探》,《漯河职业技术学院学报》2012 年第 4 期,第 82 - 83、102 页。

② 杨运星:《生态经济、循环经济、绿色经济与低碳经济之辨析》,《前沿》2011 年第 8 期,第 94 - 97 页。

经济所倡导的整体绿色发展观念相吻合。产业生态系统分为微观、中观和宏观三个层次。微观层次指单个生产单位及其生产环境,中观层次指区域范围内所有的产业部门及其生产环境,宏观层次指全国或全球范围内产业部门及其生产环境。从前面对绿色经济的讨论中可知,"绿色经济"既是指具体的一个微观单位经济,又是指一个中观产业经济,也是指宏观国民经济,甚至是全球范围的经济。产业生态系统的层次性正好与绿色经济的层次相切合,两者协同发展。

(3)在系统生态性和演化性方面。产业生态系统内各单元之间形成有机生态链,各单元之间实现物质流、能量流与信息流的交换,一个单元的"废弃物"可以作为另一个单元的"原料"加以利用,实现物质能量最大限度的循环利用和最小限度的外界排放。这符合绿色经济减少环境污染、提高资源利用效率的生态理念。产业生态系统有一个从低级到高级再到顶级的不断演化过程。低级(一级)生态系统是一些不发生关联的线性物质叠加,其运行方式是开采资源和抛弃废料,对环境的影响非常严重。高级(二级)生态系统内部物质循环发挥了重要作用,资源利用效率提高,对环境的影响减少。顶级(三级)生态系统进化成以资源完全循环的方式运行,产生的废物料和对环境的影响几乎为零。产业生态系统向资源更为充分利用的演化,与绿色经济的发展相吻合①。

当然产业生态系统中的生态经济与绿色产业系统中的绿色经济并不是完全相同的概念。从系统涵盖的范围看,产业生态系统和生态经济是一个大系统的概念,而绿色产业系统和绿色经济则是一个子系统的概念。所有的以生态物质代谢和循环规律相互联系和协调运行的经济系统,都属于产业生态系统,在这样的产业生态系统中,既有褐色经济、黑色经济、高碳经济等,也有绿色经济和低碳经济。绿色产业系统只是产业生态系统中具有绿色低碳特征的子系统。从侧重协调的问题看,产业生态系统和生态经济主要考虑的是经济系统与生态系统的协调,侧重于调和经济发展与生态环境之间的矛盾;绿色经济则是要全面调和经济与生态、经济与资源、当代与后代、利益与道德等矛盾关系。因此,绿色经济较生态经济需要考虑和协调的问题更多②。

总之,发展绿色经济与产业生态系统有着密切的联系,两者都强调在发展

---

①　薛维忠:《低碳经济、生态经济、循环经济和绿色经济的关系分析》,《科技创新与生产力》2011 年第 2 期,第 50 - 52、60 页。

②　郭熙保、王贵明、欧江波等:《经济全球化与产业生态经济发展》,《当代经济研究》2005 年第 8 期,第 58 - 61 页。

经济的同时要保护生态环境,两者的发展会产生相互促进的作用。绿色经济的发展包括生产、流通、交换、消费等经济活动的整个过程和各个方面,要求对产业结构进行调整,推动产业转型升级,鼓励低能耗、少污染、高附加值的行业快速发展;要求对高能耗、高污染、低附加值的行业进行整治和改造,推行循环经济,推广绿色能源;要求提升资源循环使用技术,增加资源利用效率,减少环境污染。从产业生态系统来说,由于涉及环境资源的新的享用方式,其发展会促使新兴产业诞生,从而在经济结构上、产业内容上、就业人口上带动绿色经济的发展;由于涉及支持经济的新的技术基础,它会极大地、有效地改善经济的技术品质,从而促进了绿色经济的发展。

2.2　低碳经济与可持续发展的相关理论

发展低碳经济是调整经济结构和产业结构、保护自然生态和气候环境,实现经济可持续增长和社会可持续发展的重要契机。本节以低碳经济的相关理论及可持续发展的基本原理为基础,分析低碳经济与可持续发展的关系,为我国西部地区产业结构的低碳化调整和社会经济的可持续发展提供理论依据。

2.2.1　低碳经济的相关理论

随着全球人口数量和经济规模的不断增长,由化石能源等高碳能源大量使用造成的环境问题越来越严重,各种粉尘废气、化学烟雾、污水酸雨等污染的危害,以及大气二氧化碳浓度升高带来温室效应,已经对人类的生存和发展构成严重威胁[①]。低碳经济的概念一开始就是为了应对碳污染导致的全球气候变化而提出的,这里的碳是指人类在生产、生活中消耗化石能源产生的温室气体,主要是指二氧化碳气体。低碳最初的含义是通过开发和利用清洁能源和可再生能源等新能源来替代对化石能源的过度使用以减少碳的排放。由于在控制碳排放水平和利用新能源过程涉及到经济基础、能源结构、资源环境等多方面因素,低碳经济的概念便开始向更广泛的领域扩展。面对越来越严重的环境问

---

① 潘家华等:《低碳经济的概念辨识及核心要素分析》,《国际经济评论》2010 年第 4 期,第 88 - 100 页。

题,人们开始从不同的领域探索用新的发展模式来取代传统的增长模式,而低碳经济表现出的"低能耗、低排放、低污染"的特点正好是对应于"高能耗、高排放、高污染"的经济发展模式而提出的①。本书对低碳经济内涵的理解主要包括以下方面。

(1)低碳经济的定义及其宗旨。低碳经济是指在可持续发展理念的指导下,通过技术创新、制度创新、产业转型、工艺改造、新能源开发等多种手段,尽可能地减少煤炭、石油等化石型高碳能源的消耗,减少温室气体的排放,达到经济社会发展与生态环境保护双赢的一种经济发展形态②。其宗旨是为降低高碳能源消耗,减少温室气体排放,构筑低能耗、低污染为基础的经济发展体系,包括低碳能源系统、低碳技术体系和低碳产业体系。低碳能源系统是指通过发展清洁能源,包括风能、太阳能、核能、地热能和生物质能等替代煤、石油等化石能源以减少二氧化碳排放。低碳技术体系包括清洁煤技术和二氧化碳捕捉及储存技术等等。低碳产业体系包括火电减排、新能源汽车、节能建筑、工业节能与减排、循环经济、资源回收、环保设备、节能材料等等③。

(2)低碳经济中的低碳化内涵。低碳化主要包括两个方面的含义,一是能源消费的碳排放的比重不断下降,即能源结构的清洁化,这取决于资源禀赋,也取决于资金和技术能力;二是单位产出所需要的能源消耗不断下降,即能源利用效率不断提高。从经济社会发展的长期趋势来看,由于技术进步、能源结构优化和采取节能措施,碳生产力也在不断提高。因此,低碳化进程也就是碳生产力不断提高的过程。低碳化发展主要体现在两个方面:一是包括生产、交换、分配、消费在内的社会再生产全过程的经济活动低碳化,把二氧化碳排放量尽可能减少到最低限度乃至零排放,获得最大的生态经济效益;二是包括生产、交换、分配、消费在内的社会再生产全过程的能源消费生态化,形成低碳能源和无碳能源的国民经济体系,保证生态经济社会有机整体的清洁发展、绿色发展、可持续发展④。

(3)低碳经济发展的碳生产力。低碳经济发展追求的一个目标就是提高碳

---

① 杨珍:《中国低碳经济发展水平的综合评价》,辽宁大学硕士论文,2013 年。

② 李凤鸣、赵小娟、马赛:《2010 国际农业工程大会现代畜牧业装备创新与产业化分会场论文集》。

③ 袁男优:《低碳经济的概念内涵》,《城市环境与城市生态》2010 年第 1 期,第 43 – 46 页。

④ 张娥:《低碳经济与石油未来》,《中国石油石化》2011 年 11 月 24 日。

生产力,所谓碳生产力是指单位二氧化碳排放所产出的 GDP,碳生产力的提高意味着能通过更少的自然资源消耗和生态环境污染,来获得更多的经济产出和社会财富,其目的是在保持经济持续发展和社会不断进步的前提下更好地保护自然资源和生态环境。技术进步是提高碳生产力的重要途径,从短期来看,技术进步可以在其能源结构和产业结构尚未改变的前提下,提高能源利用效率和碳产出效率,实现相对的低碳排放;从长期来看,技术进步能够有效促进新清洁能源和低碳高技术的发展和应用,从而实现一国碳排放总量的绝对下降。国际上开展的碳汇交易,在一定程度上反映了碳生产力的价值,所谓碳汇是指从空气中清除二氧化碳的过程、活动、机制及吸收并储存二氧化碳的能力①。

(4)低碳经济的产业体系发展。低碳经济的发展需要在低碳技术和低碳能源支持下的低碳产业体系支撑,低碳产业体系包括低碳农业、低碳工业、低碳服务业等以低能耗低污染为基础的产业体系。发展低碳农业就是通过打造农业经济系统和生态系统耦合的基础,追求低耗、低排、低污和碳汇,从严重依赖农药和化肥等化学品、对环境破坏很大的农业模式转化为对环境友好、能保护生物多样性和农民生计的生态农业模式。发展低碳工业就是将通过低碳技术与低碳工艺融合到传统工业体系之中,使能源资源得以高效利用,将清洁能源融合到能源工业结构调整中,使能源结构低碳化甚至无碳化,从而形成以低能耗、低排放、低污染为基础的工业生产模式。发展低碳服务业就是以低碳技术为支撑,在充分合理开发、利用当地生态环境资源基础上,实现最小碳排放的现代服务业。

总之,低碳经济通过大幅度地提高能源利用效率,大规模地使用再生能源,大范围地研发和应用清洁生产低碳技术和温室气体减排技术,建设低碳社会,维护生态平衡,是一种使自然资源的持续性和生态环境的友好性得以大幅提高的经济模式。发展低碳经济,是积极承担对生态环境的保护责任,完成国家节能降耗和环保减排指标的基本要求;是调整产业结构和能源结构,提高能源利用效益,发展新兴工业,实现经济转型,建设生态文明的可行之路;是摒弃以往先污染后治理、先低端后高端、先粗放后集约的发展模式的有效途径。作为中国西部地区经济可持续发展的一个重要抓手,低碳经济将是其未来经济发展的核心竞争力和发展方向,西部地区应加速由"高碳"向"低碳"的转型,在经济快

---

① 明海英:《低碳经济的关键是提高碳生产力》,《中国社会科学报》2011 年 10 月 20 日。

速发展和低碳化中找到最佳的平衡点,紧紧抓住机遇,勇敢面对挑战,探索出一条具有西部地区特色的低碳发展道路。

2.2.2 可持续发展的基本思想

可持续发展思想最初起源于 20 世纪五六十年代人们对人类生存发展环境的担忧,以及对人与自然相互关系的重新认识。西方国家工业化社会的迅猛发展给自然生态环境带来了巨大压力,迫使人们从生存与环境的可持续性重新考虑经济增长与经济发展之间的关系。随着科技进步和人类对自然认识水平的提高,可持续发展的内涵被不断丰富与拓展,可持续发展是一种注重长远发展的经济增长模式,指既满足当代人的需求,又不损害后代人满足其需求的能力,是科学发展观的基本要求之一。其核心内容是:人类在努力满足当代人的需求时,应当承认环境承载能力的有限性,不能剥夺后代人所必需的自然资源和环境质量。可持续发展是以保护自然资源环境为基础,以激励经济发展为条件,以改善和提高人类生活质量为目标的发展理论和战略①。其主要思想可概括为以下几个方面:

(1)在经济可持续发展方面。经济可持续发展是在能维持资源永续供给和不超过环境最大容量限度条件下的经济效益最大化发展模式。它要求以更多的人力资本和科技资本投入来代替自然资源的投入;要求所在国家或地区的经济结构同世界发展趋势保持一致,在国际分工和贸易中能够持续获取竞争优势,降低被边缘化的风险;经济行为产生的效益要将资源和环境成本考虑在内,将经济活动产生的负面环境效应控制在自然环境自我修复与循环的极限范围内,避免对生态环境造成不可逆转的危害和影响;要求以科学技术进步为先导,以产业结构优化升级为动力,发挥地区比较优势同周边甚至全球实现良性分工协作,在新兴战略领域不断取得突破性进展。从而建立起资源节约、环境友好、结构优化、产出增长的新型经济发展模式。

(2)在社会可持续发展方面。社会可持续发展是以人为本位的发展,其根本目的是在经济、资源、环境都持续容许的范围内促进社会群体福利最大化。它要求在物质文明建设的同时,通过加强精神文明建设,提高人口总体文化素

---

① 牛文元:《中国可持续发展的理论与实践》,《中国科学院院刊》2012 年第 3 期,第 280 – 289 页。

质;通过弘扬优秀传统文化和核心价值观,促进有利于社会和谐稳定的积极健康的道德风尚永存;通过积极的就业政策使社会成员通过劳动创造价值,实现收入的稳步增长;通过完善社会保障制度,向社会设施建设投入更多资本;通过改善社会群体的生存环境和正向预期,提高居民消费及生活水平。通过完善社会公平准则,缩小不同人群之间的收入差距,减缓社会焦虑和被剥夺情绪,实现社会和谐与稳定的包容性增长。从而建立起具有现代化社会服务和高水平社会保障的,使人能够得到更健康、更舒适、更美好、更有尊严生存的可持续发展社会。

(3)在人口可持续发展方面。人口可持续发展是人口与其他社会环境因素(包括经济、社会、资源、环境等)之间的相互适应与协调的发展。它以人的基本需要为出发点,以人口数量的控制为手段,以人口素质的提高为核心,以人的全面发展为归宿点,强调通过严格控制人口数量,不断提高人口质量,合理调整人口结构,真正把现代发展转移到提高人的素质轨道上来,实现人口与其他因素之间的相互协调。强调高素质的人口是国家的人力资源和重要财富,而低素质的人口就成了国家的人口包袱,只有将人口转变为高素质以后才能成为人力资源优势;强调通过提高劳动者的科学技术和文化水平,增加人力资本存量,从而形成社会系统全面进步和不断更新的持续发展能力;强调通过合理的人口政策减缓老龄化进程,优化人口结构以在更长时期内享有人口红利。

(4)在资源可持续发展方面。资源可持续发展是在保证人类经济社会持续发展的资源永续利用和协调发展。资源对经济社会发展有重要的支撑作用,没有必要资源的持续保证,经济社会就难以持续健康快速发展。地球上的自然资源和能源都是有限的,因此,资源可持续发展强调人类对资源和能源的开发利用必须与经济社会的持续发展相协调。它强调通过技术进步和工艺改进,来节约现有的资源和能源,以提升现有资源和能源的承载力,以削弱资源瓶颈对经济社会发展的约束作用;强调通过循环经济模式来多层分级利用和反复循环利用各种资源能源,以提高各类资源和能源的综合利用率和高效利用率,缓解资源瓶颈制约;强调通过不断开发各种新型的资源和能源,特别是各种可再生的资源和能源,来替代和削减原来的资源能源消耗,以实现资源能源利用的可持续性。

(5)在环境可持续发展方面。环境可持续发展就是将人类经济社会活动控制在自然生态环境可承载范围内的发展。环境可持续发展是保障经济社会可持续发展的前提和保障,它坚决反对对自然资源的掠夺性开发和对废弃物质的无节制排放,以及由此造成对生态环境的污染破坏。它要求人们树立正确的发展观念,使近期利益和长远利益相结合,将保护水环境、大气环境、土壤环境、生态环境看做日常生活中应尽的责任与义务,确保人类的所有活动都能限制在环境可承载能力之内;它强调尽量减少人为因素造成的环境容量降低,尽量避免因社会活动引发自然灾害,保护社会群体生命财产安全。环境可持续发展目标的实现需要从宏观战略的角度出发,联合全社会力量,通过政府引导、市场调节、社会组织的参与,来逐步提高环保意识及效率①。

总之,可持续发展是人类对工业文明进程进行反思的结果,是人类为了克服一系列环境、经济和社会问题,特别是全球性的环境污染和广泛的生态破坏,以及它们之间关系失衡所做出的理性选择,它是建立在经济、社会、人口、资源、环境相互协调和共同发展的基础上,坚持公平性、持续性和共同性三大原则,旨在既能相对满足当代人的需求,又不能对后代人的发展构成危害的一种发展模式。它注重社会、经济、人口、资源、环境等各方面的协调,要求这些方面的指标组成向量呈现单调递增态势(强可持续性发展),至少其总变化趋势不呈现单调递减态势(弱可持续性发展)。可持续发展观改变了传统观念上关于人与自然和人类自身内部相互关系的认识,它不仅包括了传统发展的内容,而且包括了生活方式、生产方式、经济体制、社会制度等方面的内容,是一种能够兼顾发展与环境、效率与公平、整体利益与局部利益、眼前利益与长远利益的发展模式②。

2.2.3　低碳经济与可持续发展

低碳经济是以可持续发展为理论基础,在发展理念上也与可持续发展理念相一致,同时也是实现可持续发展的有效途径。可持续发展观要求在经济迅速发展的同时,尽可能减少资源消耗量,降低环境污染程度,既要达到发展经济的目的,又要保护好人类赖以生存的大气、淡水、海洋、土地和森林等自然资源和环境,使子孙后代能够安居乐业并永续发展,这与低碳经济的低能耗、低排放、低污染的要求基本一致。发展低碳经济,大力发展低碳产业、低碳技术、开发新

---

① 曹孜:《煤炭城市转趣与可持续发展研究》,中南大学博士论文,2013 年。
② 张志强、程国栋、徐中民等:《可持续发展评估指标、方法及应用研究》,《冰川冻土》2002年第 4 期,第 344 - 360 页。

能源,不但可以转变经济增长方式、确保能源安全、减少碳污染排放、缓解温室效应,还是建设环境友好型、资源节约型社会,实现可持续发展的有效途径。所以,低碳经济与可持续发展是相辅相成的,低碳经济是可持续发展的核心内容和必由之路,也为可持续发展指明了方向。无论从内涵还是外延,低碳经济与可持续发展存在着必然的联系[①]。主要体现在以下几个方面:

(1)低碳经济是可持续发展的核心内容。从发展目标分析,低碳经济与可持续发展都是为取得经济与环境的双赢,保持全球生态平衡,实现经济社会与生态环境的和谐发展。低碳经济主要是通过产业结构调整来实现产业、能源、生产、生活等的低碳转型,从而增加低碳产业对经济发展的贡献率;通过清洁生产、能量的梯次利用、使用低碳能源等手段减少资源能源浪费,提高资源能源利用效率;通过改造以高碳能源为主导的能源结构,提高低碳能源特别是零碳能源(太阳能、风能、核能)占总能源消耗的比重,以大大减少人类对自然资源特别是对不可再生的碳能源的消耗,大大减少人们在生产、流通、消费过程中的碳污染排放,大大降低人类各种生产活动对生态环境造成的负面影响,并将这种影响控制在自然生态系统能够吸纳和自行修复的范围之内,从而实现人类经济社会与自然生态环境的和谐与可持续发展,由此可见低碳经济是可持续发展内容的一部分。

(2)低碳经济是可持续发展的有效途径。像中国这样的发展中国家,要全面建成小康社会,赶上和超过世界发达国家,实现现代化,实现中华民族伟大复兴的中国梦,其加快发展和加速建设的任务还十分艰巨,在这一过程中不但要应对自身和全球资源能源的短缺,更要面对经济发展中造成的生态环境问题,必须深入思考通过何种途径来降低有害物质和碳污染的排放,通过何种途径来转变高能耗、高污染、高排放的经济模式。而低碳经济作为一种碳排放量、生态环境代价及社会经济成本最低的经济,是一种能够改善地球生态系统自我调节能力的可持续性很强的经济发展模式,正是解决上述问题的有力武器。在可持续发展的框架下,把低碳发展作为建设资源节约型、环境友好型社会和创新型国家的重点内容,并将发展低碳经济作为走低碳之路的重要载体,纳入可持续工业化和可持续城镇化的具体实践中,是中国实现可持续发展的有效途径。

---

① 徐亚同、刘伟、张秋卓等:《低碳经济与可持续发展》,《自然杂志》2011 年第 2 期,第 81 – 85、100 页。

(3)低碳经济为可持续发展指明了方向。低碳经济是通过一系列的制度和技术的变革与创新,引导低碳生产、低碳生活和低碳消费,使包括生产、交换、分配、消费在内的社会再生产全过程的经济活动低碳化和资源能源消费生态化,建立低碳产业和低碳城市,形成低碳能源和无碳能源的国民经济体系,把二氧化碳和其他有害物质的排放量尽可能减少到最低限度乃至零,从而获得最大的生态经济效益,实现经济低碳增长或零碳增长,保证经济社会与生态环境这一有机整体的清洁发展、绿色发展、持续发展。低碳经济在发展内容上使可持续发展得到了进一步深化和细化,它为科学权衡经济社会发展与气候环境保护、近期发展利益和远期发展目标,为妥善处理利用战略机遇期实现重化工业阶段跨越与产业低碳化转型升级的关系,为充分考虑碳减排、能源安全、环境保护的协同效应,有效降低减排成本,为现实中国的可持续发展指明了方向。

(4)低碳经济是可持续发展的必由之路。低碳经济是中国实现可持续发展的必由之路。主要体现在:①发展低碳经济是中国调整产业结构的重要途径。目前中国正处于工业化和城市化迅速发展阶段,需要建设大规模的基础设施,而这些必须建设的"高碳"型产业,是无法通过国际市场来满足需求,所以就必须提高资源、能源的利用效率,促进中国经济结构、产业结构和能源结构的优化升级。②发展低碳经济是中国优化能源结构的有效措施。中国的资源状况决定了以煤炭为主的能源结构,在使用的过程中容易造成环境的污染和生态的破坏,发展低碳经济则可以提高资源利用率、提高清洁能源比重,从而有效地改善改善生态环境。③发展低碳经济是中国国际发展战略的客观需要。低碳经济模式是解决能源危机、控制碳排放、应对全球气候变化和应对金融危机的根本出路,也是在新一轮竞争中脱颖而出,提高中国国际地位和竞争力的宝贵机遇。

总之,通过对低碳经济与可持续发展的内在和相互关系的初步分析与研究表明,它们是相辅相成的。低碳经济是走可持续发展道路的必然产物,是实现可持续发展的必然途径。开发低碳技术,发展低碳经济、实现低碳社会,倡导低碳生活和低碳消费,推动低碳建设、建立低碳城市和低碳世界,是可持续发展的必由之路。只有实现社会的低碳发展,环境的友好发展,经济的绿色增长,生活和消费的低碳化,可持续发展的目标才能真正得到实现。社会发展、经济发展和环境发展和谐共存,才能为人类的长治久安提供可靠的保障,生态环境才能健康发展,人类的生存与发展才能做到真正的"可持续"①。低碳经济是未来经济发展的核心竞争力和发展方向,中国应加速由高碳向低碳的转型,寻找产业低碳化和经济快速发展的最佳平衡点,探索出一条具有中国特色的低碳可持续发展道路,使中国在未来新的全球竞争中脱颖而出,稳操胜券②。

2.3　产业结构对生态环境的影响

不同的产业结构会对生态环境产生不同的影响,在各种生态环境的结构性污染中,产业结构与结构性污染的关系最密切也最为根本。产业结构的变动使资源在产业间流动,形成较高的资源使用效率,但有时却往往忽视了资源在特定生产过程中的生态环境效益。本节将探讨产业结构与结构性污染的相互关系。

2.3.1　产业比例结构与结构性污染

产业是介于微观经济细胞(企业)与宏观经济单位(国民经济)之间的一个系统概念,是指处于宏观经济与微观经济之间,从事同类物质生产或相同服务的经济群体。它是与社会生产力发展水平相适应的多层次社会分工形式的表现,也是有投入和产出效益的活动单位。产业的本质特征主要表现在:①产业是具有某种同一属性的企业的集合,构成产业的基本单元是企业;②企业从事营利性经济活动,可以是生产性的(提供产品),也可以是服务性的(提供劳务);③作为经济系统投入产出关系链的一环,产业存在着商品或劳务市场。由于企业间的组合方式和判断标准具有多样性,这就意味着不同功能和属性的企业可以形成组合,因此由企业组合形成的产业也具有多种不同的划分标准。一般来说,产业的划分是根据研究产业经济的目的和现实需要进行的③。

常见的产业分类方法主要有四类:①三次产业分类法。即将国民经济分为三大产业:第一次产业(主要为农业)、第二次产业(主要为工业)、第三次产业

---

① 谢永明:《低碳与可持续发展之关系探讨》,《低碳世界》2012 年第 3 期,第 27 - 28 页。
② 崔淑娜:《低碳经济与可持续发展》,《经济师》2010 年第 6 期。
③ 陆诤岚:《结构性污染成因的分析与研究》,《北京交通大学学报(社会科学版)》2005 年第 1 期,第 39 - 43 页。

（主要为服务业），这三次产业结构的变化可以反映人类经济社会发展的规律。②标准产业分类法。即联合国颁布的《全部经济活动的国际标准产业分类索引》，将全部经济活动进行了标准化分割，首先分为 10 个大项，在每个大项下面分成若干中项，中项下分小项，小项下分细项，形成 4 个等级。③产业部门分类法。即根据生产单位（企业）某种相同属性划分，如生产产品的经济用途相同、生产产品使用的原材料相同、生产产品的工艺过程相同等，只要其中一条标准相同，就可以分为同一个产业部门。④资源密集分类法。这里的资源主要是指投入生产活动的"生产要素"的总和，根据生产过程中对资源的依赖程度，可划分为资源密集型、劳动密集型、资本密集型、技术密集型产业等。

除此以外还有一些其他形式的分类方法，例如：①生产结构分类法。德国经济学家霍夫曼在对工业化过程进行考察和分析时，曾把工业部门分成消费资料产业、资本资料产业和其他产业三类。②产业功能分类法。根据各个产业在产业发展中的作用和相互之间的联系，将产业分成主导产业、关联产业和基础性产业三大类。③成长阶段分类法。按照产业成长阶段和各产业在前后两个时期增长率的变化来划分产业，一般分为成长产业、发展产业和衰退产业。④污染程度分类法。为了研究环境污染，以对生态环境的影响和对环境污染状况为标准，将产业分为污染型产业和非污染型产业两大类。

所谓产业结构，简单地说是不同产业组合的比例。要减少产业结构对生态环境造成的结构性污染，就必须调整优化产业结构，减少污染型产业在整个产业结构中的比例。

不同产业在一个区域内的组合构成了该地区的产业结构，一个地区产业对当地生态环境的影响及其产生的污染状况与该地区的产业结构密切相关。在产业结构对生态环境的影响中，结构性污染最直接最突出地表现在以产业部门分类法划分的产业结构中，主要来源于生产产品使用的原材料相同和生产产品的工艺过程相同的那部分企业集合，因为这类产业输入生产的原料相似，生产的工艺相似，生产的产品相似，所以在其生产过程中和生产结束后，所剩余的废弃物和产生的排放物也基本相同。因此，这类产业的生产规模就决定了某种或某几种废弃物和污染物产生的总量，当这类产业在某个区域的结构比例过大时，其产生的废弃物和污染物总量就会很庞大，若不能够得到有效的无害化处理而直接排放，往往就会大大超过自然生态系统能够自行消纳和自行净化的最大承载能力，从而对当地的生态环境造成严重的污染和破坏。

在产业宏观结构中,三次产业在一个区域的国民经济中所占比例不同,对生态环境产生的负面影响也大不相同。三次产业比例结构给生态环境带来的结构性污染及其影响,更多的是反映在污染总量的增长和污染物种类的变化上。一般而言,在一个区域的产业结构中,工业占主要比例的经济要比农业占主要比例的经济对环境造成的污染更大。当工业成为国民经济的重要组成部分之后,形成了工业企业的产业分类。根据工业企业的分类原则可以看出,这种分类与结构性污染的产生是密切相关的。一个区域工业企业和行业结构的高度相似性会带来低层次的重复建设和过度竞争,同时也增加了环境污染的负荷和治理的难度。区域结构趋同导致的小规模低水平过度竞争,会使工业结构呈现出组织程度低和小型分散化的特征,由此形成的资源配置失调和资源流失加大,将导致该区域的资源和环境压力加重。

产业比例结构的结构性污染,是在工业成为国民经济主要部分后的主要污染因素,其会在工业化初期之后逐步凸显出来。按照资源密集度进行的产业划分是在经过了初期工业化之后产生的,进行这样的划分反映了产业的资源使用特征。在经济发展中可以利用资源优势进行产业选择,当这类产业结构逐渐形成后,结构性污染也就随之形成了。我国西部地区产业的结构性污染,也正随着西部地区工业化进程的不断推进而不断加重,必须引起高度重视。西部许多地区的发展和工业化进程严重依赖于当地的自然资源,大多属于资源密集型产业,产业趋同现象严重,加之经济较为落后,经济规模和总量较小,小规模低水平的重复建设,导致企业难以聚集形成集群,只能分散治理污染,难以形成具有规模效应的区域环境综合治理,从而导致区域的结构性污染严重。因此,很有必要通过产业结构的优化调整来缓解结构性污染对生态环境的压力。

2.3.2 产业组织模式与结构性污染

产业组织包含产业生产组织、产业市场组织和产业管理组织三重内涵[1]。产业生产组织指在生产过程中,对各种要素进行合理安排,降低生产成本,提高利润水平而形成的生产体系。产业市场组织是企业之间市场关系的具体表现形式,包括规模、数量、利益、份额等方面的相互关系及竞争形式。产业管理组

---

[1] 向秋兰、蔡绍洪:《产业组织三重结构与经济增长》,《云南大学学报》2010 年第 3 期,第 28-34 页。

织是产业中为实现预定目标,对从事产业经营活动进行分类分层分责,实现管理功能的协作系统。产业组织中的三重组织结构,既彼此独立,又相互影响,相互制约,相互适应,统一于产业组织这一整体中。产业组织的内涵除企业在市场中的结构状态和相互关系外,还应包括在产业经济活动中形成的各种具有特殊功能的产业组织实体。产业组织模式就是建立在一定的生产组织、市场组织和管理组织基础上的产业体系的具体构成方式和运行模式的总和,它包括产业内企业间的关系构成方式和各企业或企业内生产要素的组合方式。

从本质上来说,产业组织就是将产业内生产力要素进行组合(组织与整合)形成新的产业生产力的过程,以及由此形成的关系和实体。对一个产业而言,通过良好的组织与整合(组合),各种生产要素在组合中能够内生出比其简单结合所生成的生产力水平更高的生产力,也就是能够创造出一个新的使用价值的生产能力,创造出一个生产力增量。这个增量不同于直接增加要素投入而产生的生产力增长,而是原生产力及其要素在横向作用机制下高效组合的产物。而这种整合的过程以及形成的关系和实体就是产业组织。不同的产业组织模式及其结构会产生不同的功能和效率,其优劣程度可用产业的资源配置、规模效率、竞争程度、交易费用、可持续发展水平等来衡量,最终表现为产业经济效率和环境生态效益。因此区域产业的组织模式和结构会对区域的结构性污染产生影响。

从“市场组织—中间组织—科层组织”的形成机制来看,对生产力的组合可分为三个层次:第一个层次是劳动者与劳动工具和生产资料的结合,即基本生产力要素的简单结合,可称之为“初次组合”,初次组合出现的简单的个体生产者和经营者形成了所谓的“市场组织”。第二个层次是对第一个层次已形成的各生产力进行的再次组合,可称之为“二次组合”,二次组合形成的企业就是所谓的“科层组织”。企业组织作为产业组织的微观基础形式,就是通过一定的制度和契约关系,以层级制的形式将各生产要素组合起来形成一定的生产力的。第三个层次是对第二个层次形成的各生产力在产业之间、地域之间进行的进一步整合,可称之为“高次组合”。高次组合会形成企业联盟、企业网络、产业集群等所谓的“中间组织”。在三个层次中,初次组合形成了生产力,二次组合和高次组合都提高了生产力,促进了生产力的发展。

产业组织模式及其结构在一定程度上决定了产业的资源配置效率,也影响着产业的生态环境效益。作为产业结构的微观基础,产业组织结构对区域产业的结构性污染会产生显著影响。在相同的宏观产业结构下,不同产业组织结构体系,除了在产业效率方面的差别外,其对生态环境影响也存在着较大的差异,这在产业生产组织体系中表现得最为突出。例如采用资源直线型"资源开采→产品生产→废物排放"生产组织结构模式形成的产业生产体系,在对生态环境造成的负面影响和污染破坏方面,要比采用资源循环型"资源利用→绿色生产→再生资源"生产组织结构模式形成的产业生产体系严重得多。尽管两者的宏观产业比例结构相同,仅仅是微观产业生产组织不同,在对生态环境的污染方面却存在巨大的差异。不具生态功能的产业组织模式与具有生态功能的产业组织模式相比,对生态环境的影响更为显著。

　　传统的资源直线型产业生产组织模式就不具备生态功能,若在这样的产业组织模式下组织大规模生产,其对所需投入自然资源进行的大量开采,以及在生产过程中产生的大量废弃物质,在得不到有效利用和无害化处理的情况下的大量排放,会大大超过自然生态系统能够承受和自行消纳净化的极限,必然会导致对自然生态环境的严重污染和破坏,甚至会形成不可逆转的结构性污染和生态系统退化。对资源型产业来说,过度分散化的产业组织结构的情况会更加严重。由于在这类产业组织结构下的企业生产规模过小,不能发挥规模经济效应,在竞争中缺乏优势,获利水平很低,无力自己进行污染治理,造成严重资源浪费和环境污染,同时大量同质同类小企业之间无序竞争和恶性竞争,更加加剧了上述情况的恶性循环,从而整体上降低了环境效率,形成严重的结构性污染。

　　具有生态功能的产业组织模式是根据产业生态学原理,模仿自然界生物群落及食物链构成连接方式,将产业内的生产力要素及生产工艺流程进行有机整合形成的,能实现资源高效利用、多级利用和循环利用,对生态环境友好的产业生态系统组织模式。该模式在不同层面呈现出不同的形态,从组织跨度来看,有在企业内部、企业之间、产业内部、产业之间、区域内部、区域之间等不同层面构成的;从组织形态来看,有循环经济、生态产业链、生态产业园、生态产业集群、生态产业网络、循环产业集群等不同表现形式。在这类产业组织模式中,上一企业产生的废弃物或副产品,恰好就是下一家企业所需要的原材料,这使得整个生产系统最终需要向外排放的最后剩余物质要少得多,从而对生态环境的负面影响也小得多。因此,好的产业组织模式可以有效降低区域的结构性污染。

2.3.3 产业布局方式与结构性污染

产业布局是指各产业在地域上的分布状况,其反映的是产业结构在地区之间的分布问题,即产业在一国或一地区范围内的空间分布和组合的经济现象。考察产业布局一般有静态和动态两个视角,从静态来看,产业布局是指形成产业的各部门、各要素、各链环在空间上的分布态势和地域上的组合形态;从动态上看,产业布局表现为各种资源和生产要素以及各类产业和企业,为选择最佳区位而形成的在空间地域上的流动、转移或重新组合的配置与再配置过程。各个国家或地区在一定的自然条件下和社会发展的历史进程中形成的产业分布,是已经形成的各产业在地域空间分布的静态形式,它反映了一国或一地区的产业生产力在一定范围内的空间分布和组合结构,在一定程度上也反映了该国或该地区的产业分工,产业布局是否合理直接影响到该国或该地区经济优势的发挥和经济发展的速度。

任何产业的分布与组合都必须落实到产业特定的地域空间,并与区域的具体情况相结合,形成不同的经济区域。区域是指地表连续的经济地带,但有时也指行政区或自然地理区。区域的范围大至一个大洲、一个国家,小至一个城市、一个工业区,区域是社会分工发展到一定阶段的产物,区域经济的出现主要是缘于生产要素、经济活动和产品的不完全流动性。产业布局反映的就是产业在区域中的分工与协作关系,它是多种因素综合影响的产物,也决定区域产业的竞争力。区位因素是影响产业布局的先天条件和核心要素,区域政策则是弥补产业布局先天不足的一个重要因素。生产成本最低、市场份额最大和聚集效益最好是产业布局区位选择的基本标准,在此基础上通过综合考虑区域发展的经济、社会和生态目标,才能作出产业布局的最终选择。

区域产业的布局方式在一定程度上会对区域生态环境的结构性污染产生影响。产业布局的出现是源于地域产业间的分工和协作,不同地域根据不同的资源优势形成不同的产业结构,再与其他地域的产业形成产业布局。如果产业布局是合理的,生产的流程是连贯的,地域间的产业是合作的关系,如果造成环境污染,这种污染与产业布局无关,只取决于某个产业的环境污染水平。如果产业布局不合理,如出现区域间产业布局的雷同,则不但分工协作的效益不能获得,而且地区间将存在产业的恶性竞争,结构性污染就会因此而产生。这在我国西部地区表现得十分突出,由于西部地区的经济发展滞后,市场化进程较为缓慢,很难完全摆脱原有计划经济体制形成的资源型产业和生产初级产品的全国产业分工格局,在产业布局上存在着相当大的不合理性,地区间产业结构都具有雷同性,这种雷同性不仅影响产业经济效益,更影响到生态环境质量。

产业布局造成的区域结构性污染还与生态承载力有关。生态承载力是指生态系统的自我维持、自我调节能力,资源与环境子系统的供容能力及其可维持的社会经济活动强度和容纳一定生活水平人口的数量。区域的经济社会活动都不能超过该区域的生态承载力极限,只有适宜地域生态环境特点、充分发挥自然资源与经济资源优势的产业布局与结构才具有较强的生存力、拓展力与竞争力。以生态承载力为依据调整产业的布局与结构,对区域产业定位、产业空间布局具有重要的现实意义。从生态承载力的视角来考虑区域产业布局,除了要充分考虑一个地区的矿产资源等生产要素外,还必须充分考虑这个地区的水资源、土地资源、森林资源等生态要素,将某个产业的规模控制在该区域生态承载力的承载范围之内,使其产生和排放的废弃物质能够被生态系统自行消纳和净化。如果产业布局超过了当地自然生态系统的承载力,就必然会导致结构性污染。

在产业布局中,产业项目的坐落位置也是产生结构性污染的重要因素。产业坐落位置涉及产业的区位选择,必须考虑所选区域的地理气象环境因素。同样规模的产业污染源,由于坐落位置的不合理,对环境造成的影响和损失会更大。我国尤其是西部地区仍处于工业化和城市化发展进程中,有些地方对产业项目布局有很大的随意性,没有充分考虑当地的地理环境特点和城市功能划分,对当地居民所需的生活和健康环境重视不够,在环境敏感脆弱区随意布设对环境有危害的污染项目。如有些城市将大型水泥厂设置在城市的上风向上,每当风起时都会使整个城市笼罩在粉尘中;有的则将煤电厂及码头设置于城市饮用水取水口,有的甚至将大型养殖场建在城市水源地,往往会造成大面积的水源污染。这类由于产业项目的坐落位置不当而造成的失当布局,往往会对当地的生态环境带来极大的污染和破坏,有时甚至会带来不可挽回的巨大损失。

目前我国经济仍处于快速发展阶段,在产业布局方面还存在着相当大的不合理性,地区间的产业结构存在雷同,不仅影响了产业经济效益,更影响到生态环境质量。这在西部地区表现得更为突出,例如西部地区许多县市的产业结构和布局都非常相似,产业结构和产业布局趋同会造成小规模、低水平的企业间的恶性竞争,导致资源配置的失调和环境资源的浪费,并对自然生态环境造成巨大的压力。就现阶段而言,我国还无法完全实现对整个产业生产过程从源头到尾间进行全过程的污染治理,绝大多数的产业污染(主要是工业污染)还主要靠末端治理,而对污染物的末端治理并不能完全使污染物无害化,例如治理过的污水仍然是污水,只不过是污染程度有所减轻,仍然要靠大量的天然水体来稀释净化。因此,对于产业的结构性污染来说,只有进行产业结构调整、产业组织优化,并进行合理产业布局才是治本之策。

2.4　产业结构优化的相关理论

产业结构优化调整主要体现在对产业结构进行的合理化、高级化、高效化和生态化调整等方面。本节将对产业结构优化的相关理论进行梳理,并对产业结构合理化、高级化、高效化和生态化等方面的相关理论问题进行深入分析和研究,为后续进一步研究奠定理论基础。

2.4.1　产业结构合理化

产业结构的合理化是指在一定的经济发展阶段,为使产业经济效益得到提高,根据科学技术水平、消费需求结构、人口基本素质和资源条件,对不合理的产业结构进行调整,实现生产要素的合理配置,使各产业协调发展。要使产业能够保持持续、协调的发展,在产业间和产业内部就必须保持符合产业发展规律和内在联系的适当比例。导致一个地区产业结构不合理的主要原因,是供给结构和需求结构不能够相互适应,主要表现在两个方面:①供给结构不能适应需求结构的变化。即供给结构在面对需求结构增加时,要么变化滞后,造成供应滞后;要么变化过度,造成供应过剩。②需求结构不能适应供给结构的变化。即需求结构在面对供给结构变化时,要么变化滞后,造成需求滞后;要么变化过度,造成需求过度。其根本原因还是产业部门之间的发展不协调,产业生产要素之间没有形成最佳的组合。

判定一国或一个地区的产业结构是否合理的原则包括:各种资源是否能得到充分利用;各产业部门是否能够协调发展;最终需求是否能得到最大限度满足;先进科技成果是否能得到充分吸收和转化等等。其中的最关键点还在于产业之间及其内部部门之间的关系是否协调,是否具有因其内在相互作用而产生的整体聚合能力。产业及其部门之间的相互作用关系越协调,结构协调效应就越好,其产生的整体聚合能力就会越高,则与之相应的产业结构也就越合理。当一国或一个地区能充分有效地利用本地的人力、物力、财力以及在整个国际分工体系中的优势,使国民经济各部门都得到协调发展,社会生产各环节(包括生产、流通、交换和分配)都能够顺畅进行,社会再生产能够有序扩大,国民经济能够持续稳定增长,社会各方面的需求得以满足,并实现了人口、资源与环境的良性循环,那么该国或该地区的产业结构就实现了合理化。

产业结构合理化需要着重考虑和解决四个方面的问题:①产业相互协调问题。包括产业素质协调,即产业间技术水平和劳动生产率的协调;产业地位协调,即各产业是否形成了有序的排列组合;联系方式协调,即产业之间能否做到相互服务和相互促进;供需结构的协调等。②资源配置效率问题。合理化的产业结构能够体现在对已有资源的充分利用,不存在闲置和结构性浪费,并且各种资源的多种用途都被极大地开发和利用。③结构功能聚合问题。产业之间内在的相互作用会使聚合效益高于各产业效益之和,产业之间的聚合质量越高,产业结构的整体能力越高,从而产业结构就越合理。④产业动态均衡问题。即产业之间协调能力和关联水平的提高必须满足动态均衡,应根据已有的资源禀赋、技术条件、经济水平等,对不合理结构进行动态调整,使各种资源在产业之间得到合理配置和有效利用,并转换出最大的经济效益。

产业结构合理化具有系统性、动态性、相对性等方面的特征:①产业结构合理化的系统性。产业结构合理化是产业结构体系的一部分,它与产业结构高度化综合起来才能对产业结构现状进行评价,其单独存在的意义不大。②产业结构合理化的动态性。产业结构合理化是一个动态变化的过程,产业结构合理化并不是一成不变的,它是在特定的时间段内的合理化,随着时间的推移,当前合理的产业结构也会变成不合理。③产业结构合理化的相对性。在现实经济中,并没有绝对合理的产业结构,其合理与否都是相对而言的,都是从相对不合理到相对合理;合理化的判断标准也具有相对性,因为,在现存的产业结构中没有绝对合理的案例作为参照依据,只能相对地估判产业结构是否更接近于合理状态,这也是为什么人们常用"合理化程度"一词来表述的原因。

对于不合理的产业结构可以通过产业结构调整机制的作用来使之实现合理化,该机制是通过输入某种信号和能量,引起结构的变动,从而形成新的产业结构状态。产业结构调整机制主要有市场机制和计划机制两种。①产业结构的市场调节机制。即市场向产业系统发出某种信号,生产要素在该信号的引导下,在产业部门间流动和重组,使产业结构尽可能适应需求结构变动的过程。这里引导产业结构变动的信号是市场价格,动力是无数分散的经济主体对增加利润和避免损失的追求。②产业结构的计划调节机制。即政府向产业系统输入某种信号,直接进行在产业间的资源配置,使产业结构得以变动的过程。这里主导产业结构变动的信号是政府的计划指令和产业政策,动力是政府对经济持续、稳定、协调增长的追求。这两种结构调节机制都有各自的优缺点,单独采用其中哪一种机制,都很难达到使产业结构合理化的目的。只有将两者有机地结合起来,才能达到使产业结构更合理的最佳效果。

2.4.2　产业结构高级化

产业结构高级化也称为产业结构高度化,是指在科技进步推动、社会需求拉动、激励竞争触动等多种因素的作用下,产业结构从较低一级水平向更高一级演进,由低水平状态向高水平状态发展的过程①。产业结构的高度化程度,标志着一个地区经济发展水平的高低,以及产业发展的阶段和方向,反映了该地区产业总体发展水平。产业结构高级化也是一个相对的、动态的概念,是相对于某个区域一定的经济发展阶段和生产力水平而言的,也是一个由量变到质变的过程。例如:从一个以农业为主的产业结构转变为以工业为主的产业结构就意味着其产业结构得到了高级化;从一个以生产初级产品为主的产业结构转向以生产高级产品为主的产业结构也意味着产业结构的高级化;从一个以资源密集型为主的产业结构升级为以技术密集型为主的产业结构同样也意味着产业结构的高级化。

产业结构高级化的根本目的是通过产值结构高级化、资产结构高级化、技术结构高级化、劳动力结构高级化来追求整个产业效率的提升。产业结构高级化过程有其自身的发展规律。①从产业素质看。各产业部门广泛引用新技术,产出能力和效率得到不断的提升,实现产业结构的升级换代,即不适应经济发展阶段的旧产业被淘汰,引领产业结构升级的新兴产业兴起和壮大,发展成新的主导产业。②从演进方向看。产业结构从第一产业为主依次向以第二和第

---

① 李友元:《产业结构调整中的财政金融支持体系建设》,知识产权出版社 2012 年版,第 11 页。

三产业为主的方向演进演变;产业要素从以劳动密集型为主依次向以资本密集型和技术密集型为主的方向演进;产业生产从初级产品为主向高级复杂产品为主的方向演进。③从开放程度看。不再是固步自封地维持已有的均衡发展,而是不断提高产业开放度,引进先进技术和国际投资,通过商务贸易等方式实现产业系统与其他区域的物质能量交换,提高产业系统对外部环境的适应性和竞争力。

产业结构高级化的结构比例变动主要体现在三个方面:①三次产业的比例变动。在整个产业结构中,由第一次产业占优势比重逐级向第二次、第三次产业占优势比重演进,即产业重点依次转移。②产业要素的比例变动。由劳动密集型产业占优势比重逐级向资金密集型、技术知识密集型占优势比重演进,即向各种要素密集度依次转移;③产品层次的比例变动。产业结构中由制造初级产品的产业占优势比重逐级向制造中间产品、最终产品的产业占优势比重演进,即向产品形态依次转移。产业结构的高级化程度主要包括:①高附加值程度。即产品价值中所含剩余价值比例大,具有较高超额利润率。②高技术化程度。即在产业中普遍应用高新技术,企业技术密集程度提高。③高集约化程度。即产业组织合理,集约化程度和组织化程度高,有较高的规模经济效益。④高加工化程度。即产业提高了产品的加工深度,有较高的劳动生产率。

工业发展的高级化过程有以下几个发展阶段:①产业结构的重化工业化。即在工业化过程中,重化工业比重在整个轻重工业结构中不断增高的过程,也就是所谓的"生产资料优先发展"。②产业结构的高加工度化。指加工组装业的发展大大快于原材料工业发展的速度,产品加工深度不断深化,使有限的资源得到了更有效的利用。③产业结构的知识密集化。伴随着高加工度化趋势,生产性服务业发展加快,知识、技术密集程度增高,经济发展对高技术人才的依赖大大增强。④产业结构的网络信息化。利用网络技术和信息技术改造工业经济的各个领域,推动更新换代和信息化升级,提高其信息采集传输和利用能力。⑤产业结构的循环生态化。按照产业生态学原理及物质循环代谢规律,重新整合与构建产业体系,运用低碳技术、绿色技术、清洁技术、循环技术、生态技术等改造传统产业,形成环境友好的产业结构体系。

除了产业自身的发展能够逐步实现产业结构的高级化外,地方政府的产业政策及相关对策也会对当地产业结构的高级化产生强力的推动作用。政府可以根据本地的具体实际,通过制定相应的产业政策支持体系,进行统筹规划和合理布局,构建人才支持体系、技术支持体系、金融支持体系等,以及通过扩大对外开放等相关对策,来促进本地产业结构的高级化。例如,通过围绕电子信息、生物工程、环境保护,以及新技术、新材料、新能源等发展高新技术产业,构建相互关联的高新技术产业群;通过技术创新和结构转型,运用先进技术、高新技术、信息技术对传统工业改造,构建先进装备制造业体系;通过培育新型服务业、改造传统服务业、完善生产服务业、发展社区服务业来构建现代服务业体系。形成以高新技术产业为先导,以现代先进制造业为支撑,以现代新型服务业为核心的新型产业结构体系,从而实现本地产业结构的高级化。

值得注意的是在传统的产业结构优化理论中,产业结构的合理化与高级化是其两个关键点,两者只有协同演进才能实现产业结构优化的最终目标。产业结构合理化是产业结构高级化的基础,若脱离了实际的合理化去追求理想的高级化,只会形成一种不具效率的虚高结构,而紧密结合产业结构合理化实际的高级化,则是将已有的产业结构推向更高层次的合理化。因此,产业结构的高级化与合理化是互相作用,互相渗透,相辅相成的,没有合理化,产业结构的高度化就失去了基本的条件,不但达不到升级的目的,还有可能发生结构的逆转。产业结构合理化的过程,使结构效益不断提高,进而推动产业结构向高级化发展,产业结构高级化是合理化进一步发展的目的,合理化本身就是为了使产业结构向更高层次进行转化,没有了这一目的,合理化就失去其存在的意义。

2.4.3　产业结构高效化

产业结构高效化是指通过科技进步、结构创新、组织创新、机制创新、管理创新等的推动,使产业结构向更高效率和更高效益方向转化的过程。在这一过程中,产业之间和产业内部的各种关系得到进一步协调,产业资源和产业要素在各产业间的有效配置得到进一步优化,产业效率和产业效益在产业的总体结构上得到进一步提高。对一个区域而言,产业结构高效化的主要表现是,该区域内各种社会资源不断从低效率产业向高效率产业转移,使低效产业的比重不断降低和高效产业的比重不断增大;产业内及产业间的各种组织结构和协调关系,由较低效率和较低效益状态向较高效率和较高效益状态转变。区域产业结构从以低生产率、低技术含量、劳动密集型产业为主的低效型产业结构向以高生产率、高技术含量、技术和资本密集型产业为主的高效型产业结构演进。

产业结构高效化作为一种新的观点,是近几年才从产业结构合理化和高级化中独立出来,成为产业结构优化一个重要方面的。在传统的产业结构优化理论中,主要强调的是产业结构合理化和高级化,产业结构高效化是暗含在合理化和高级化之中的。事实上,产业结构的合理化和高级化的根本宗旨和最终目的也是为了提高产业发展的效率与效益,因此,产业结构的合理化过程和高效化过程,也属于产业结构的高效化过程。然而仅仅靠产业结构的合理化和高级化来达到产业结构的高效化还是不够的,因为产业结构的合理化和高度化主要是在产业宏观比例结构及相互关系的层面进行的,很少从产业微观组织结构及协调机制层面来考虑。然而,即使是具有相同的宏观比例结构及关系,仅仅是微观组织结构和运行机制不同,其产业体系的运行效率和效益就会大不相同。因此,很有必要将产业结构高效化从产业结构优化的其他目标中独立出来。

从微观层面来看,产业结构高效化主要表现在两个方面:①生产要素配置及结构的高效优化。即通过对引导生产要素配置方式变革的各种生产函数关系的结构进行调整优化,使产业内部和产业之间的要素流动(主要以劳动和资本为代表)和扩散(主要以技术和机制为代表)改变各产业总量生产函数的配置结构,使高效集约型生产方式逐渐取代低效粗放型生产方式,从而提高整个产业的效率和效益。②产业组织模式及结构的高效优化。即通过对原有产业组织在生产组织、市场组织和管理组织等方面的模式及结构进行调整,以及对其组织运行机制和管理协调机制进行创新,使其产业组织模式更为优化,产业组织结构更为合理,产业要素配置更为有效,组织协调机制更为便捷,生产要素流动更为顺畅,产业生产经营更为高效,从而使整个产业的效率和效益得到提高。

传统的产业结构理论中,产业结构优化是指在一国或一个地区的范围内,为使产业之间能够协调高效发展,满足社会不断增长的需求,产业结构的合理化和高级化过程。然而,本书认为仅从合理化和高级化两个方面来概括产业结构优化是不全面的,产业结构优化应该是指一国或一个地区范围内,产业经济效益结构、产业比例关系结构、产业技术素质结构、产业资源环境结构趋向优化的过程。其中产业经济效益结构的优化就对应了产业结构的高效化,产业(再生产)比例关系结构的优化就对应着产业结构的合理化,产业技术素质结构的优化就对应着产业结构的高级化,产业资源环境结构的优化也就对应着产业结构的生态化。因此,产业结构优化的完整内容应该包括产业结构的高效化、合理化、高级化、生态化四个方面,而产业结构高效化是产业结构优化的首要和本质内容①。

　　产业结构的高效化与产业结构的合理化和高级化是紧密联系的,从某种意义上来说,产业结构的合理化和高级化也是为了产业的协调高效发展。但是合理化不能完全包含高效化。因为产业结构合理化追求的是产业协调发展结构的比例,高效化是追求产业高效发展结构的效益,不论是在一个国家还是一个地区内,好的均衡比例未必就一定具有高的产业效率,在开放的市场经济条件下,也许打破均衡实施非平衡发展战略的效率更高。同样,高度化也不能完全包含高效化。因为在技术水平不变的前提下(亦即产业结构高度化水平不变),除了可以通过调整产业结构以降低低效率产业比重和增大高效率产业比重来产生结构效益,还可以通过调整包括产业生产组织、产业市场组织、产业管理组织等在内的产业组织结构,使之更加合理,来实现结构的高效化。

　　产业结构的高效化是一个动态过程,既没有起点也没有终点,因为产业之间效率的差别总是存在的,当原有低效率产业缩小甚至消失之后,还会出现新的低效率产业,又需要通过存量调整,使社会资源由低效率产业向高效率产业转移,这是永无止境的过程。这一过程伴随着资源的优化配置,并因结构的调整产生明显的经济效益。对于我国的西部地区来说,要想尽快缩小与其他地区的发展差距,就必须加快产业发展步伐,提高产业发展效率。因此,在西部地区新一轮产业结构调整中,不仅需要通过产业结构的合理化和高级化来追求高新技术发展、深加工度化、高附加值化发展,而且需要通过市场和政府的双重作用,使产业组织结构模式效率优化,使低效率产业比重不断降低并加速其各种资源向高效率产业的转移,以实现产业结构的高效化。

2.4.4　产业结构生态化

　　产业结构生态化是指按照自然生态规律和物质循环机理,考虑自然生态系统的自净能力和承载能力,在自然生态系统的承载能力范围内,对特定地域空间内的产业系统进行生态整合与生态重构,使产业结构向生态环境友好,资源充分利用,经济效益与生态效益相统一,产业发展与资源环境相协调方向发展的结构优化过程。产业结构生态化是用生态学的方法和价值观审视产业结构,

---

① 黄继忠:《对产业结构优化理论中一个新命题的论证》,《经济管理》2002 年第 4 期,第 11－16 页。

模拟自然生态系统的结构对产业生态系统的结构进行优化的动态过程。在产业生态系统中,各类企业由一定的产业生态链彼此联系,在企业之间形成类似于自然生态系统食物链的上下游关系结构,由下游企业消费利用上游企业产生的副产品和废弃物;在产业之间形成类似于自然界的资源提供者、生产者、消费者、分解者共生的生态型产业结构,最终将一个产业输出的废弃物变成其他产业的输入的资源。

在传统的产业结构优化理论中,除了强调产业结构的合理化和高级化外,并未将产业结构生态化作为产业结构优化一个重要方面来单独讨论。然而,随着人类经济社会的迅猛发展,由于传统产业结构及生产方式,特别是传统直线型工业结构及生产方式,对自然资源造成了大量消耗和浪费,对生态环境造成了严重的污染和破坏,以及由此带来的一系列资源环境和生态气候问题,已经严重威胁到人类的生存和发展,使产业的可持续发展面临严峻的挑战。因此,人们必须认真面对和深入思考可持续发展的产业结构优化问题。对此,本书对传统产业结构优化理论进行了扩展,认为产业结构优化的主要内容不仅要包括产业结构的合理化和高级化,还应该包括产业结构的高效化和生态化。作为产业结构优化十分重要的一个方面,产业结构生态化应该包括以下一些主要内涵:

(1)产业能源消费结构的低碳化。能源消费结构是指产业系统能源总生产量或总消费量中各类一次能源、二次能源的构成及其比例关系。在传统的产业能源消费结构中,以石油、煤炭、天然气等黑色化石类能源为主的高碳型能源占据了绝对比例,由此排放了大量的烟尘和二氧化碳,给人类的生态环境和气候状况带来了严重的污染和破坏,温室气体效应以及由此引发的各种气候灾难,已给人类带来了巨大的损失。产业能源消费结构的低碳化就是要通过技术创新、采用新的能源技术、开发新能源和可再生能源等手段来调整能源结构,以水能、核能、风能、太阳能、地热能、海洋能、生物质能等新的可再生的低碳型新能源,来替代传统的以石油、煤炭、天然气等黑色化石类能源为主的高碳型能源,减少高碳型能源在一次能源结构中的比例。

(2)产业生产经营结构的绿色化。是指以节能、降耗、减污为目的,以管理和技术为手段,通过对产业生产过程和环节进行清洁化和绿色化设计,对产业生产组织结构和模式进行低碳化和生态化改造,按照有利于生态环境保护的原则来调整产业的生产经营结构,使其整个生产过程向开展绿色生产,创造绿色产品,满足绿色消费的方向转变的过程。当然,产业生产经营结构的绿色化是一个相对的和动态的概念,也是一个不断完善的过程,随着技术进步和经济发展,生产经营结构绿色化的内涵也将不断更新进步。在绿色生产过程中,企业采用绿色生产理念生产绿色产品,采用绿色生产工艺改造生产设备,采用绿色生产技术控制生产过程,并在绿色产品的设计中,充分考虑绿色产品功能的延伸和再利用,尽量节省原材料,减少废弃物。

(3)产业资源利用结构的集约化。是指为了节约资源和提高各类资源的利用率,应用产业生态学和系统工程学原理,仿照自然生态过程中物质资源的循环利用方式,对整个产业系统各个企业生产的原料和产品、废弃物和副产品等进行统筹考虑,通过对产业生产要素和物质资源利用体系的优化组合,以及对资源使用和生产环节的综合集成,在企业内和企业间以及产业内和产业间,形成各类物质资源的多重往复循环,各类能量资源的分级分层利用,各类信息资源的广域普遍共享的资源利用结构模式,从而实现对各类物质资源的综合利用、循环利用、集约利用和高效利用的过程。资源利用结构的集约化是一个需要技术进步支撑的动态渐进过程,随着资源再生技术、综合回收技术、循环利用技术,以及资源集成技术的不断提高,资源利用的集约化率也会不断提高。

(4)产业生态环境结构的无害化。是指为了降低产业对自然生态环境的负面影响和破坏,运用产业的清洁生产技术和工艺,重构产业的生产环节和过程,优化产业的生产组织与管理,使产业系统的运行不会对自然生态环境产生负面影响,形成环境友好的产业结构体系的过程。在这一动态渐进的过程中,从源头上开始就选择和使用无公害的绿色清洁的资源和能源;在生产中采用节能环保的技术和工艺,提高能源的利用率;在重点环节采用无污染的技术和设备,对原材料循环套用和回收利用,提高资源利用率;在整个生产过程中对工艺设备、原材料储运采用清洁化管理,减少物料的流失和污染物的泄漏;在产业的末端采用资源化和无害化技术对产生的最后剩余物质进行资源化和无害化处理,逐渐使产业系统真正实现对生态环境的无害化。

对于西部地区来说,由于其产业发展落后和生态环境脆弱并存,对其产业结构的生态化就显得更为急迫和必要。通过对其产业结构的生态优化,形成产业价值链与产业生态链有机融合的产业结构体系,使产业系统各生产过程从投入原料、中间产物、废弃物质到最终产品的物质循环,达到资源、能源、投资的最优利用。使产业系统中各企业在资源、产品、废弃物、副产品方面形成耦合共生,通过副产物和废弃物的综合利用和循环利用,在减少企业部分原料投入成本,降低企业废物处理费用,大大提高资源利用率和节约有限资源的同时,也大大减少了产业系统产生的最后剩余物质,少量经过无害化处理的最后剩余物质,能够被生态系统自行消纳和净化,不会对自然生态环境产生有害的负面影响。从而改变西部地区产业发展与环境污染的矛盾,实现产业发展与资源环境的协调。

2.5　本章小结

本章对研究涉及的相关理论及其相互关系进行了梳理和分析,包括绿色经济的相关理论、产业生态学的基本原理、低碳经济的相关理论、可持续发展的基本原理、产业结构对生态环境的影响、产业结构优化的相关理论等,并对传统产业结构优化理论进行了分析和扩展,提出了现代产业结构优化,不仅仅是产业结构的合理化和高级化,还必须包括产业结构的高效化和生态化的观点,并指出产业结构的高效化和生态化除了需要在产业比例结构的宏观层面进行优化调整外,更需要从产业组织结构的微观层面进行优化调整。对于生态环境脆弱和产业发展落后的西部地区而言,只有在对传统产业结构高级化与合理化的基础之上进行产业结构高效化与生态化的升级,才能真正实现快速绿色发展。这为下一步的深入研究理清了思路:西部地区在新一轮的产业转型和结构调整中,必须以绿色低碳经济为导向,在产业结构合理化和高级化的基础上,向产业结构高效化和生态化的纵深方向发展,才能真正实现产业结构的优化。

第 3 章　西部地区产业发展状况及存在的问题

改革开放以来,西部地区各产业快速发展,产业结构不断优化,但与东部、中部地区相比,仍然存在一定差距。本章对西部地区产业的发展状况和产业结构现状进行分析,在此基础上指出当前西部地区产业结构存在的主要问题。

3.1　西部地区产业发展变化状况

西部地区总面积为 538 万平方公里,占全国总面积的 56%,拥有较丰富的自然资源。自改革开放以来,西部地区各产业发展迅速,特别是实施西部大开发战略以来,其产业发展水平有了显著提高,为新一轮的西部地区快速发展奠定了基础。本节将通过西部地区与全国其他区域三大产业发展变化情况的比较,来分析西部地区的产业发展变化状况。

3.1.1　西部地区农业发展变化情况

改革开放以来,随着制度的变迁、农业剩余劳动力的转移以及农业投入的增加,我国农业实现了快速发展。如图 3－1 所示,西部地区农业增加值 XNGDP 由 1978 年的 267.8 亿元,增加为 2012 年的 1610.5 亿元①,增加了 6.01 倍。全国农业增加值 QNGDP 由 1978 年的 1011.82 亿元,增加为 2012 年的 5684.78 亿元,增加了 5.62 倍。其中,东部地区农业增加值 DNGDP、中部地区农业增加值 ZNGDP 分别由 1978 年的 385.1、358.9 亿元,增加到 2012 年的 2181.9、1892.3

---

① 按 1978 年不变价格计算。

亿元,分别增加了 5. 67、5. 27 倍。若仅从 GDP 增幅的角度看,西部地区农业发展的 GDP 增幅排在了其他地区农业 GDP 增幅的前面。

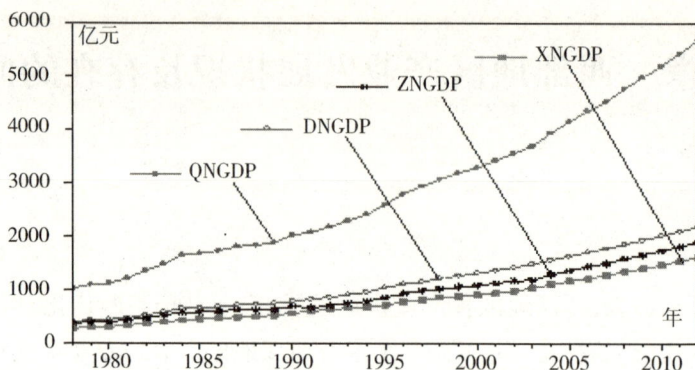

图 3 – 1　西部地区农业增加值的变化情况及与其他地区的比较

与此同时,西部地区农业增加值占全国农业增加值的比重 XNGDPB 由 1978 年的 26. 47%,增加到 2012 年的 28. 33%,提高了 1. 86 个百分点;东部地区农业增加值占全国农业增加值的比重 DNGDPB 则由 1978 年的 38. 06%,增加到 2012 年的 38. 38%,提高了 0. 32 个百分点;而中部地区农业增加值占全国农业增加值的比重 ZNGDPB 则由 1978 年的 35. 47%,减少到 2012 年的 33. 29%,下降了 2. 18 个百分点。东中西三大区域农业增加值占全国农业增加值的比重变化情况如图 3 – 2 所示。从图中可以看出,西部地区农业增加值占全国农业增加值的比重总体上呈上升趋势,而其他两个地区的比重总体上呈下降趋势。

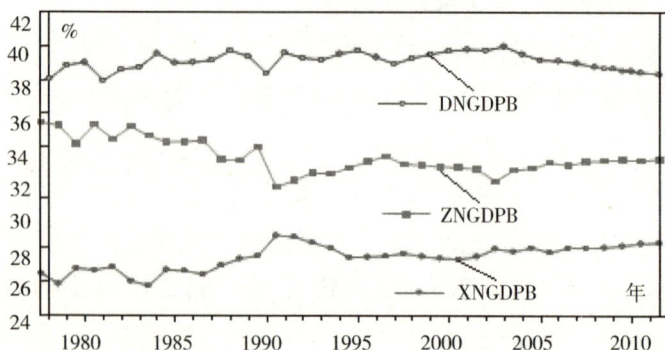

图 3 – 2　东中西部农业增加值占全国农业增加值比重的变化情况

此外,西部地区农业就业人数 XNGDPJ 由 1978 年的 7531.2 万,增加为 2012 年的 8546.46 万,增加了 1015.26 万。全国农业就业人数 QNGDPJ 由 1978 年的 27767.26 万,减少为 2012 年的 27026.37 万,减少了 740.89 万。其中,东部地区农业就业人数 DNGDPJ 由 1978 年的 10740 万,减少为 2012 年的 8195.32 万,减少了 2544.68 万;而中部地区农业就业人数 ZNGDPJ 则由 1978 年的 9496.1 万,增加为 2012 年的 10284.59 万,增加了 788.49 万。东中西三大区及全国农业就业人数的变化情况如图 3 – 3 所示①,从中可以看出,在这三大区域中,西部地区农业就业人数的增幅最大。

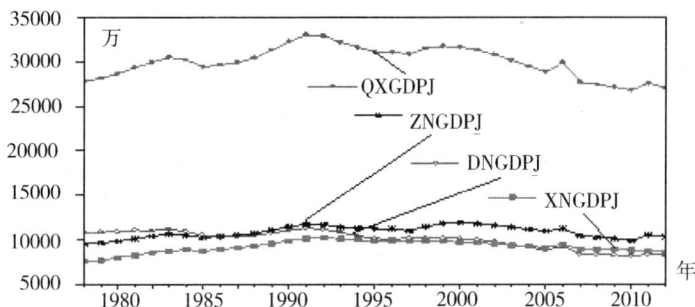

图 3 – 3　东中西三大区域及全国农业就业人数变化情况

由以上分析可知,自改革开放以来,全国及各地区农业都实现了快速增长。其中,西部地区尤为明显,西部地区农业增加值增速最快(增加了 6.01 倍,年均增长约 5.42%),高于东部、中部以及全国水平。同时,西部地区农业就业人数的增幅也最大(增加了 1015.26 万,增长约 13%),同样高于东部、中部以及全国水平。且西部农业增加值占全国农业增加值的比重也有所上升(提高了约 1.86 个百分点)。但由于历史地理和区位气候等方面的原因,导致西部农业的自然条件较差,加之长期以来西部地区的农业基础薄弱,生产设施落后,劳动生产率低下,使得西部地区的农业增加值仍然落后于东部和中部地区,2012 年西部地区的农业增加值占全国农业增加值比重也只有 28.33%,还不到全国的三分

①　由于重庆、甘肃、天津一些年份的就业人口数据缺失,因此,此处没有将重庆和甘肃两个省份的就业人数计入西部地区,同样,也没有将天津的就业人数计入东部地区。同时,在计算地区劳动生产率时,也将重庆、甘肃、天津等三省市排除在外。

之一。

3.1.2 西部地区工业发展变化情况

自改革开放以来,西部地区的工业有了较快发展,无论是工业增加值还是工业就业人数都有了大幅度的提高,但与全国其他地区相比,还存在着相当大的差距,特别是与东部地区的差距越来越大。东中西三大区域及全国工业的发展变化情况如图3-4所示。从中可以看出,西部地区工业增加值 XGGDP 由1978年的314.2亿元,增加到2012年的16310.39亿元,增加了51.91倍。全国工业增加值 QGGDP 由1978年的1805.45亿元,增加到2012年的101382亿元,增加了56.15倍。其中,东部地区工业增加值 DGGDP、中部地区工业增加值 ZGGDP 分别由1978年的1023.7、467.6亿元,增加到2012年的61374.2、23697.65亿元,分别增加了59.95、50.68倍。从增幅上看,西部地区工业增加值的增幅与全国和东部地区存在着较大差距。

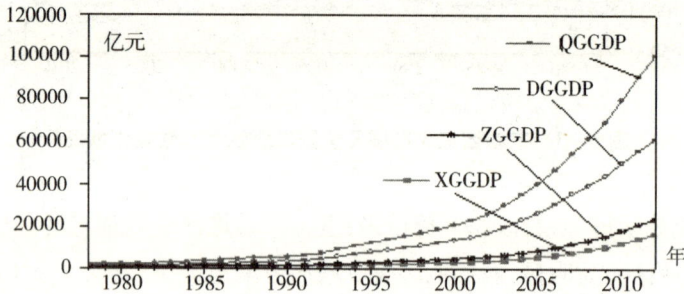

图3-4 西部地区工业增加值的变化情况及与其他地区的比较

从工业增加值占全国的比重变化来看,西部地区工业增加值占全国工业增加值的比重 XGGDPB 由1978年的17.4%,减少到2012年的16.09%,下降1.31个百分点;东部地区工业增加值占全国工业增加值的比重 DGGDPB 则由1978年的56.7%,增加到2012年的60.54%,提高3.84个百分点;而中部地区工业增加值占全国工业增加值的比重 ZGGDPB 则由1978年的25.9%,减少到2012年的23.37%,下降2.53个百分点。东中西三大区域工业增加值占全国工业增加值比重的变化情况如图3-5所示,从图中可以看到,西部地区的工业增加值占全国的比重在三大区域中是最低的,总的来说呈下降趋势。

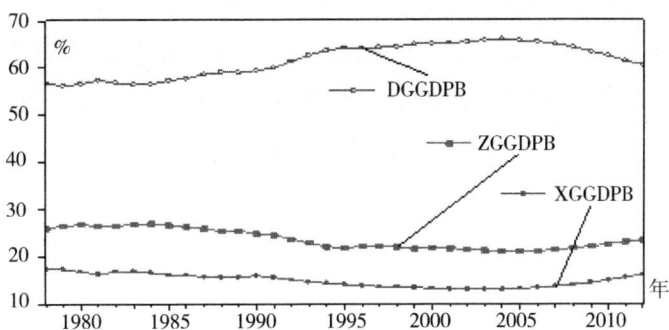

图 3 - 5　东中西部工业增加值占全国工业增加值比重的变化情况

从东中西三大区域及全国的工业就业人数变化情况来看,西部地区工业就业人数 XGGDPJ 由 1978 年的 1082.05 万,增加到 2012 年的 3541.42 万,增加了 2459.37 万,增长了 3.27 倍。全国工业就业人数 QGGDPJ 由 1978 年的 5877.8 万,增加到 2012 年的 22618.24 万,增加了 16740.44 万,增长了 3.85 倍。其中, 东部地区工业就业人数 DGGDPJ 从 1978 年的 2881.4 万,增加到 2012 年的 12419.56 万,增加了 9538.16 万,增长了 4.31 倍;中部地区工业就业人数 ZGG-DPJ 由 1978 年的 1914.4 万,增加为 2012 年的 6657.26 万,增加了 4742.86 万, 增加 3.48 倍。东中西三大区域及全国工业就业人数的变化情况如图 3 - 6 所示,从中可以看出,西部地区的工业就业人数,无论是总量还是增幅,在全国三大区域中都是最低的。

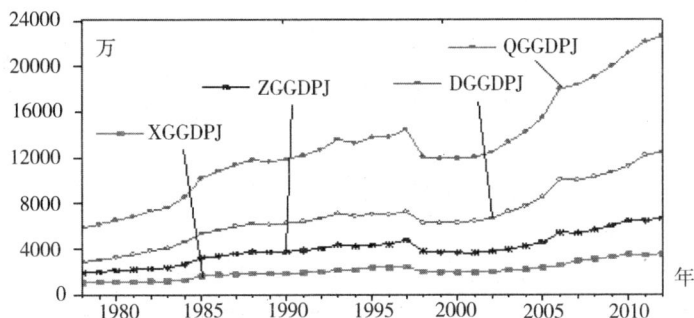

图 3 - 6　东中西部及全国工业就业人数的变化情况

由以上的数据可以看出,自改革开放以来,全国及各地区的工业都得到了

飞速发展,工业 GDP 实现了快速增长。西部地区的工业增加值在此期间增长了
51.91 倍,稍快于中部地区。然而,相对于全国和其他地区而言,西部地区的工
业发展速度仍然相对较慢,无论是工业增加值还是工业就业人数,与其他地区
相比仍存在着相当大的差距,特别是在工业发展质量和工业发展水平方面,西
部地区更无法与全国其他地区相比。

3.1.3 西部地区服务业发展变化情况

西部地区服务业的发展变化情况可以从图 3-7 中看出。自改革开放以
来,西部地区服务业增加值 XFGDP 由 1978 年的 143.91 亿元,增加到 2012 年的
7788.21 亿元,增长了 54.12 倍。全国服务业增加值 QFGDP 由 1978 年的
658.84 亿元,增加为 2012 年的 38946.1 亿元,增加了 59.11 倍。其中,东部地
区服务业增加值 DFGDP 由 1978 年的 334.82 亿元,增加到 2012 年的 21969.4
亿元,增长了 65.62 倍;中部地区服务业增加值 ZFGDP 由 1978 年的 180.11 亿
元,增加到 2012 年的 9188.46 亿元,增长了 51.02 倍。从图 3-7 中还可以看
出,尽管在此期间西部地区服务业 GDP 有了大幅度的增长,但其服务业 GDP 总
量与其他区域相比仍然是最小的。

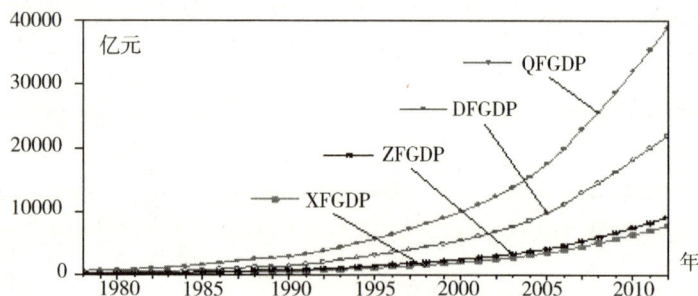

图 3-7 西部地区服务业增加值的变化及与其他地区的比较

从区域服务业增加值占全国服务业增加值比重的变化情况来看,西部地区
服务业增加值占全国服务业增加值的比重 XFGDPB 由 1978 年的 21.84%,减少
到 2012 年的 20%,下降了 1.84 个百分点;东部地区服务业增加值占全国服务
业增加值的比重 DFGDPB 则由 1978 年的 50.82%,增加到 2012 年的 56.41%,
提高了 5.59 个百分点;中部地区服务业增加值占全国服务业增加值的比重 ZF-

GDPB 则由 1978 年的 27.34%,减少到 2012 年的 23.59%,下降了 3.75 个百分点。东中西三大区域服务业增加值占全国服务业增加值比重的变化情况,如图 3 - 8 所示,从图中可以看出,西部地区服务业 GDP 占全国服务业 GDP 的比重在全国三大区域中是最低的。

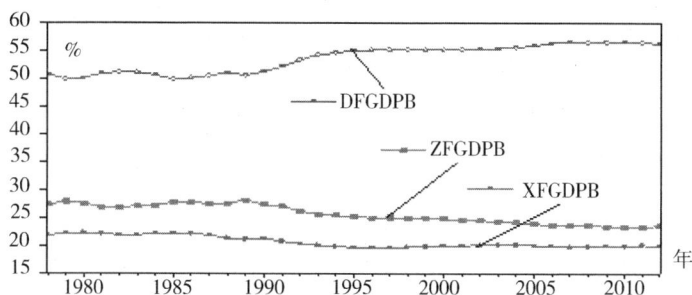

图 3 - 8　东中西部服业增加值占全国服务业增加值比重的变化情况

　　从东中西三大区域及全国服务业的就业人数变化情况来看,西部地区服务业的就业人数 XFGDPJ 由 1978 年的 892.2 万,增加为 2012 年的 5419.94 万,共增加了 4527.74 万人,增长了 6.07 倍。同期,全国服务业的就业人数 QFGDPJ 由 1978 年的 4073.32 万,增加到 2012 年的 26539.88 万,共增加了 22466.56 万人,增长了 6.52 倍。其中,东部地区服务业的就业人数 DFGDPJ 由 1978 年的 1849.0 万,增加到 2012 年的 12132.32 万,共增加了 10283.32 万人,增长了 6.56 倍;中部地区服务业的就业人数 ZFGDPJ 由 1978 年的 1332.2 万,增加到 2012 年的 8987.62 万,增加了 7655.42 万人,增长了 6.75 倍。东中西三大区域及全国服务业的就业人数变化情况如图 3 - 9 所示,从图中可以看出,无论是就业人数还是就业增长率,西部地区服务业在全国三大区域中都是最低的。

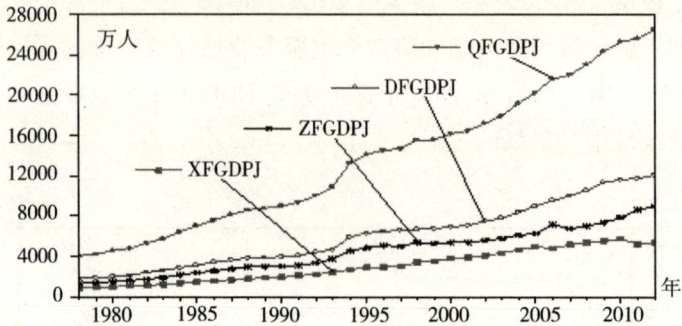

图 3 – 9   东中西部及全国服务业的就业人数变化情况

由以上的讨论可知,自改革开放以来,西部地区服务业与全国服务业一道有了快速的发展。但与全国其他地区相比,西部地区服务业的发展速度相对缓慢,无论是增加值,还是就业人数,西部的增速都落后于全国平均水平,西部地区服务业增加值占全国服务业增加值的比重也有所下降。同时,由于西部地区服务业基础差,使得 2012 年其增加值也落后于东部和中部,西部地区服务业增加值占全国服务业增加值的比重仅 20%。

3.2   西部地区产业结构现状

本节通过对西部地区三次产业之间比例结构和发展变化状况的总体分析,以及对各次产业内部比例结构和发展变化状况的具体比较,从总体上把握西部地区的产业结构状况,揭示西部地区产业结构的主要特征。

3.2.1   西部地区三次产业结构变化情况

西部地区三次产业的结构状况和发展变化情况,可以通过西部地区各次产业的 GDP 值占西部地区 GDP 值的比例及其发展变化情况、各次产业就业人数占西部地区就业总人数的比例及发展变化情况来反映。

在西部三次产业增加值的比例结构方面,可以通过中国统计年鉴的相关数据计算出西部地区从 1980 年起到 2010 年间每 5 年的三次产业比例结构数据,西部地区三次产业 GDP 在西部地区 GDP 的年度占比如表 3 – 1 所示。

表 3 - 1　西部地区三次产业 GDP 值在西部地区的年度占比（％）

产业 GDP 年度占比	1980	1985	1990	1995	2000	2005	2010
一次产业（农业）	35.07	31.76	27.31	19.98	15.88	11.60	7.37
二次产业（工业）	43.15	41.56	42.37	48.02	48.53	53.16	60.37
三次产业（服务业）	21.77	26.67	30.32	32.00	35.59	35.25	32.26

数据来源：根据西部地区各省市区统计年鉴相关数据计算得出。

西部地区三次产业增加值在西部地区的占比变化情况如图 3 - 10 所示。西部地区第一产业（农业）增加值占西部地区 GDP 的比重 NGDPXB 由 1978 年的 36.9％，减少到 2012 年的 6.26％，下降了 30.64 个百分点；西部地区第二产业（工业）增加值占西部地区 GDP 的比重 GGDPXB 则由 1978 年的 43.28％，提高到 2012 年的 63.44％，增加了 20.16 个百分点；西部地区第三产业（服务业）增加值占西部地区 GDP 的比重 FGDPXB 由 1978 年的 19.82％，上升到 2012 年的 30.29％，增加 10.47 个百分点。从图中可以看出，西部地区第一产业（农业）的 GDP 占比呈持续下降趋势，第二产业（工业）的 GDP 占比呈先下降后上升趋势，第三产业（服务业）的 GDP 占比呈先上升后下降趋势，但总体还是呈上升趋势。

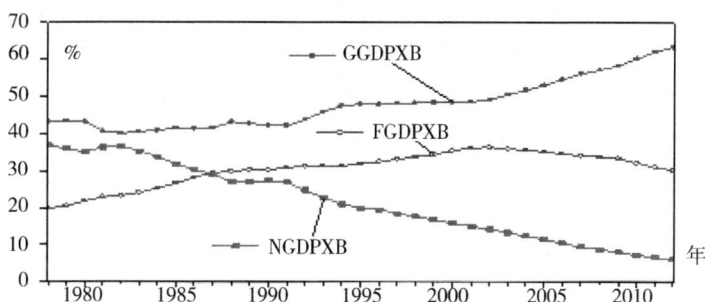

图 3 - 10　西部地区三次产业增加值在西部地区的占比变化情况

在西部地区三次产业的就业结构方面,可以通过中国统计年鉴的相关数据计算出西部地区从1980年起到2010年间每5年的三次产业比例结构数据,西部地区三次产业就业人数在西部地区总就业人数中的年度占比情况,如表3-2所示。

表3-2 西部地区三次产业就业人数在西部地区的年度占比(%)

就业人数 年度占比	1980	1985	1990	1995	2000	2005	2010
一次产业 (农业)	79.02	73.61	72.26	64.94	62.40	55.41	48.63
二次产业 (工业)	11.04	13.80	13.43	15.66	12.60	14.35	19.37
三次产业 (服务业)	9.94	12.59	14.31	19.40	25.00	30.24	32

数据来源:根据西部地区各省市区统计年鉴相关数据计算得出。

从表中的数据可以看出,西部地区三次产业的就业人数及其比例结构有了较大变化,其变化的总趋势可以由图3-11反映出来。在改革开放后的30多年时间里,西部地区第一产业(农业)就业人数占西部地区总就业人数的比重NGDPJXB由1978年的79.23%,减少到2012年的48.82%,下降30.41个百分点;西部地区第二产业(工业)就业人数占西部地区总就业人数的比重GGDPJXB由1978年的11.38%,增加到2012年的20.23%,提高8.85个百分点;西部地区第三产业(服务业)就业人数占西部地区总就业人数的比重FGDPJXB则由1978年的9.39%,上升到2012年的30.96%,增加21.57个百分点。从图3-11可以看出,虽然西部地区农业的就业人数呈总体下降趋势,而且下降幅度较大,但到目前为止西部地区农业就业人数的比例仍然是最高的;西部地区工业和服务业的就业人数呈总体上升趋势,但服务业就业人数的上升幅度要远高于工业。

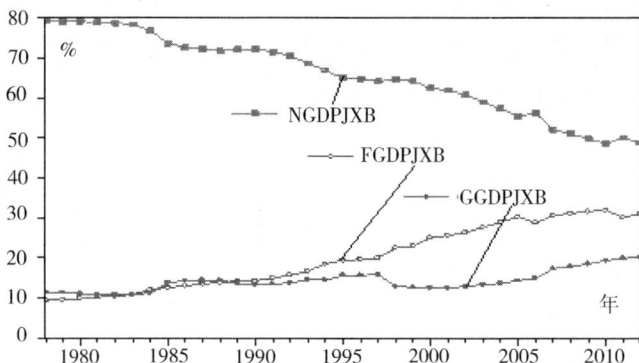

图 3 - 11　西部地区三次产业就业人数在西部地区的占比变化情况

通过以上数据分析可以看出,自改革开放以来,西部地区三次产业的比例结构变化较大,其中第一产业(农业)的增加值和就业人数在西部地区的比重有了大幅下降,而第二产业(工业)和第三产业(服务业)的增加值和就业人数在西部地区的比重都有了大幅上升。这与经济发展规律是一致的:即随着经济的发展,农业劳动力大量转移到非农产业,非农产业产值比重愈来愈高。这也说明西部地区产业在此期间得到了快速发展,三次产业的比例结构得到了一定优化。然而西部地区三次产业的结构比例仍存在着较大的不合理性,特别是农业就业人数仍然占据着西部地区就业人数的最大比例,高达约 50%。

3.2.2　西部地区各产业内部结构状况

西部地区各产业的内部结构状况,可以通过分析西部地区三次产业内部各部门产值的比例结构及其变化情况来反映。其中,第一产业内部可以细分为农、林、牧、渔等 4 个部门,第二产业则可以区分为轻工业和重工业、资源型产业与非资源型产业,第三产业也可以细分为交通运输、商品营销、住宿餐饮、金融保险、建筑地产及其他行业。

(1)西部地区第一产业内部产值结构。若将西部地区第一产业简单地划分为农、林、牧、渔等 4 个部门,通过对相关数据的统计计算可得出部门增加值所占比重的变化情况(如图 3 - 12 所示)。其中农业增加值占第一产业增加值的比重 NGDPX1B 由 2000 年的 63.46%,减少到 2011 年的 59.65%,下降 3.81 个百分点;林业增加值占第一产业增加值的比重 LGDPX1B 则由 2000 年的

4.85%,减少到 2011 年的 4.84%,下降 0.01 个百分点;牧业增加值占第一产业
增加值的比重 MGDPX1B 则由 2000 年的 28.2%,提高到 2011 年的 30.07%,增
加 1.87 个百分点;渔业增加值占第一产业增加值的比重 YGDPX1B 则由 2000
年的 3.49%,减少到 2011 年的 3.18%,下降 0.31 个百分点。从图 3 - 12 还可
以看出,西部地区第一产业的农业比重有所下降,但仍然排在第一,牧业比重有
所上升,也仍然排在第二,林业和渔业比重下降幅度较小,基本保持不变。

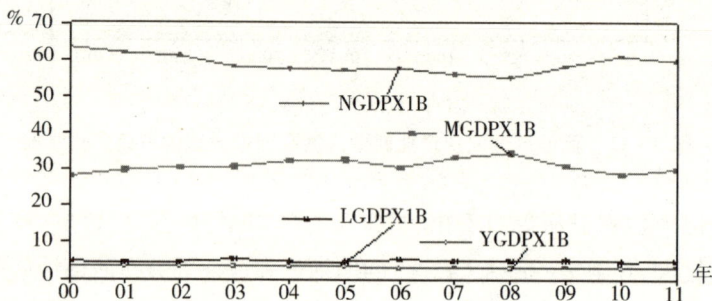

图 3 - 12 西部地区第一产业中农林牧渔增加值占比及变化情况

(2)西部地区第二产业内部产值结构。西部地区第二产业内部的比例结构
状况,可以通过其轻工业和重工业的比例结构,以及资源型产业与非资源型产
业的比例结构及变化情况来把握。

"重工业""轻工业"的分类标准沿袭多年,广大公众和专家学者耳熟能详。
把工业行业划分为"重工业""轻工业",源于上世纪 50 年代初期,带有较为浓厚
的计划经济色彩。当时的做法借鉴了苏联及东欧国家的经验,从生产资料和生
活资料的角度,将工业行业划分为重工业和轻工业两部分。按照当时的定义,
重工业是为国民经济各部门提供技术装备、动力和原材料等生产资料的工业;
与之相对应的轻工业,则指提供生活资料和手工工具的工业。

从轻工业与重工业的比例结构看,2011 年,西部 11 省市区规模以上轻、重
工业企业单位数分别为 11424、24073 个,轻、重工业企业总产值分别为 24328、
80536 亿元。重工业、轻工业企业单位数之比为 2.11,重工业、轻工业企业总产
值之比为 3.31。2011 年度西部地区规模以上工业企业主要经济指标如表 3 - 3
所示。

表 3 - 3　2011 年西部地区规模以上工业企业的主要经济指标

省区	企业单位数(个)		工业总产值(亿元)		重工业/轻工业	
	重工业	轻工业	重工业	轻工业	单位数比	总产值比
内蒙古	2918	1257	13939	3378	2.33	4.13
重庆	2978	1800	8470	3376	1.66	2.51
四川	7802	4283	20378	10106	1.83	2.02
贵州	2845	842	4541	1253	3.38	3.63
云南	2047	726	5667	2113	2.82	2.69
西藏	31	25	48	26	1.24	1.85
陕西	2590	1094	12180	2103	2.37	5.8
甘肃	931	440	5506	669	2.12	8.23
青海	284	102	1748	144	2.79	12.14
宁夏	541	223	2133	358	2.43	5.96
新疆	1106	632	5921	799	1.75	7.41
西部	24073	11424	80536	24328	2.11	3.31
全国	194206	131403	606569	237700	1.48	2.56

数据来源:根据西部地区各省市区统计年鉴相关数据计算得出。
注:广西相关数据缺失,故未将其计入西部地区。

本书所指资源型产业包括煤炭开采和洗选业、石油和天然气开采业、黑色金属矿采选业、有色金属矿采选业、非金属矿采选业;非资源型产业包括农副食品加工业、食品制造业、饮料制造业、烟草制品业、纺织业、纺织服装、鞋、帽制造业、造纸及纸制品业、石油加工、炼焦及核燃料加工业、化学原料及化学制品制造业、医药制造业、化学纤维制造业、非金属矿物制品业、黑色金属冶炼及压延加工业、有色金属冶炼及压延加工业、金属制品业、通用设备制造业、专用设备制造业、交通运输设备制造业、电气机械及器材制造业、通信设备、计算机及其他电子设备制造业、仪器仪表及文化办公用机械制造业、电力、热力的生产和供应业。

从资源型工业与非资源型工业的比例结构看,2011 年,西部地区资源型、非资源型工业企业单位数分别为 5607、29547 个,资源型、非资源型工业企业总产值分别为 17999.86、93780.51 亿元,资源型、非资源型工业企业销售产值分别为

17597.34、90845.2 亿元。非资源型、资源型工业企业单位数之比为 5.27，非资源型、资源型企业总产值之比为 5.21，非资源型、资源型企业销售产值之比为 5.16。2011 年东中西部及全国资源型、非资源型工业企业主要经济指标如表 3－4 所示。

表 3－4　2011 年东、中、西部及全国工业企业主要经济指标

地区	企业单位数（个）		工业总产值（亿元）		工业销售产值（亿元）		非资源型/资源型（比值）		
	资源型	非资源型	资源型	非资源型	资源型	非资源型	单位数	总产值	销售值
东部	4702	172430	19770.07	468455.87	19476.32	460511.63	36.67	23.70	23.64
中部	6477	56847	20825.24	156283.35	20341.65	152562.42	8.78	7.50	7.50
西部	5607	29547	17999.86	93780.51	17597.34	90845.20	5.27	5.21	5.16
全国	16786	258824	58595.17	718519.73	57415.31	703919.25	15.42	12.26	12.26

数据来源：根据《中国工业经济统计年鉴 2012》相关数据计算得出。

（3）西部地区第三产业内部产值结构。西部地区交通运输、商品营销、住宿餐饮、金融保险、建筑地产及其他行业在第三产业中的比重及变化情况如图 3－13 所示。各行业增加值占西部第三产业增加值的比重变化，从 2004 年到 2012 年，交通通信（包括物流仓储和邮政）业的比重 $jtgdpX3B$ 由 15.91% 降到 13.09%，下降了 2.82 个百分点；商业营销（包括商品批发和零售）业的比重 $sygdpX3B$ 由 19.41% 提高到 19.81%，提高了 0.4 个百分点；餐宿服务（包括餐饮住宿和旅游）业的比重 $csgdpX3B$ 由 6.45% 提高到 6.73%，提高了 0.28 个百分点；金融保险（包括金融证券和保险）业的比重 $jbgdpX3B$ 由 8.36% 提高到 13.14%，提高 4.78 个百分点。建筑地产（包括建筑和房地产）业的比重 $jdgdpX3B$ 则由 8.85% 下降到 8.36%，下降了 0.49 个百分点；其他行业增加值占西部第三产业的比重 $qtgdpX3B$ 则由 41.03% 降低到 38.88%，下降了 2.15 个百分点。

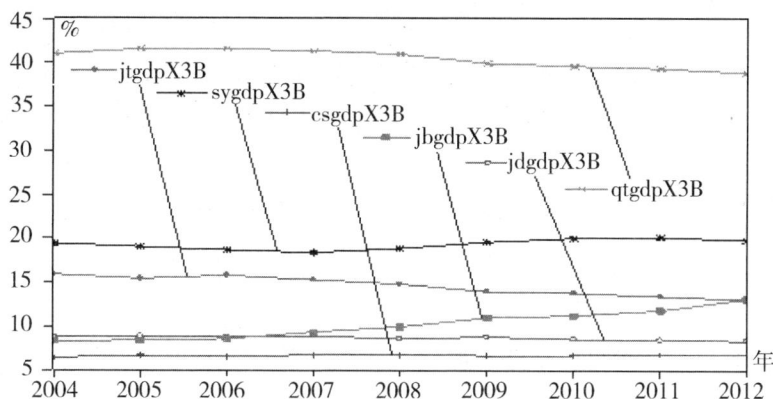

图 3 - 13　西部地区第三产业内各行业的增加值占比及变化情况

3.2.3　西部地区产业结构的主要特征

自改革开放以来,特别是实施西部大开发以来,西部地区产业结构发生了很大变化(如图 3 - 10 所示)。第一产业比重总体上呈逐年下降趋势,由 1980 年的 35.07% 下降到 2000 年的 15.88%,再下降到 2012 年的 6.26%;第二产业比重先有所下降后又较快上升,由 1980 年的 43.15% 上升到 2000 年的 48.53%,再快速上升到 2012 年的 63.44%;第三产业比重先有所上升后又缓慢下降,由 1980 年的 21.77% 上升到 2000 年的 35.59%,又下降到 2012 年的 32.26%。仅从纵向来看,西部地区的产业结构正逐渐向合理化方向演进,三大产业之间的结构比例有了显著改善,并逐步走向高度化。但从横向来看,西部地区的产业结构与全国平均水平或与东部地区相比仍存在着很大的差距,主要表现为:第一产业所占比重仍然相对较大,第二产业比重相对较小(工业化程度较低),第三产业增加值所占比重仍低于全国平均水平。除此以外,西部地区的三次产业结构还表现出以下特征:

(1)第一产业中传统农业比重过大和产业效率较低。全国第一产业中农、林、牧、渔的产值比重变化情况如图 3 - 14 所示。全国农业增加值占第一产业增加值的比重 NGDPQ1B 由 1978 年的 79.99% 减少到 2011 年的 51.64%,下降了 28.35 个百分点;林业增加值占第一产业增加值的比重 LGDPQ1B 则由 1978 年的 3.44% 提高到 2011 年的 3.84%,增加了 0.4 个百分点;牧业增加值占第一产业增加值的比重 MGDPQ1B 由 1978 年的 14.98% 提高到 2011 年的 31.7%,增加了 16.72 个百分点;渔业增加值占第一产业增加值的比重 YGDPQ1B 由

1978 年的 1.58% 上升到 2011 年的 9.31%，增加了 7.73 个百分点。与图 3 - 12 西部的情况比较后可以发现：尽管西部传统农业的比重已持续下降到了 2011 年的 59.65%，但仍然高于 51.64% 的全国平均水平。西部地区的传统农业比重过大，大多数地区的生产水平处于传统农业阶段，农业产业化程度和发展质量不高，产业效率较低。主要表现为：①粮食亩产较低。西部绝大多数省区的谷物亩产量都远低于全国平均水平；②农业产值较低。西部每个农林牧渔业劳动力实现产值比全国平均值低近 40%。③生产技术落后。西部每个农业劳动力拥有的机械动力和每亩耕地的化肥施用量都远低于全国平均水平。④产业化程度低。西部地区农业市场化产业化程度较低，农产品深加工、产供销、农工贸一体化的产业链较短。

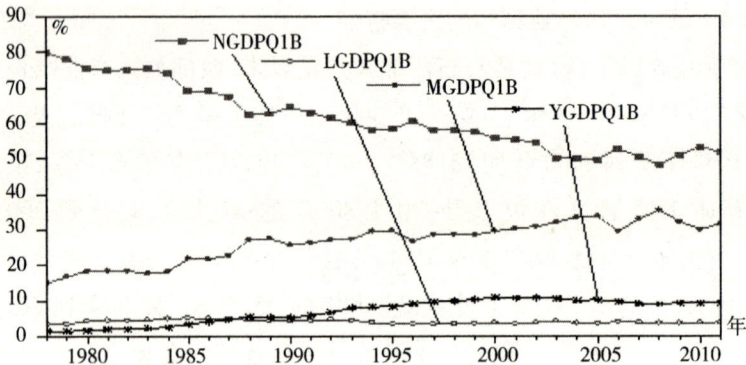

图 3 - 14　全国第一产业中农林牧渔增加值占比及变化情况

（2）第二产业中资源型产业占比较大和轻重工业比例失调。西部地区有着丰富的自然资源，由于自然和历史等方面的原因，使资源主导成为西部经济和第二产业的典型特征。由于长期以来国家把西部作为全国能源原材料的生产基地向东部地区输送资源型产品，将东部作为加工制造基地向西部地区输出加工型产品，从而导致了加工型产业密集于东部地区，资源型产业密集于西部地区。尽管实施西部大开发以后，西部工业结构有所改善，但资源型产业比重过大的状况并未得到根本改观，呈现出重工业偏重和轻工业偏轻的局面。从表 3 -1 可以看出，无论是重工业、轻工业企业单位数之比，还是重工业、轻工业企业总产值之比，西部地区都远高于全国平均水平。由此可见，西部地区第二产业的轻重比例失调，重工业比重偏重、轻工业比重偏轻。

从表 3 - 4 也可以看出,无论是非资源型、资源型企业单位数之比,还是非资源型、资源型企业总产值和销售产值之比,西部地区都低于其他地区,尤其是远低于东部和全国平均水平。由此可见,西部地区第二产业中的资源型产业比重较大,而非资源型比重较低。

(3)第三产业中传统服务业比重偏高和发展后劲不足。全国交通运输、商品营销、住宿餐饮、金融保险、建筑地产及其他行业在第三产业中的比重及变化情况如图 3 - 16 所示。从 1978 年到 2012 年,交通通信(包括物流仓储和邮政)业的比重 JTGDPQ3B 由 20.9% 降到 10.6%,下降了 10.3 个百分点;商业营销(包括商品批发和零售)业的比重 SYGDPQ3B 由 27.8% 降到 21.3%,下降了 6.5 个百分点;餐宿服务(包括餐饮住宿和旅游)业的比重 CSGDPQ3B 由 5.1% 降到 4.5%,下降了 0.6 个百分点;金融保险(包括金融证券和保险)业的比重 JBGDPQ3B 由 7.8% 提高到 12.4%,增加了 4.6 个百分点;建筑地产(包括建筑和房地产)业的比重 JDGDPQ3B 则由 9.2% 提高到 12.7%,增加了 3.5 个百分点;其他行业增加值占第三产业的比重 QTGDPQ3B 则由 29.3% 提高到 38.5%,增加了 9.2 个百分点。与图 3 - 13 西部地区的情况比较后可发现,尽管西部地区交通通信(包括物流仓储和邮政)业、商业营销(包括商品批发和零售)业、餐宿服务(包括餐饮住宿和旅游)业等传统服务业占西部第三产业增加值的比重有所下降,但仍远高于全国的平均水平,这表明西部地区第三产业中传统服务业比重仍然偏高。由于西部地区的金融服务、信息服务、技术服务、中介服务等现代服务业的比重偏低,特别是生产性服务业、智力性服务业和文化性服务业的发展较为滞后,导致西部地区第三产业的发展后劲不足。从图 3 - 10 中可以看出,第三产业增加值占西部地区产业增加值的比重,在经历了一段时间的快速上升后,从 2002 年开始又呈逐年下降的趋势。

图 3 - 15　全国第三产业内各行业的增加值占比及变化情况

3.3　西部地区产业结构存在的主要问题

由以上的分析可知,西部地区产业结构正逐步向合理化和高度化的方向发展。从纵向来看,西部地区的产业结构已有所改善,但从横向来看,西部地区的产业结构与全国平均水平特别是与东部地区相比还有较大差距,存在着三次产业结构不合理,褐色高碳产业比重大,各类产业链条不完整,高碳低效特征较突出等方面的问题。

3.3.1　三次产业的比例结构不够合理

自改革开放以来,特别是西部大开发战略实施以来,西部地区的产业结构得到了不断优化,从图 3 - 10 可以看到,西部地区三次产业的产值由"二一三"结构发展为"二三一"结构,其比例结构有了较大改善。但与全国的其他地区相比,西部地区的产业结构还存在着较大的不合理性,主要表现为:第一产业的比重仍然过大,且生产效率较低;第二产业比重仍然偏低,且发展差距较大;第三产业出现虚高现象,且后续发展乏力。

(1)西部地区第一产业比重过大,农业生产效率低下。全国及东、中、西部地区第一产业增加值的年度占比情况如表 3 - 5 所示,其年度占比变化曲线如图 3 - 16 所示。其中 Q1GDPB 为全国第一产业增加值占全国总 GDP 的比重;D1GDPB 为东部第一产业增加值占东部总 GDP 的比重;Z1GDPB 为中部第一产业增加值占中部总 GDP 的比重;X1GDPB 表示西部第一产业增加值占西部总

GDP 的比重。

表 3 - 5　全国东中西三大地区第一产业增加值在总 GDP 中的年度占比情况

第一产业 GDP 占比	1980	1985	1990	1995	2000	2005	2010
全国 Q1GDPB	26.93	23.95	19.52	12.62	9.6	6.67	4.42
东部 D1GDPB	20.8	18.27	14.14	8.57	6.38	4.27	2.85
中部 Z1GDPB	31.86	28.6	24.37	17.16	13.33	9.65	6.33
西部 X1GDPB	35.07	31.76	27.31	19.98	15.88	11.6	7.37

数据来源:根据全国统计年鉴和全国各省市区统计年鉴相关数据计算得出。

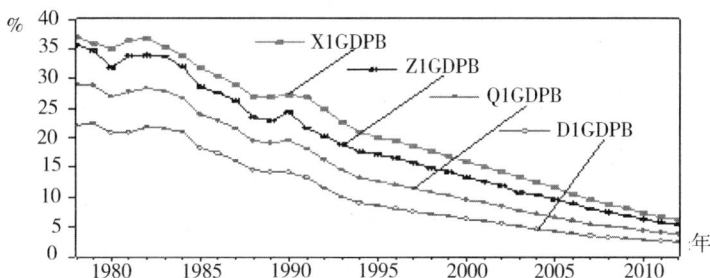

图 3 - 16　全国东中西三大地区第一产业 GDP 占比的变化情况

从表 3 - 5 和图 3 - 16 可以看出,尽管西部大开发以后,西部地区第一产业的比重有了大幅度的下降,从 2000 年的 15.88% 降到了 2012 年的 6.26%,但与东部 2.55%、中部 5.44%、全国 3.89% 相比还存在着较大差距。此外,从图 3 - 11 可以看到,虽然西部地区第一产业就业人数在整个西部就业人数的占比在不断下降,但仍然占据了绝大多数的比例,比第二、第三产业就业人数的总和还多,这表明西部第一产业的劳动生产率较为低下。

(2)西部地区第二产业比重偏低,工业发展差距较大。全国及东、中、西部地区第二产业增加值的年度占比情况如表 3 - 6 所示,其年度占比变化曲线如图 3 - 17 所示。其中 Q2GDPB 为全国第二产业增加值占全国总 GDP 的比重;D2GDPB 为东部第二产业增加值占东部总 GDP 的比重;Z2GDPB 为中部第二产业增加值占中部总 GDP 的比重;X2GDPB 表示西部第二产业增加值占西部总

GDP 的比重。

表 3 – 6　全国东中西三大地区第二产业增加值在总 GDP 中的年度占比情况

第二产业 GDP 占比	1980	1985	1990	1995	2000	2005	2010
全国 Q2GDPB	52.99	51.89	52.43	59.24	60.92	65.02	68.28
东部 D2GDPB	59.27	58.15	58.70	64.94	66.4	69.85	71.33
中部 Z2GDPB	49	47.99	47.51	53.46	55.74	60.40	66.15
西部 X2GDPB	43.15	41.56	42.37	48.02	48.53	53.16	60.37

数据来源:根据全国统计年鉴和全国各省市区统计年鉴相关数据计算得出。

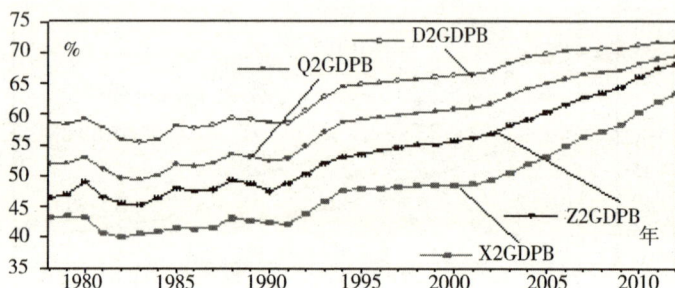

图 3 – 17　全国及东中西部第二产业 GDP 占比的变化情况

从表 3 – 6 和图 3 – 17 可以看出,尽管西部大开发以后,西部地区第二产业的比重有了大幅度的上升,从 2000 年的 48.53% 上升到了 2012 年的 63.44%,但与东部 71.76%、中部 68.14%、全国 69.43% 相比还存在着很大差距。此外,从图 3 – 11 可以看到,西部地区第二产业就业人数在整个西部就业人数的占比上升幅度较为缓慢。这表明西部地区尚处于工业化的初期,第二产业比重相对较小,工业化程度较低,与全国平均水平的差距在 6 个百分点左右。

(3)第三产业出现虚高现象,服务业的发展乏力。全国及东、中、西部地区第三产业增加值的年度占比情况如表 3 – 7 所示,其年度占比变化曲线如图 3 – 19 所示。其中 Q3GDPB 为全国第二产业增加值占全国总 GDP 的比重;D3GDPB 为东部第二产业增加值占东部总 GDP 的比重;Z3GDPB 为中部第二产业增加值占中部总 GDP 的比重;X3GDPB 表示西部第二产业增加值占西部总 GDP 的比重。

表 3-7　全国东中西三大地区第三产业增加值在总 GDP 中的年度占比情况

第三产业 GDP 占比	1980	1985	1990	1995	2000	2005	2010
全国 Q3GDPB	20.08	24.16	28.05	28.14	29.49	28.31	27.30
东部 D3GDPB	19.94	23.58	27.16	26.48	27.22	25.88	25.82
中部 Z3GDPB	19.14	23.41	28.12	29.38	30.93	29.94	27.52
西部 X3GDPB	21.77	26.67	30.32	32	35.59	35.25	32.26

数据来源:根据全国统计年鉴和全国各省市区统计年鉴相关数据计算得出。

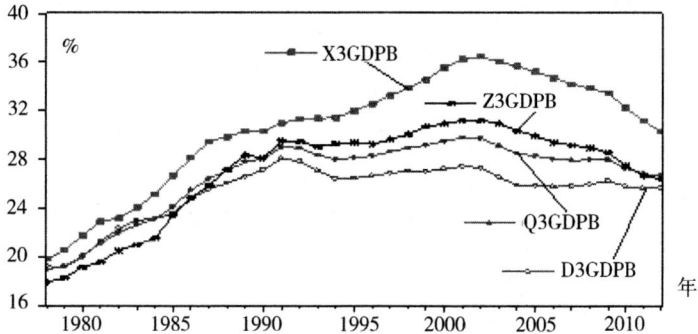

图 3-18　全国及东中西部第三产业 GDP 占比的变化情况

从表 3-7 和图 3-18 可以看到,自改革开放以后,西部地区第三产业的比重有了较大幅度的上升,2012 年达到 30.29%,比东部地区的 25.69%、中部地区的 26.42%、全国的 26.67% 都高,但这并不意味着西部地区第三产业的结构更为合理,而只是一种虚高现象。产业结构的合理化演进首先应从第一产业向第二产业演进,然后再从第二产业向第三产业演进,即第三产业的发展应该建立在第二产业高度发展的基础之上,也就是说非物质产品的丰富应该建立在物质产品极大丰富的基础上。因此在西部地区第二产业比重偏低,工业化程度还不够高的情况下,第三产业虽在产值比重上超出全国平均水平,但也只是一种不合理的虚高现象,其创造出的就业岗位远远低于全国平均水平。此外,西部地区第三产业的虚高还表现在,传统低层次服务业的比重较大,生产性服务业和智力型服务业等现代服务业的比重较小，导致西部服务业的增长乏力，这一点也可以从图3-18中看出，西部地区第三产业的比重自从2002年达到最高峰后，又开始逐年下降，而且近几年来还呈现出加速下降的趋势。

3.3.2 产业结构趋同和高碳产业比例大

产业结构趋同是指产业部门构成比重的趋同，西部工业行业的同构化趋势十分突出，目前西部的轻重工业结构、加工工业结构以及工业产品结构都具有高度的趋同性，产业优势仍然集中在资源开采型产业，比较优势行业集中在资源开发和资源初级加工领域。借助于区位熵理论以及影响力系数及感应度系数等方面的计算，可以对西部地区各省区市的支柱产业和主导产业的结构情况进行分析，学者们的研究结果表明，西部地区绝大多数的省区市的产业发展都主要集中在能源化工、资源开采、矿产开发及其初级加工等方面的资源型产业领域，各省区市之间表现出严重的结构趋同特征。西部各省区市前5位的支柱产业和主导产业如表3-8所示，从表中可以看出，在西部地区，特别是西部相邻的省区产业的同构化非常严重①。

表3-8 西部各省区市排名前五位的支柱产业和主导产业

省区	支柱产业	主导产业
云南	金属冶炼及压延加工，食品饮料及烟草制品生产，电力热力生产及供应，化学原料及制品生产，生物资源开发及产品生产	金属和非金属矿采选业，食品制造及烟草加工，金属冶炼及压延加工，电力热力业生产及供应，化学原料及制品生产
贵州	金属冶炼及延压加工，电力热力生产及供应，煤炭开采及洗选，化学原料及制品生产，食品饮料及烟草制品生产	煤炭开采及洗选，金属和非金属矿采选，食品饮料及烟草制品生产，金属冶炼及延压加工，电力热力生产供应
四川	金属冶炼及压延加工，非金属矿物制品生产，化学原料及制品生产，交通通信设备及电子机械制造，电力热力及燃气生产	煤炭开采及洗选，食品饮料及烟草制品生产，电力热力及燃气生产，水生产供应，交通通信设备及电子机械制造
重庆	交通通信设备及电子机械制造，化学原料及制品生产，金属冶炼及延压加工，非金属矿物制品生产，电力热力及燃气生产	煤炭开采及洗选，交通通信设备及电子机械制造，电力热力及燃气生产，金属和非金属矿采选，化学原料及制品生产

---

① 宋周莺、刘卫东：《西部地区产业结构优化路径分析》，《中国人口资源与环境》2013年第10期，第31-37页。

续表

省区	支柱产业	主导产业
广西	金属冶炼及延压加工,食品饮料及烟草制品生产,化学原料及制品生产,交通设备及电子机械制造,非金属矿物制品生产	金属和非金属矿采选,食品饮料及烟草制品生产,金属冶炼及延压加工,交通通信设备及电子机械制造,电力热力生产
陕西	石油天然气开采,金属矿采选,石油炼焦及核燃料加工,化学原料及制品生产,煤炭开采及洗选	煤炭开采及洗选,石油天然气开采,金属矿采选,交通通信设备及电子机械制造,电力热力及燃气生产
甘肃	金属冶炼及压延加工,石油炼焦及核燃料加工,石油及天然气开采,电力热力及燃气生产,化学原料及制品生产	金属冶炼及延压加工,金属和非金属矿采选,石油及天然气开采,煤炭开采洗选,电力热力及燃气生产
宁夏	电力热力及燃气生产,非金属矿物制品生产,煤炭开采和洗选,化学原料及制品生产,金属冶炼及延压加工	煤炭开采及洗选,石油加工及炼焦业,化学原料及制品生产,金属冶炼及延压加工,电力热力及燃气生产
青海	金属冶炼及压延加工,金属和非金属矿采选,化学原料及制品生产,石油天然气开采,电力热力及燃气生产	石油天然气开采,金属和非金属矿采选,金属冶炼及压延加工,电力热力及燃气生产,煤炭开采及洗选
内蒙	煤炭开采洗选,电力热力及燃气生产,农畜产品及食品加工,金属冶炼及压延加工,化学原料及制品生产	煤炭开采及洗选,金属和非金属矿采选,农畜产品及食品加工,金属冶炼及压延加工,电力热力及燃气生产
新疆	石油和天然气开采,石油炼焦及核燃料加工,电力热力及燃气生产,金属冶炼及压延加工,化学原料及制品业	石油和天然气开采,金属和非金属矿采选,石油炼焦及核燃料加工,食品加工与制造,金属冶炼及压延加工
西藏	金属矿及非金属矿采选,非金属矿物制品生产,饮料生产和医药制造,电力热力生产供应,自来水生产供应	非金属矿物制品生产,饮料生产和医药制造,电力热力生产供应,特色农副产品加工,民族工艺品生产

资料来源及说明:根据西部各省区市近五年发布的相关信息以及相关研究分析整理后得出,支柱产业和主导产业分别根据其产值比重和关联影响大小来确定,其中行业的排序在不同的年度中有所不同,以上排序是近五年平均的结果。

从表 3－8 中还可以看出,西部各省区市的主要支柱产业和主导产业,绝大多数都属于对资源依赖较重的资源型产业。所谓资源型产业是指以自然资源的禀赋和优势为基础,以自然资源的开发和利用为依托,以自然资源的占有和配置为主导的产业。资源型产业通常都是依托特定自然资源(如煤炭、石油、天然气、矿产等)发展起来的,在其发展的要素构成中,自然资源占据主体核心地位,对经济收益的贡献起决定作用。资源型产业是工业化过程中最基础的产业,也是许多工业化发展地区的支柱产业。西部地区目前还处在工业化发展的初中期,基础建设任务还相当艰巨,需要消耗大量的资源和投入大量的劳动力,仍处于资源型产业占主导地位的发展阶段,资源型产业必然成为西部地区重要的支柱产业。因此,资源型产业在今后相当长时期内仍然是西部地区产业的主体。

资源型产业的另一个重要特征就是其与生俱来的高碳性,也就是所谓的高消耗高污染特征。因此,资源型产业也常常被称作"高碳产业",煤炭、电力、钢铁、水泥、冶金、石化、建材等均属于所谓的"高碳产业"。这类产业往往都表现为资源的高投入、能源的高消耗和环境的高污染,具有典型的高碳特征。从表3－8来看,西部地区的主要支柱产业和主导产业绝大多数都属于高碳产业。

此外,从工业产品来看,2013年西部地区生产总值占全国国内生产总值的比重为22.15%,若将西部地区占全国比重超过了22.15%的所有工业产品列出,从表3－9就可以发现,西部地区比重较高的工业产品绝大部分都属于高碳产品。由此可知,西部地区高碳产业和高碳产品的比重很大。

表3－9　西部地区比重较高的工业产品情况(2013)

序号	工业产品名称	西部产量	全国产量	西部产量/全国产量(%)
1	天然气产量(亿立方米)	939.50	1170.46	80.26759
2	水电发电量(亿千瓦小时)	5255.30	9116.44	57.64597
3	硫酸(折100%)产量(万吨)	3872.40	8122.60	47.67439
4	氮磷钾等化肥产量(万吨)	2804.20	7036.96	39.84945
5	卷烟产量(亿支、万箱)	9279.40	25604.00	36.24199
6	微型电子计算机产量(万台)	11509.70	33660.98	34.19300
7	火力发电量(亿千瓦小时)	17870.90	53975.86	33.10899
8	原油产量(万吨)	6833.80	20946.87	32.62454
9	水泥产量(万吨)	76271.80	241613.60	31.56768

序号	工业产品名称	西部产量	全国产量	西部产量/全国产量(%)
10	焦炭产量(万吨)	14671.80	47932.00	30.60961
11	纯碱(碳酸钠)产量(万吨)	673.10	2434.95	27.64328
12	烧碱(折100%)产量(万吨)	783.60	2858.95	27.40866
13	原盐产量(万吨)	1761.20	6460.30	27.26251
14	初级形态塑料产量(万吨)	1377.80	5836.70	23.60495

数据来源:根据全国统计年鉴和西部地区各省市区统计年鉴相关数据计算得出。

3.3.3　产业链较短及价值链与生态链分离

从前面的产业数据分析还可以看出,西部地区的支柱产业和主导产业主要是以能源、原材料以及重化工业等为代表的资源密集型产业。由于西部的资源深加工方式缺位,产业纵向拓展不够,产业发展层次较低,产业链条较短,从资源低端产品到资源高端产品的完整产业链较少。以冶金工业为例,西部主要集中在产业链上游的采选、冶炼上,而下游的延压加工发展滞后。2011年,上游采选业与延压加工业产值之比,西部为1∶5.63,而全国为1∶7.15;冶炼业与延压加工业产值之比,西部为1∶0.26,而全国为1∶0.97;上游金属冶炼及延压加工产值与下游装备制造业产值之比,西部为1∶1.12,全国为1∶2.73。由此可见,西部与全国水平存在着较大差距。此外,西部在装备制造业方面,下游生产所需附加值较高的零部件大多来自外部,整体利润率较低。

由于西部大多数省区的产业结构趋同,一些省区的产业集中程度都较低,产业间的配套协作能力较低下,从而导致分工链条不完善,产业链条不完整。虽然西部地区已形成了一批具有一定规模的资源型产业集群,但由于企业没有形成分工协作和服务外包意识,许多产业集群更多表现为企业的地理扎堆,集群内企业之间的配套协作关系较弱,多数产成品及零部件还只在单一企业内部完成。由于缺乏企业之间的分工协作,由企业串联的产业链条较短也较少,产业链之间也难以形成协同效应,所以产业链的运行也比较脆弱。由于西部地区资源型产业的产业链缺损严重,使得资源型企业的集聚成为了松散的联合,不能很好地形成在产业链条协同发展的内在机制,无法通过上下游产业间的互动与外溢来促进产业关联的形成与发展。

产业链是各产业部门或企业之间基于特定的技术经济关联、逻辑顺序关联、时空布局关联等形成的串联式链条关系形态。产业链中存在着大量的上下游关系,以及大量的物质或价值的相互交换,产业链的上下游具有相对性,产业链每个环节都存在着一定的上下游。一般而言,下游环节从上游环节输入某类物质或价值(包括产品和服务),上游环节向下游环节输出某类物质或价值(包括产品和服务),产业链的本质就是这种具有某种输入输出关系纵向联系的企业群体。各类种类繁多纷繁复杂的产业链条,概括起来可以分为产业价值链和产业生态链两大类,产业价值链体现的是产业链条的价值属性,产业生态链体现的是产业链条的生态属性。产业价值属性反映了产业的价值创造和价值实现,产业生态属性反映了产业的物质流动和生态衔接。

产业价值链作为产业的价值流动链条,是产业实现价值增值和创造经济效益的重要组织形式。在产业价值链中,在联接相关产品或服务(从原材料的提供,到产品的生产,直至市场的销售等)的各环节上,企业通过物质、信息、知识、资金等方面的经济价值链接,随着价值链的延伸和拓展形成价值流动,通过价值创造和价值增值来实现经济效益。产业生态链作为产业的物质流动链条,是产业实现资源利用和创造生态效益的重要组织形式。在产业生态链中,在以物质能量等资源流动传输为纽带的各个环节上,企业以生产者、消费者和分解者的身份,通过一定的物质资源链接,将上一个产业(或企业)的产出(包括产生的副产品和排出的废弃物)作为下一个产业(或企业)的投入(包括所需的原材料和其他的投入物),通过对各类资源的循环利用和高效利用来实现生态效益。

从前面的讨论可知,西部地区的资源型产业占据了相当大的比重,若仅从物质资源流动的角度来看,由于产业价值链与产业生态链之间存在着追求目标的差异,使得这两种链条内的主要流动物质有所不同。产业价值链追求的首要目标是产业链上的价值增值和利润最大化,在产业价值链中,上游企业向下游企业提供的物质主要是原材料或前级产品,下游企业对其进行进一步生产或再加工,因此,链条上流动的主要是企业生产的原材料或主产品,因为原材料或主产品流动所产生的经济效益最高;而产业生态链所追求的首要目标是资源节约和环境友好,在产业生态链中,上游企业流动给下游企业的物质,大多是生产主产品产生的剩余物质,因此,链条上流动的主要是企业产生的废弃物或副产品,因为废弃物或副产品的循环利用产生的生态效益最高。

从西部地区的实地调研的情况看,产业价值链在价值创造和价值增值以及经济效益方面具有较大的优势,而在生态效益方面有时往往表现得不够好;产业生态链在资源节约和高效利用以及生态效益方面具有较好的表现,而在经济效益方面有时往往表现得不够佳。因此,在西部资源型产业的产业链形成过程中,企业大多从自身经济利益考虑,更愿意加入到产业价值链中获取更高的经济效益,而很少主动加入到产业生态链中寻求更好的生态效益。所以西部地区已形成的各类产业链绝大多数属于产业价值链,虽然西部的一些地方政府为了保护生态环境,出台相关政策鼓励和引导企业开展循环经济,规划和建设了一些产业生态园,形成了一些产业生态链条和链段。但就目前而言,西部地区的产业生态链数量较少长度较短,大多处于孤立分散状态。特别是西部绝大多数的产业价值链与产业生态是分离的,尚未形成完整闭合的产业价值循环生态链条,这也是西部资源型产业生态效益较差,环境污染严重的一个重要原因。

3.3.4　产业结构呈现高碳低效特征

从前面的讨论和分析可以看出,西部地区的主要支柱产业和主导产业,大多都是高投入、高消耗、高污染的资源依赖型行业,属于典型的高碳行业。由于西部地区的产业生产组织模式不合理,产业价值链与产业生态链相分离,没有形成完整高效的产业生态循环链条和循环网络,再加上产业技术和生产工艺落后,产业效率和劳动生产率低下,使西部地区的整个产业呈现出典型的高碳低效特征。西部地区单位 GDP 的平均能耗远远高于全国及东部和中部的平均水平,西部地区的产业效率和劳动生产率远远低于全国的平均水平。西部地区产业的高碳低效特征主要表现在以下几个方面。

(1)单位产值的高能源消耗呈现的高碳特征

近年来全国及东中西部地区单位 GDP 平均能耗的变化情况如表 3 - 10 所示。从表中可以看出,近年来西部地区的单位 GDP 能耗都高于东中部地区和全国平均水平,2011 年西部地区的单位 GDP 平均能耗分别高出东部地区 87.82%,高出中部地区 41.78%,高出全国平均水平 33.33%。

表 3 - 10　全国及东中西部地区单位 GDP 平均能耗的变化情况

年份	单位 GDP 能源消耗(吨标准煤/万元)				区域单位 GDP 能耗比(%)		
	全国	东部	中部	西部	西部/全国	西部/东部	西部/中部
2005	1.61	1.111	1.559	2.147	133.35	193.25	137.89
2010	1.291	0.892	1.227	1.737	134.55	194.73	141.56
2011	1.041	0.739	0.979	1.388	133.33	187.82	141.78

数据来源:根据 2012 年中国统计年鉴相关数据计算得出(西藏因数据缺失,排除在外)。

西部各省区市的单位 GDP 能耗及其在全国排名如表 3 - 11 所示。在 2011 年全国各省市区万元生产总值能耗排名中,第一、第二分别为宁夏和青海,其万元生产总值能耗分别高达 2.279、2.081 吨标准煤(为排名第十辽宁的两倍左右);前十排名中,除了第三山西(1.762 吨标准煤/万元)、第八河北(1.8 吨标准煤/万元)、第十辽宁(1.096 吨标准煤/万元)之外,其余皆为西部省份。由此可见,无论是西部地区总的单位 GDP 平均能耗,还是西部各省区市单位 GDP 的平均能耗都相对较高,这表明西部地区具有明显的高碳特征。

表 3 - 11　西部各省区市的单位 GDP 能耗及其在全国排名(2011)

省区市	内蒙	广西	重庆	四川	贵州	云南	陕西	甘肃	青海	宁夏	新疆
单位产值能耗	1.41	0.80	0.95	0.99	1.71	1.16	0.85	1.40	2.08	2.28	1.63
在全国的排名	6	20	13	12	4	9	19	7	2	1	5

数据来源:根据 2012 年中国统计年鉴相关数据计算得出(西藏因数据缺失,排除在外),其中单位产值能耗的单位为:吨标准煤/万元。

(2)劳动生产率低下呈现的低效特征

西部地区自然资源和劳动力等"初级生产要素"丰富,但高技术人才等"高级生产要素"缺乏,技术创新力不强,因而西部一开始就走的是发挥自然资源比较优势的"高投入"粗放型道路,包括高的资本投入、高自然资源投入和高劳动力资源投入。从前面的讨论中可以发现,西部发展过多依赖于外来要素的高投入,资源利用效率却不高,主要表现为产出率低、资源消耗大,许多有价值的资源在生产过程中被当作废弃物排放掉了,造成资源的极大浪费,导致资源利用率低。西部地区劳动生产率的低下还可以从图 3 – 19 中看出,其中 QGDPL,DGDPL,ZGDPL,XGDPL 分别为全国、东部、中部、西部的平均劳动生产率(元/人)。从图中可以看出,西部地区总的平均产业效率,目前仍然远低于全国平均水平,是全国各地区中产业效率最低的。

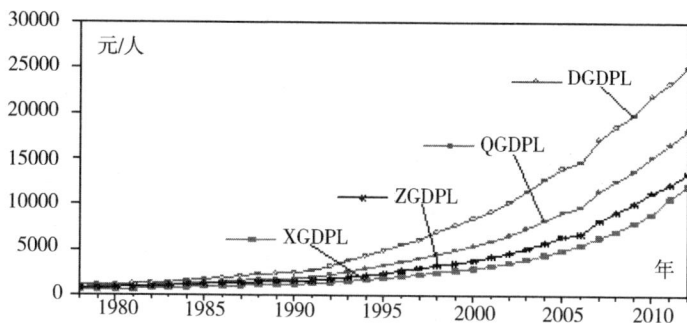

图 3 – 19　全国及东中西部平均劳动生产率的变化情况

从以上的分析和讨论可以看出,西部地区绝大多数的支柱产业都属于高投入、高消耗、高污染的资源依赖型行业。加之西部地区的产业生产组织模式不合理,产业价值链与产业生态链相分离,生产技术和工艺落后等方面的原因,导致其资源利用效率和劳动生产率低下。尽管从改革开放以来,特别是自西部大开发以来,西部地区的平均劳动生产率有了大幅度的提高,2012 年达到了12055(元/人),但与全国的 18107(元/人),中部的 13413(元/人)相比仍存在着较大差距,更是远远低于东部 25059(元/人)的水平。由此可以得出结论,西部地区产业的资源投入消耗大,资源利用效率低,劳动生产率低下,产业生产效率低,具有明显的高碳低效特征。

3.4　本章小结

本章对西部地区产业发展状况及存在的问题进行分析。改革开放以来,特别是西部大开发战略实施以来,西部地区三次产业都实现了快速增长,产业发展水平有了显著提高,但各次产业增加值仍然落后于东部和中部地区,除了农业的增加值、就业人数的增幅排在其他地区的前面(农业增加值占全国的比重还不到三分之一),工业和服务业的增加值及其占全国的比重、就业人数及增幅在三大区域中都是最低的。从纵向来看,西部地区的产业结构正逐渐向合理化方向演进,三大产业之间的结构比例有了显著改善,并逐步走向高度化。但从横向来看,西部地区的产业结构与全国平均水平或与东部地区相比仍存在着很大的差距,主要表现为:第一产业所占比重仍然相对较大,第二产业比重相对较小(工业化程度较低),第三产业增加值所占比重仍低于全国平均水平。除此以外,西部地区的三次产业结构还表现出以下特征:第一产业中传统农业比重过大和产业效率较低;第二产业中资源型产业占比较大和轻重工业比例失调;第三产业中传统服务业比重偏高和发展后劲不足。目前,西部地区产业结构存在着三次产业的比例结构不够合理;产业结构趋同,高碳产业比重大;产业链较短,价值链与生态链分离;高碳低效特征较突出等方面的问题。

第 4 章　西部产业结构的高碳低效原因及破解思路

西部地区的产业经济在我国总体经济高速增长的背景下已有长足进步,但仍然面临着"基础设施落后、生态环境脆弱、产业结构不合理、可持续发展能力不强"等方面的问题。长期以资源型产业为主的粗放式发展和以投资驱动为主的增长模式,使西部地区产业结构呈现出高碳低效的特征,如何破解是需要认真研究和思考的问题。

4.1　西部地区产业结构呈高碳低效的原因

西部地区经济增长过于依赖工业拉动,特别是能耗大、排量多、污染重的资源型产业和重化工业在西部产业结构中占据了较大比重。产业结构尤其是工业结构不合理,能源消费结构不合理,生产组织结构不合理等带来的生产方式粗放,是西部地区产业结构呈现高碳低效特征的主要原因。

4.1.1　产业结构尤其是工业结构不合理

对西部地区产业发展历程以及对西部地区产业发展现状的分析研究显示,改革开放以来,特别是西部大开发战略实施以来,西部地区各次产业都得到了快速的发展,产业发展水平有了显著提高,产业结构正朝着合理化和高度化的方向演进,实现了一定程度的优化,特色优势产业在全国的地位有所上升,已初步形成以能源化工、矿产资源开发、特色农产品加工为主的产业体系①。然而，从前面的分析和讨论也可以看出，西部地区的产业结构仍然不够合理，三次产业的结构层次偏低，高度化的进程较为缓慢，特别是第二产业的轻重比例失调，各省区市间的产业结构雷同，支柱产业和主导产业大多数属于对资源依赖较重的资源型产业，而且出现了严重的同构化趋势，由此导致西部地区产业呈现出高碳低效特征，主要表现在以下几个方面：

（1）产业间比例结构不够合理导致的高碳低效。西部大开发十几年来，伴随着工业增长速度的加快，西部地区环境承载力的压力也在不断加大。对 2012 年西部地区经济增长的数据分析显示，西部各省区市 GDP 增速普遍高于全国平均水平 3 个百分点以上，且明显快于江苏、浙江、山东、广东等沿海发达地区，如图 4－1 所示。在政策调控与市场驱动下，工业的不平衡增长格局有利于西部地区工业的短期发展，与浙江、广东等省 GDP 增速与工业增加值增速相近甚至工业增加值增速慢于 GDP 增速相比，西部各省区市工业增加值的增长速度都明显快于 GDP 增长速度，工业增长速度较快是整个西部地区经济持续向上的重要牵引力②。然而，西部地区的工业发展是以对资源的极大开采利用为代价的，由此所带来的环境资源问题接踵而至，对当地的环境承载力造成了极大挑战。尤其是西部很多地区都属于生态脆弱地区，一旦这种依赖资源的工业发展超过当地的生态环境承载力阈值，后果将不堪设想。

表 4－1　2012 年西部各省区市及部分沿海省份 GDP 和工业增长率比较

区域	GDP 增长率	工业增加值增长率
全国	7.8	10.0
内蒙古	11.7	14.8
广西	11.3	15.9
重庆	13.6	16.3
四川	12.6	16.1
贵州	13.6	16.2

---

① 刘卫东、刘毅、秦玉才等：《2009 中国区域发展报告——西部开发的走向》，商务印书馆 2010 年版，第 105－118 页。

② 周民良：《大开发背景下的西部工业：进展、问题与前瞻》，《创新》2013 年第 6 期，第 64－70 页。

区域	GDP 增长率	工业增加值增长率
云南	13.0	15.6
西藏	11.8	15.1
陕西	12.9	16.6
甘肃	12.6	14.6
青海	12.3	14.8
宁夏	11.5	13.8
新疆	12.0	12.7
江苏	10.1	12.6
浙江	8.0	7.1
山东	9.8	11.4
广东	8.2	8.4

资料来源：GDP 增长率来自《中国统计摘要》(2013)，工业增加值增长率来自国家统计局网站。

（2）三次产业内部结构层次低导致的高碳低效。西部地区三次产业结构层次低,高耗能产业所占比重大的现象突出。改革开放以来,西部地区产业结构中的主体是以工业为主的第二产业,工业在该地区社会总产值中所占的比重平均保持在 65% 左右,而重工业在工业总产值中的比重占到 62% 左右,重工业方面的收入来源主要集中在能源、采掘和原材料工业等方面。对第二产业的分析显示,西部地区现有的优势产业主要为高排放产业,高新技术产业比重小,工业重型化特征明显。这种以电力、化工、有色金属等重工业为基础的产业结构,面临着能源的过度消耗以及因二氧化碳排放过大带来的环境污染等问题。从表 4－2 不难看出,西部各省区市大多还是以重工业为支柱产业,不仅极大地阻碍了新兴产业第三产业的发展,也由此带来不容小觑的资源浪费问题和环境生态问题。

表4-2 2012年西部地区部分省区规模以上工业内部轻重结构

西部省区	重工业占规模以上工业增加值比重(%)	轻工业占规模以上工业增加值比重(%)
陕西	86.95	13.05
甘肃	85.57	14.43
宁夏	87.97	12.03
新疆	92.61	7.39

资料来源:根据相关省区统计公报计算所得。

(3)省区间产业结构有趋同性导致的高碳低效。按照比较优势理论,区域内各地区在分工协作中要充分发挥自身生产要素的比较优势,根据自身产业发展所处阶段、自然资源禀赋优势和未来发展目标,实现各地区之间的产业分工协作,建立区域内各地区的产业分工关系。西部各省区市由于在自然资源、文化背景和市场环境等方面都具有相似性,因此产业结构存在趋同性。以西南地区三省一市为例,如表4-3所示①。

表4-3 西南地区三省一市三次产业结构相似系数表

年度	四川	四川	四川	云南	云南	贵州
	云南	重庆	贵州	重庆	贵州	重庆
2006	0.9856	0.9865	0.9919	0.9974	0.9774	0.9924
2011	0.9924	0.9929	0.9943	0.9499	0.9883	0.9931

资料来源:通过各省市统计年鉴计算所得

各地区的产业发展只有依托本地区优势资源,发挥地区比较优势,才能在市场上更有竞争力,但从上表可见,西南地区三省一市的产业趋同现象明显。由于区域内市场需求量是一定的,各省区市同时发展相同或相似产业,当同种类的产品供给超过市场需求量,形成产品滞销,就会带来区域内企业之间非理性的恶意竞争,导致资源的浪费和低效,以及环境污染的加重,从而阻碍区域经济可持续发展的实现。从整体来看,产业发展趋同导致资源浪费和环境污染

---

① 唐志华:《西南地区产业结构趋同问题研究》,云南财经大学硕士论文,2014年。

加重。

　　(4)资源型重化型产业比重大导致的高碳低效。西部地区的贵州、山西、内蒙古、河南、四川、陕西等省区在资源型产业中的优势都很明显。西部地区能源丰富,其经济增长在多数情况下是通过能源的大量消耗取得的,西部地区的支柱产业主要是有色金属冶炼、化工、煤炭工业、钢铁工业等,这些都属于能源密集型产业。如表 4 - 4 所示,电力、热力生产和供应业,煤炭开采和洗选业,黑色金属冶炼和压延加工业,非金属矿物制品业,化学原料和化学制品业等重工业产值在西南三省一市的工业比重中占了非常大的份额。随着重工业企业数量的高速粗放增长,也对环境造成一定的破坏性影响。

表 4 - 4　2011 年西南三省一市主要工业产业产值排名

工业行业	四川		云南		贵州		重庆	
	产值	排名	产值	排名	产值	排名	产值	排名
煤炭开采和洗选业	1345.54	10	353.58	6	1015.8	1		
农副食品加工业	2342.85	1	300.16	7			466.78	10
酒、饮料和精制茶制造业	1884.6	6			323.89	5		
烟草制品业			1185.25	2	253.47	8		
石油加工炼焦核燃料加工业			252.6	8				
化学原料和化学制品业	2102.3	4	759.76	5	476.8	4	736.6	3
医药制造业			172.4		227.31	9		
非金属矿物制品业	2198.97	2	287.83		273.54	7	608.29	6
黑色金属冶炼和压延加工业	2124.33	3	891.92	4	541.53	3	688.89	5
有色金属冶炼和压延加工业			1286.88	1	299.07	6	488.8	9
通用设备制造业	1874.07	7					533.44	8
交通运输设备制造业	1501.73	9			162.58	10	3484.77	1
电器机械和器材制造业							701.73	4
计算机通信电子设备制造业	2029.6	5					814.26	2
电力、热力生产和供应业	1640.52	8	912.34	3	980.17	1	544.55	7

资料来源:各地区统计年鉴

　　综上所述,当前西部地区经济发展仍主要靠第二产业拉动,这种重工业特征明显的产业结构,给控制温室气体排放以及当地的环境承载力带来了很大的困难。西部地区面临巨大的经济发展需求,大规模的基础设施建设,工业化、城镇化进程的加快,使其碳排放量呈不断上升的趋势。同时,西部地区还在承接发达地区的产业转移,努力实现以工业为主导的经济发展,提高人们的生活水平。一直以来,人们在做产业选择时一般侧重从经济资源角度考虑,而忽视从经济、生态、社会全面协调可持续的角度合理进行产业发展。必须优化西部地区高能耗、高污染、高排放的工业结构,全面提升西部地区产业发展的经济效益与环境效益。

4.1.2 能源消费结构和消费方式不合理

能源消费结构和能源消费方式不合理是造成资源浪费、环境污染、生态破坏等问题的重要原因。要减少碳排放就要相应优化和约束某些消费和生产活动,在生产领域由高排放方式向清洁生产、低排放生产方式转变;在消费领域通过消费观念的改变转变消费需求,由传统消费模式向低碳消费模式转变,使产业结构的供给发生改变,优化产业结构。西部各省区市的能源结构一直呈现高碳特征,从能源消费结构来看,西部地区煤炭资源丰富,煤炭是能源的支柱,煤炭、火电的大规模发展对环境构成了巨大威胁,最典型的是内蒙古的煤炭开采对环境资源造成的巨大破坏。西部地区能源消费结构和消费方式不合理主要表现为以下几个方面:

(1)西部地区能源生产结构层次低。能源生产系统是指包括各类能源资源开发及其二次加工在内建立起来的各类能源产品生产系统。能源生产系统结构主要由煤炭、石油、天然气、水电等一次能源生产部门和火力发电、炼焦、原油加工以及热力生产等二次能源生产部门组成。不同的能源生产系统结构会产生不同的组合能源产出效益[①]。一般来说,石油产出效益比煤炭高23%,天然气产出效益比煤炭高30%。新中国成立以来,西部地区石油和天然气工业得到长足发展,先后开发了新疆、准噶尔、塔里木、青海、玉门和四川等油气生产基地。然而,西部地区能源生产结构中,传统的一次性能源——以煤炭为主的化石能源占据了相当大的比例,这也是造成成都等城市雾霾严重的关键因素之一。一次性能源的不可持续性,决定了西部地区必须调整能源结构,在强调节

---

① 吴映梅、张雷、谢辉:《西部能源生产系统结构演进效率分析》,《地理科学进展》2006年第1期,第56-61页。

约使用和高效利用能源原料的同时,着力优化能源结构、推动节能减排、开发利用清洁能源和可再生能源、减少不可再生能源的使用。

（2）西部地区能源消费结构不合理。西部地区能源消费结构层次低,主要能源仍旧是煤炭。自 20 世纪 60 年代以来,西方发达资本主义国家已经实现了能源消费结构的转型,煤炭在能源消费结构中所占的比重已经下降到 50% 以下,石油替代煤炭成为能源消费结构中的主体。虽然煤炭消费具有价格低廉的优点,在对我国西部地区经济增长提供廉价的能源供给方面有着重要的优势,但煤炭作为主要能源供应来源有着众多的缺点和不足。以发达国家的主要能源来源石油作对比,煤炭作为不可再生能源,一吨标准煤的热值不到一吨石油热值的 70% ,只相当于 752 平方米天然气的热值,而煤炭燃烧所产生的大量烟尘和有害气体,如二氧化硫和氮氧化物的量却大大高于石油和天然气。鉴于以上原因,众多发达国家自 20 世纪 60 年代开始普遍采用大规模进口石油而相对减少煤炭消费比重的战略。而在我国,煤炭依然是生产生活的主要能源,西部地区更是如此。

（3）西部地区能源利用率相对较低。西部地区的产业发展多集中于粗放式、不可持续的发展,对资源的依赖性极强,尤其是把煤炭资源自始至终作为主要燃料来源。一方面煤的燃烧值低,另一方面煤炭的消耗使用如果没有较好的废气废渣处理设施,会对自然生态环境造成巨大的破坏。西部地区的人们缺乏新能源意识,对太阳能、风能、水能的利用不充分,再加上新能源开发和市场拓展没有及时跟上,使得西部地区家庭能源消费方式单一,存在许多不合理之处。西部地区绝大多数农村居民处于山中,部分欠发达地区仍然停留在通过砍伐树木,利用薪柴来满足日常生活需要的传统。这些都造成了西部地区能源消费方式不合理,能源利用率低。

（4）西部地区低碳再生能源欠开发。西部地区新能源和可再生能源开发力度不足,技术进步对能源消费影响小。从当今世界能源利用形式来看,随着原先化石等能源的逐渐耗竭,各种新能源和可再生能源的开发利用力度不断加大。在这一波新能源和可再生能源的开发利用中,以水电、风能、核能、太阳能和生物质能的开发利用最具代表性。我国西部地区由于特殊的地理和气候条件,太阳能和风能资源蕴藏量丰富,如新疆东部、青海西部和西藏西部等地,是我国太阳能资源最丰富的地区,年太阳辐射总量达 6680 – 8400MJ/㎡,太阳能最丰富的区域几乎都集中在西部地区。尽管新能源的优点众多且开发前景好,但是西部地区能源结构的改善却进展缓慢。以风力发电为例,单位风力成本为0.33 元/KWh,上网电价为0.52 元/KWh;光伏发电成本更高,单位发电成本为2.38 元/KWh,而在这方面,煤电具有明显的成本优势,目前无脱硫设备的煤电发电场,单位发电成本仅为0.21 元/KWh,上网电价为0.33 元/KWh。这些问题抑制了西部地区新能源市场的扩张,进一步引起研发不足,从而形成一个恶性循环。

综上所述,西部地区在当前的技术经济条件下,能源资源利用效率低,能源结构调整受到功能与成本约束,太阳能、风能、水能和生物能的商业化受到成本约束,难以与常规的化石能源竞争,以煤炭为主的能源消费结构在近期内很难发生根本改变。这对西部地区的低碳经济与可持续发展提出了严峻挑战,改变能源生产结构与消费方式不合理的局面迫在眉睫。

4.1.3 产业组织结构不合理与生产方式粗放

市场经济条件下,企业作为市场主体一直是学界关注的对象。而在对企业的关注和研究中,组织理论始终是管理学研究的重点。进入21 世纪以来,以互联网技术发展为载体的信息技术革命的突飞猛进使得生产组织的外部环境发生了巨大变化。现今生产组织的边界已经越来越显现出开放性、模糊性和动态性,甚至在一定情况下还涵盖了部分外部组织。企业之间、企业与产业之间,相互联系,相互作用,形成了特定的产业组织结构。对于同样的生产要素,不同的产业组织结构会产生不同的效率。由于历史原因以及当地的生态环境约束,使得西部地区的产业组织结构存在着极大的不合理性,加上生产方式粗放,对当地的自然环境资源造成了极大的破坏。西部地区产业组织结构不合理与生产方式粗放主要表现为以下几点:

(1)产业生产组织结构不合理导致的产业生产效率低下。西部地区几十年来粗放的生产模式,是与生产技术落后、管理水平低、产业组织结构不合理等问题长期交织在一起的。目前西部地区产业组织结构呈小型化、分散化,产业集中度低所造成的影响极大地阻碍了西部地区工业化发展的规模经济效益。由于工业相对较分散,不能形成以产业、城市为基础的产业集群效应,不能共享资源利用、公共设施、知识溢出等工业集群所带来的好处,造成西部地区工业产品的生产对资源的利用效率极低,且市场竞争力明显要弱于东部沿海地区,无法克服其发展过程中可能出现的种种障碍。

（2）产业资源组织结构不合理导致的资源利用效率低下。西部地区自然资源和劳动力等"初级生产要素"丰富，但高技术人才等"高级生产要素"严重缺乏，导致其技术创新力不强，决定了西部地区从一开始就走的是发挥自然资源比较优势的"高投入""高污染"粗放型的发展道路。西部地区发展过多依赖于外来要素的高投入，高的资本投入、高自然资源投入和高劳动力资源投入严重阻碍了西部地区生产组织优化的进程。西部地区资源组织结构的利用效率不高，主要表现为产品产出率低、资源消耗量大，许多有价值的资源在生产过程中由于没有被层级利用，最后只能当作废弃物排放掉了，造成资源的极大浪费。资源组织结构利用率低是西部地区产业结构呈高碳低效特征的一个重要原因。

（3）产业价值组织结构不合理导致的产业经济效益低下。西部地区产业的劳动生产率普遍低下，劳动组织结构生产率低的行业众多，经测算西部地区各行业劳动生产率的均值仅为东部地区的66%①。劳动组织结构生产率低带来产业价值组织结构不合理，西部地区的优势产业大多处于产业链的前端和价值链的低端，产品多为资源型、高能耗、粗加工产品，附加值较低，缺乏竞争力。从生产成本来看，企业缺少技术创新的动力，同时由于"高级生产要素"的不足，也缺少"技术创新"的能力；从交易成本来看，则缺少诱致性制度变迁的动力。大部分制造企业在高能耗、低创新的粗放型模式下徘徊与发展，不断被重复和强化，造成生产方式的"固化"和路径"闭锁"。而在追求地方GDP的动力作用下，粗放的、消耗资源的甚至是破坏生态资源的经济发展模式成了一种现实而又无奈的选择。

（4）产业生态组织结构不合理导致的产业生态效益低下。西部地区几十年来粗放的生产模式所带来的资源环境问题正日益凸显。由于生产组织结构方式落后，使得西部地区的单位GDP能耗远远高于东中部地区。根据权威部门数据显示，2013年西部地区工业企业天然气的每万元消耗量高达东部的16.15倍，煤炭、高炉煤气和汽油的每万元消耗量是东部地区的4倍多，焦炭、焦炉煤气、煤油、电力的消耗量是东部的3倍多，特别是宁夏、青海、贵州、甘肃、内蒙古等省区的能源消耗远远高于全国平均水平。能源组织结构消耗率大，说明西部地区仍然按部就班地沿着旧时期过度依赖自然资源的道路发展，对污染治理也

---

① 龚新蜀、魏燕：《战后日本产业组织政策实践对我国西部产业组织优化的启示》，《商业研究》2008年第7期，第65–67页。

仅限于简单的末端治理,产生大量排放物,有的甚至是直接排放进自然环境中,大部分不能被生态环境所吸纳,严重超出了生态环境的负荷,破坏了生态环境的平衡。

综上所述,产业生产组织机构、资源组织结构、价值组织结构、能源组织结构的不合理仍然是阻碍西部地区产业绿色低碳发展的关键因素,而粗放的生产方式又为其高效生态发展蒙上了一层阴影。为此,西部地区迫切需要探索新的产业生产组织模式,以期缓解资源环境压力,在全球竞争中获取优势。

4.2 产业结构绿色低碳高效化的国内外经验及启示

在全球低碳经济发展的背景下,以英国、美国、德国、日本等为代表的发达国家积极应对气候变化,从产业、能源、技术、贸易等方面进行了重大的政策调整。我国东部地区的宁波、上海等地,中部地区的湖北、湖南等地,也在调整产业结构、发展低碳经济方面积累了一些可资借鉴的经验。

4.2.1 产业结构低碳高效化的国际经验

"二战"以后,西方发达资本主义国家经历了一段时间的经济快速发展期。但是,伴随着经济发展和社会生活水平的提高,原初的经济增长方式凸显出越来越明显的负面效应,如自然资源的过度开发、环境污染的日益加剧等。因此,"可持续发展"的理念被提出来,而为实现此目标所进行的产业结构调整正是有益的实践。英国、美国、德国、日本等发达国家在低碳经济上已经布局十多年,采取了一系列实际行动向低碳经济转型,进行了大量的制度创新与技术研发。

(1)英国在推进产业结构低碳高效化方面的做法。英国是世界低碳经济的倡导者和实践者,英国在排放贸易机制、碳信托基金等新制度政策、煤清洁技术方面率先进行了探索。2003年英国政府发表《我们能源的未来:创建低碳经济》能源白皮书,率先提出低碳经济发展的理念,并提出系列措施。为了推进低碳经济转型,英国发布《2008气候变化法案》,规定到2050年温室气体削减80%,成为世界上第一个为温室气体减排目标立法的国家。2009年英国政府在财政预算报告中正式写入了实现低碳经济的目标,首次将温室气体量化减排指标进行预算式控制和管理,确定"碳预算"指标,并分解落实到各领域。如在交通方面,新生产汽车的二氧化碳排放标准要在 2007 年基础上平均降低 40%,2009 年又专门出台了《发展清洁煤炭计划草案》。英国政府还积极支持绿色制造业,研发新的绿色技术,从政策和资金方面向低碳产业倾斜,确保英国在碳捕获、清洁煤等新兴技术领域处于领先地位。

（2）美国在推进产业结构低碳高效化方面的做法。美国政府在发展低碳经济方面采取了了系列积极行动。奥巴马政府推行绿色新政,在节能增效、开发新能源、应对气候变化等各个方面采取措施向低碳经济转型。新政以开发新能源为核心内容,大力发展页岩气、天然气开发利用。投资 1900 亿美元用于发展新的清洁能源技术和提高能源使用效率,包括可再生能源、碳捕获和储存、电动和其他新型交通工具、基础科学研发等;高度重视低碳产业的发展,采用"总量控制与排放交易"的贸易新体系实现减排,改变现有以降低单位 GDP 排放量衡量减排的办法,改为直接限制全国的排放总量,并将允许的排放量分割成排放份额;制定和实施严格的汽车排放标准,大力促进绿色建筑等的开发,建设全新的智能电网;制定《美国清洁能源法案》,构建向低碳经济转型的法律框架,显示其在气候变化政策基调上的根本性转变。

（3）德国在推进产业结构低碳高效化方面的做法。德国在推进产业结构低碳优化方面注重进行顶层设计,加强法律的保障。如德国政府于 1919 年制定了"煤炭经济法",这是一部对行业进行调整的产业法,该法案的目的在于确立煤炭产业的国家管制。在具体措施方面,首先是大力加强低碳发展的技术研发,大力发展可再生能源,提高能源的使用效率。从 1977 年开始,德国政府启动了多项能源项目,通过技术创新减少污染物及温室气体排放量。政府大力推进热电联产技术促进能源结构的优化,每年都会分配一定的金额用以进行节能改造。其次是加强低碳发展的资金投入,通过税收对产业进行调节,通过税收手段提高能源价格,促进自然保护。生态税是德国改善生态环境和实施可持续发展计划的重要政策。德国政府颁布了《引入生态税改革法》,对矿物能源、天然气、电等征收生态税,使用风能、太阳能、地热、水力、垃圾、生物能源等再生能源发电则免征生态税,鼓励开发和使用清洁能源。德国还出台相关的财政补贴政策,对有利于低碳经济发展的生产者或经济行为给予补贴①。

①　赵新峰:《德国低碳发展的"善治"实践及其启示》,《中国行政管理》2012 年第 13 期,第 101－105 页。

（4）日本在推进产业结构低碳高效化方面的做法。日本低碳经济及低碳产业发展以川崎市最为典型，川崎市针对环境挑战提出"产业再生、环境再生、都市再生"理念，大力发展高新技术和环保产业，推进循环经济。所谓"产业再生"，就是通过采取资源循环再利用模式、未开发能源的利用以及新产业等相互促进措施，大力发展环保产业，使绿色环保产业成为经济、产业活动的主体。所谓"环境再生"，就是通过建设生态城市的构想，促进企业发展绿色产业，通过环保生态型城市建设，摆脱"大量生产、大量消费、大量废弃"的传统经济增长模式。川崎市政府还采取一系列财政以及便民政策鼓励尖端行业、环保行业落户川崎，尤其对与其原有传统工业相配套的环保工业落户给予支持，政府还拨付巨资或提供融资担保支持企业设备改造，帮助园区内企业快速消化新技术。川崎市政府还采取了一系列财税政策鼓励措施：一是税制改革。川崎环保城落户企业使用指定节能设备，可选择设备标准进价30%的特别折旧或者7%的税收额减免（仅适用于中小企业）。企业还能享受一定年限的减免税措施。二是补助金制度。企业在引进节能设备、实施节能技术改造方面，得到了中央政府给予的相当于总投资额50%的补助。三是特别会计制度。川崎市大力支持企业节能和环保技术研发活动，特别是在鼓励运用高新技术削减二氧化碳排放方面力度很大，成效十分显著。

综上所述，产业结构高效低碳化进程是全世界范围内备受推崇的经济社会发展趋势，纵观发达国家的低碳化发展之路，无不强调科学技术在低碳化中的作用。从国外发达国家的经验来看，政府与市场并行，共同推动低碳发展。政府通过一系列减税政策、优惠政策鼓励企业加大科学技术在生产中的投入，加大企业对科研技术的重视与投入程度，提高全社会公民对低碳高效化生产的认识等。我国"十三五"期间要促进整个经济社会共同朝着高能效、低消耗、低碳排放的模式转变，这些宝贵的国外经验可供西部地区在未来低碳高效化发展过程中参考借鉴。

4.2.2　产业结构低碳高效化的国内经验

随着低碳经济发展在我国日益受到重视，各地区以及城市也表现出利用发展低碳经济转变增长模式、寻找新的增长点的积极性，并且制定了一些有关本地区企业"低碳化"的发展目标和政策措施，以抢占低碳经济发展的先机。我国东中部发达地区工业发展基础较好，有前沿科学研究投入，在国内率先开展了

产业结构低碳高效化的改革探索,具体经验如下:

(1)上海市在推进产业结构低碳高效化方面的经验。上海市在探索低碳经济及低碳产业发展方面进行了积极探索,取得了很好经验:①调整优化能源结构。包括加大低碳清洁能源的开发利用,积极发展风能、太阳能和生物质能项目,推动主要低碳能源的规模化。②推进节能减排。包括利用高效节能技术,重点实施工业用电设备节点工程、能量系统优化节能工程等;其次,建筑物节能,降低建筑施工能耗;再次,是交通模式的优化,大力发展城市公共交通,提高公共交通运行效率和出行比重等。③发展新能源和节能环保产业。将新能源、节能环保产业等新兴产业培育成为新的经济增长点,培育完善环境能源交易所功能,不断扩展节能减排与环保领域的技术、资本和权益交易,开发创新碳交易、碳金融产品市场。④倡导低碳社会氛围和生活方式。利用举办世博会的机会向社会公众宣传节能减排、低碳经济等相关知识,倡导良好的出行习惯、节约的消费习惯和节能的用能习惯,引导市民逐渐形成低碳的生活方式。

(2)浙江省在推进产业结构低碳高效化方面的经验。浙江省是我国东南沿海经济发达地区和长三角南翼经济中心,拥有地理、港口、管线网络和炼油优势,是华东地区重要的能源加工基地,在发展低碳经济方面进行了一些先行探索:①健全节能监督机构和开展法制建设方面的工作。如宁波市设立了节能监察中心,对能耗千吨以上的900多家工业企业节能执法监察,并完善节能考核机制。②积极加快能源结构调整,把牢高耗能产业准入关,积极开发利用低碳清洁能源如地热、潮汐能、风能等。③加强国际能源技术合作,大力发展节能环保产业。指导重点行业和企业开展节能,加大对污水处理和中水回用、固体固碳物处理等重点领域发展,提高垃圾的循环利用率。④大力推广节能新技术新产品。利用技术进步和高新技术尤其是低碳技术和低碳能源的研发成果,加快开发适合低碳经济和消费者绿色需求的高附加值、节能环保型低碳产品。

(3)湖北省在推进产业结构低碳高效化方面的经验。湖北作为全国老工业基地,传统工业、重化工工业比重很大,以湖北中部为例在发展低碳经济方面作了以下探索:①开展低碳经济的试点,首选汽车、钢铁、有色金属等制造业开展低碳产业试点,探索传统产业的低碳化持续发展模式,促进高能耗、高污染、资源型产业的低碳化,推动传统产业低碳化转型升级。②发展新能源产业,培育壮大新能源装备制造业,企业自主创新,加强产业营销,提高产品市场竞争力。③发展低碳服务业,尤其是大力发展低碳性生产型服务业和生活型服务业。一是依靠武汉产权交易所,重点培育碳汇交易等低碳金融服务业;二是发展工程设计产业,不断发展壮大产业规模。在生活服务业方面,积极推动低碳建筑业、低碳交通业、低碳商业等产业发展。④以建设"低碳城市"为中心,通过促进居民生活方式与企业生产方式的转变,大力发展低碳经济并促进产业结构优化。

(4)湖南省在推进产业结构低碳高效化方面的经验。湖南省采取多主体、多渠道的方式筹集资金对节能减排逐年加大投入力度。具体措施包括:①切实加大省财政投入。省财政安排各类专项资金用于株洲清水塘污染治理、湘江流域和洞庭湖综合整治、城镇污水处理设施配套管网建设等。②积极通过中央财政发行地方债券和银行贷款筹资。通过中央财政发行地方债券筹资建设城镇垃圾处理设施,城镇污水和垃圾处理设施。③发挥财政资金引导作用,引导企业资金进入和各级政府加大投入。通过 BOT 这种引资方式,吸引民营资本投入建设污水处理厂,通过政策引导调动企业参与节能减排的积极性和主动性。

综上所述,我国东中部发达地区已经率先破冰,陆续开始了生产组织结构低碳高效化进程,并且在探索与实践中寻得了一些良好的发展经验。作为经济发展、生态文明建设落后的西部地区,必须重视绿色低碳高效化对企业生产、生态环境保护的重要性,积极学习东中部发达地区的成功经验,针对西部地区的产业发展的具体实际,加快产业结构低碳高效化发展进程。

4.2.3　对西部产业结构低碳高效优化的启示

西部大开发以来,我国西部地区经济发展已取得较大进步,西部工业在全国的影响力进一步加大,工业增长引领西部大开发取得新进展的势头比较明显,但与东中部发达地区相比仍明显滞后。究其原因,主要是由于产业结构不合理,支柱型产业多依赖于重工业、褐色高碳产业,长此以往,不仅其产能与经济效益得不到有效提高,还会对当地的生态环境造成极大的危害。西部地区应学习借鉴国内外发展经验和启示,针对自身薄弱的经济基础、不利于开展工业化的自然环境,扬长避短,在实现产业结构升级时注重打造属于自己的"绿色经济"和低碳高效化产业结构。为此,要重点做好以下几点:

(1)调整优化产业比例结构,构建绿色低碳产业体系。调整三大产业之间的结构比例,降低第二产业在国民经济中的比重,提高第三产业在国民经济中的比重。构建节能降耗型产业体系,促进三大产业内部优化升级:进一步巩固农业的基础地位,发展低碳农业;大力提高第二产业素质,走新型工业化道路,加强工业去碳；大力发展第三产业，提高第三产业在区域经济中的作用；加快推进低碳型的特色优势产业发展，构建低碳经济体系。调整产业内部结构和产品结构比例关系，鼓励发展高新技术产业，注重提高高新技术制造业在工业中的比重，优先发展对经济增长有重大带动作用、能耗低的信息产业。在农产品中增加特色优势商品性产品的比重，在工业产品中增加绿色产品比重，在服务业中推行绿色服务。

（2）开发应用绿色低碳能源，改善能源生产消费结构。坚持持续绿色发展理念，开发应用绿色低碳能源，改善能源生产、消费结构，加大能源结构调整优化。优化能源结构，加大低碳清洁能源的开发和利用，促进传统化石能源的低碳化利用，通过各种方式促进节能减排，同时发展可再生能源。加快低碳能源的开发利用，降低传统的煤炭、石油、天然气等化石能源使用比重，增加可再生资源等在经济发展中的比例，减少一次能源的消耗量，提高生物质能在交通能耗中的比重。通过发展新型低碳产业，积极发展清洁及可再生能源，替代传统的高碳的化石能源，逐步建立起低碳的能源系统、低碳的技术体系和低碳的产业结构，使经济发展由传统模式逐步向低碳经济转型，这是我国产业转型的长期方向，也是抢占未来产业制高点的必然选择。

（3）推广循环经济绿色生产，提高资源能源利用效率。大力推广循环经济，实现绿色生产。循环经济是以产品清洁生产、资源循环利用和废物高效回收，以及物质和能量的梯次利用和闭路循环为特征的生态经济发展形态。西部各省区市的工业大多是属于资源消耗型的，如电力、煤矿、水泥等工业，对这样的资源高消耗产业来说，发展循环经济，节约使用有限的资源，提高资源的使用效率显得非常重要。循环经济的关键在于构建产业生态链。产业生态链的构建不单要实现企业内部的物料循环，更要构建生态工业园区，实现企业间的循环。要把能源、钢铁、化工、建材等高碳产业的产业链条"低碳化"，首先是产品生态化，企业开发和生产低能耗、低污染、可循环利用和安全处置的产品；其次是企业生态化，在企业中推行清洁生产；第三是产业生态化，重点是把产业集群构建成生态工业园区。通过企业和企业之间、产业和产业之间密切合作，合理有效地循环利用当地的资源，达到经济获利、环境改善和产业发展的多重目标。

（4）改进产业生产组织模式，营造高效绿色产业集群。改进产业生产组织模式，营造绿色产业集群是实现低碳组织生产的创新。高效绿色的产业集群是在特定区域内以产业链、生态链和价值链以及共性和互补性相联系的众多企业及相关机构所组成的具有物质、能量和信息循环功能的空间聚集体。集群行为主体之间的联接关系对集群的创新行为产生关联作用,产业集群创新网络促进了网络内的各成员间的学习,网络中的学习则加强创新资源共享和利用,因而使集群成员具备了创新优势。通过培育循环集群创新网络,能够将企业技术创新的部分内部成本外部化到集群创新网络中,由集群创新网络通过产业关联纽带,增强区域创新体系的溢出效应,优化创新环境,提高创新效率,最终能为循环集群创新网络内的企业带来领先的技术发展能力与市场竞争力,形成绿色增长极。

长期以来,自然资源的相对优势驱使西部地区过度地依赖于资源的开发,对自然资源造成了过度的消耗和浪费,对生态环境造成了严重的污染和破坏。无论从资源存量还是环境承载力来说,西部地区都经不起传统经济模式下高强度的资源消耗和环境污染①。否则,必然导致西部地区资源危机、能源危机、生态危机和环境危机,进而严重地制约西部地区经济的可持续发展。在全球低碳经济发展的背景下,充分学习和借鉴发达国家和国内东中部发达地区在推动产业结构低碳高效化方面的做法,坚持绿色低碳导向,通过产业结构的优化和产业组织模式的创新,形成既能高效利用资源和能源,获取低投入、高产出的经济效益,又能降低废弃物排放,产生良好生态效益的绿色低碳产业结构体系,是西部地区实现跨越式快速发展与可持续绿色发展的战略选择。

4.3 西部产业结构绿色低碳高效化的思路与路径

针对西部地区产业发展能耗高、污染物排放高的现状,西部地区需要积极进行产业结构调整,大力发展低碳经济。发展低碳产业和产业的低碳式发展是低碳产业结构优化的两个重要内容,西部地区在增强产业实力的同时,应注重将低碳化、绿色化作为新一轮的经济增长点。

4.3.1 产业结构低碳高效优化的原则与思路

低碳经济发展是经济社会发展到一定阶段的客观需要,是科学发展的必然

---

① 蔡绍洪、廖文华:《循环产业集群是西部跨越式绿色发展的有效途径》,《改革与战略》2012年第9期,第81 – 84页。

要求。但是,低碳经济发展是一个渐进的过程,既要体现当前经济社会发展要求和长远发展要求,又要立足于现实所处的发展阶段和未来发展方向。针对西部地区产业发展能耗高、污染物排放高的现状,西部地区需要积极进行产业结构调整,大力发展绿色经济、循环经济和低碳经济。最关键的是对产业结构低碳高效优化确定基本原则与思路,这就需要西部地区的政府结合本地实际情况与生产力水平,根据不同地域的发展,制定不同时间、不同阶段的基本原则与发展思路。

(1)西部地区产业结构低碳高效优化的指导思想。西部地区产业结构低碳化的指导思想是:以科学发展观为统领,树立以人为本的发展理念,基于"欠发达、欠开发"的实际情况,研究制定低碳经济发展战略,积极探索产业结构的低碳高效优化路径。大力调整产业结构,淘汰那些设备陈旧、高物耗、高能耗、污染严重的产业部门和环境负效应严重的产品,通过低碳技术创新促使区域产业结构高级化,建立资源节约型的国民经济产业结构体系。制定并引导低碳结构经济的目标和标准,并把相关目标整合到各项规划和政策中去;开展社会经济发展碳排放强度评价和标准的制定,指导和引领政府、企业、居民的行动方向和行为方式。处理好利用战略机遇以实现重化工业阶段的跨越与低碳转型的关系,同时充分考虑碳减排、能源安全和环境保护的协同效应,有效降低减排成本。最终实现西部地区跨越式发展中碳排放显著减少、经济产出高效增加的发展目标。

(2)西部地区产业结构低碳高效优化的基本原则。西部地区产业结构低碳优化的基本原则包含了全面性原则、阶段性原则、客观性原则、可测性原则、动态性及战略性等几个原则。产业结构优化的目标不仅要能适应和促进经济的增长,更应该强调通过产业结构高度化和合理化过程促进经济社会的可持续发展,西部地区产业结构评价要从区域经济、社会、生态环境系统协调发展状况进行综合考量,全面反映产业系统结构升级状态。产业结构处于不断变化的过程当中,特别是西部地区正处于工业化的中期发展阶段,区域产业结构差异明显,不能简单用某个指标及标准来衡量,应坚持阶段性原则。同时,统计指标的选择应能较为客观地反映区域产业结构优化效果,最好采用具有权威性的数据。最后,指标体系不能仅局限于现实情况的评价,还要充分体现未来发展潜力,应体现战略性原则①。

(3)西部地区产业结构低碳高效优化的主要目标。按照分步实施的方法，建立近、中、远期任务体系，滚动式推进发展。近期任务在未来 5 年时间内，启动现存产业低碳化发展改造，以节能减排为主要目的，实施落后产能逐步关闭淘汰，搭建新兴产业、承接产业低碳化发展格局体系，将产业发展方向逐渐向低碳化方向调整。中期任务是在未来 10 年时间内，现有传统产业低碳化改选基本完成，林业碳汇功能区基本完成，制定实施相对较高的政策工具，形成西部地区碳汇交易市场。长期任务随着西部地区经济发展水平提高，逐步实施成本相对较高的政策工具，形成控制温室气体排放的有效机制和有力支撑经济发展的低碳产业体系，推进低碳社会、低碳城市、低碳生活的进程，促进西部经济社会实现低碳、绿色、全面高效可持续的科学发展。

(4)西部地区产业结构低碳高效优化的总体思路。西部地区产业发展应在国家整体战略部署的基础上，大力推进产业结构调整、优化。通过对西部地区进行三次产业结构的调整，优化产业结构；通过大力发展低碳产业，构建低碳经济体系；整合产业价值链，推动产业集群形成；整合产业生态链，发展循环经济，培育循环集群创新网络，构建绿色增长极；增加第三产业在国民经济中的比重，发展现代服务业，各种知识型服务业、现代服务业，包括金融、信息、咨询服务等在国民经济中的比重逐步增加；大力发展新兴战略性产业，如新能源、节能环保、循环经济等新兴产业，利用气候优势和独有的文化优势培育会展业、特色房地产业、休闲度假产业、文化旅游业等支柱产业，实现产业结构沿低碳方向的调整。

由西部地区产业结构低碳高效化的指导思想及原则探讨可知，西部地区产业结构低碳高效化发展要改变高碳生产与生活方式。通过改变生活方式和消费方式，从需求的源头改变产业结构，形成低碳结构状态，保证产业结构低碳高效化经济最终得以实现。西部地区产业部门结构低碳高效化转型的基本策略可以从结构转型、技术转型和制度转型三个方面的思路进行选择。西部地区的产业结构低碳高效化的进程依赖于整个社会群众、企业部门、政府机构的共同协作。产业的低碳化发展是一种以减少温室气体排放为目标，以低能耗、低污

---

① 孙起生：《基于低碳经济的县域产业结构优化研究——以乐陵市为例》，北京交通大学博士学位论文，2010 年。

染为基础的产业发展模式,只有加快低碳化的进程,才能加快西部地区产业转型,促进地区经济更好更快发展。

4.3.2 西部产业结构低碳高效优化的关键环节

西部地区产业结构从总体上来说存在着三次产业结构不够合理造成的产业效率低下,褐色高碳产业比例过高造成的环境污染严重,产业价值链与产业生态链相分离造成的资源利用率不高等方面的问题,由此导致产业结构在经济效益和生态效益两方面呈双低下状态。由前面的分析已经知道,西部地区目前的总体情况是第一产业基础薄弱,比重过大;第二产业发展滞后,工业内部中重工业比例过高,轻工业发展相对不足;第三产业素质不高,产业实力较弱,仍处于低水平的发展状态。西部地区产业结构低碳高效优化的关键就是调整优化产业结构和能源结构、发展和构建低碳高效的产业体系、培育优势产业集群提高产业生产效率、整合产业生态链条提高产业生态效益。

(1)调整优化西部地区的产业结构和能源结构。产业结构不合理是平均能耗水平偏高的主要原因,同等规模或总量的经济,处于同样的技术水平,如果产业结构不同,则碳排放量可能相去甚远。为此,加快调整产业结构、产品结构和能源浪费结构,是首要选择。要大力扶持高新技术产业与现代服务业等新兴低碳行业。在能源结构调整方面,要优化能源结构,加大低碳清洁能源的开发和利用,促进传统化石能源的低碳化利用,通过各种方式促进节能减排,同时发展可再生能源。要加快低碳能源的开发利用,降低传统的煤炭、石油、天然气等化石能源使用比重,增加可再生资源等在经济发展中的比例,减少一次能源的消耗量,提高生物质能在交通能耗中的比重,而加快新能源汽车产业化进程对促进能源结构调整意义重大。

(2)发展和构建西部地区低碳高效的产业体系。西部地区必须在低碳高效理念的指导下,加快产业结构演进速率,转变现有高能耗、高排放、高污染的产业体系,走低能耗、低排放、低污染的可持续产业发展之路。应大力发展低碳产业,构建低碳高效产业体系。建立起以低碳农业、低碳工业、低碳服务业为核心的新型经济体系,主要包括低碳农业、低碳工业和建筑业、低碳服务业。其中,西部地区能否获得较大发展,关键在于西部地区工业结构的调整与优化,西部地区工业结构绿色低碳化调整刻不容缓。应控制高耗能、高排放行业增长速度,加快淘汰落后生产能力,促使经济方式由粗放式向集约式转变,降低粗放式经济发展方式对产业能源利用效率和碳生产力提高的影响。

(3)培育西部优势产业集群提高产业生产效率。当前西部地区工业组织结构仍处于小而散的状态,产业集中度较低,且企业之间的交流与合作较少,存在大量的恶性竞争行为,行业内缺乏具有绝对规模优势的大企业,市场竞争力不强。西部地区必须大力发展产业集群,有效整合产业价值链。一方面要根据各个产业的特点和优势,积极引导企业按产品上、下游进行纵向专业化分工,延伸产业链,提高产业集中度,促进产品、信息、能源在上下游企业之间的循环流动,达到对能源的充分利用,减少产业链废弃物的排放,从而获得生产效率的提高;另一方面,应推动企业进行横向分工,加强同类企业之间的良性竞争,从而引导与带动大量相关辅助产业的落地与发展,拓展产业集群的发展空间。

(4)整合西部产业生态链条提高产业生态效益。西部地区应着力培育循环集群创新网络,构建绿色增长极。要通过建立循环经济产业链,促进产业结构优化。循环经济产业链是一种能上、下延伸的产业链条,通过技术创新使上游产业的废气、废渣被下游企业"消化"和"净化",变为下游企业的原料、生成新的产品,不仅可以有效缓解资源环境压力,还能不断延伸生产链条,形成以煤、石油、各矿产资源开发及综合加工利用为重点的绿色产业链,实现资源循环利用,提高资源利用效率。必须把循环经济发展理念贯穿于产业结构调整的体系中,以点带线,以线带面,大力发展资源循环利用产业,实行可持续生产和消费,最终建立西部地区产业链大循环,达到规模效益和生态效益双丰收,实现经济社会可持续发展。

综上所述,坚持循环发展,产业集群发展,整合产业价值链和生态链,是转变发展方式,实现产业发展经济效率和生态效率同步提高的最优途径。通过调整优化西部地区的产业结构和能源结构,发展和构建西部地区低碳高效的产业体系,可以减少资源输入与浪费,从技术层面上达到对资源的充分层级利用。通过政府的政策引导,吸引和鼓励相关企业与辅助企业的落户与聚集,可以促进优势产业集群的培育,提高产业生产效率。在此过程中,应特别注重产业价值链条与生态链条的整合,为更好地提高产业生态效益与经济效益打下基础,切实加大西部地区产业结构低碳高效优化的推进力度。

4.3.3　西部产业结构低碳高效优化的几种路径

本书以西部地区农业、工业、服务业等三大产业为分析对象,在对其发展的趋势、面临的机遇和存在的挑战等方面进行深入分析的基础上,对各产业绿色低碳高效发展的技术路线、经济途径和选择模式进行研究,探索适合西部地区发展实际的各产业组织模式低碳高效化改造的思路。在西部地区发展的新时期,在全面建成小康社会的要求下,西部地区产业结构低碳高效的优化路径包括:

(1)通过调整三次产业比例结构来实现低碳高效优化。西部地区应从结构转型的角度,转变经济增长方式、调整产业结构,即从"量"的角度改变区域高碳产业构成比例。①调整三大产业之间的结构比例,降低第二产业在国民经济中的比重,提高第三产业在国民经济中的比重。②构建节能降耗型产业体系,促进三大产业内部优化升级,进一步巩固农业的基础地位,发展低碳农业,大力提高第二产业素质,走新型工业化道路,加强工业去碳,大力发展第三产业,提高第三产业在区域经济中的作用。③调整产业内部结构和产品结构比例关系,鼓励发展高新技术产业,注重提高高新技术制造业在工业中的比重,优先发展对经济增长有重大带动作用、能耗低的信息产业。在农产品中增加特色优势商品性产品的比重,在工业产品中增加绿色产品比重,服务业中推行绿色服务。

(2)通过发展绿色低碳高效产业来实现低碳高效优化。①大力发展低碳农业。降低对化石能源的依赖,避免"高碳"类型的农业现代化,大幅度地减少化肥和农药有用量,充分利用农业的剩余能量,积极推广太阳能和沼气技术。②在工业发展方面,强制淘汰落后产能,完善工业、交通和家用等耗能设备的能效标准,促进高能耗产业的升级。③加快发展现代服务业。注重发展知识型服务业,积极承接服务业转移,增强服务功能和辐射力,稳定提升具有比较优势的旅游等支柱产业,积极培育发展空间较大的文化、现代物流等潜力产业。④加快发展高新技术产业,改造提升传统产业。发展高技术产业,可以大幅度提高劳动生产率,减少资源消耗;利用高技术产业改造传统产业和基础产业,可以迅速提升产业的结构,推进经济协调稳定发展。

(3)通过产业价值链生态链融合来实现低碳高效优化。企业要赢得和维持竞争优势不仅取决于其内部价值链,而且还取决于在一个更大的价值系统(即产业价值链)中同其供应商、销售商以及顾客价值链之间的联接。在低碳经济时代,产业结构优化要实现节能环保,更需要行业之间协同作战形成低碳价值链,以形成长时期的竞争优势。价值共创、价值分享正在成为企业良性生态的主流实践模式,事实上,目前大热的云计算,也正是微软、IBM、谷歌等巨头企业各自构建新兴生态系统的主战场。通过产业价值链生态链融合来实现低碳高效优化,融入到产业链中,拓展自己的价值链,维护生态系统良好运行是实现低碳优化的选择。完善产业价值链和生态链,使得西部地区能够成为新兴工业中心、技术创新中心,进而成为各地的绿色经济增长极,有利于带动整个区域实现跨越式发展。

(4)通过培育构建循环产业集群来实现低碳高效优化。通过发展循环经济,整合产业生态链与价值链的方法确保经济发展的同时保障生态环境。循环经济是以产品清洁生产、资源循环利用和废物高效回收,以及物质和能量的梯次利用和闭路循环为特征的生态经济发展形态。循环产业集群模式集合了传统的产业集群与循环经济的发展特点,能有效地增加企业之间的互利共生关系,加强企业之间、产品之间、信息之间的充分交流,通过创造企业之间复杂的生态网络与价值网络,促进地区企业之间创造出一加一大于二的经济效益与环境效益。通过企业和企业之间、产业和产业之间密切合作,合理有效地循环利用当地的资源,有利于达到经济获利、环境改善和产业发展的多重目标。

4.4　本章小结

本章对西部地区产业结构高碳低效的原因及破解思路进行分析。认为产业结构尤其是工业结构不合理,能源消费结构与消费方式不合理,产业组织结构不合理与生产方式粗放,是西部地区产业结构呈现高碳低效特征的主要原因。在全球低碳经济发展的背景下,发达国家和国内东中部发达地区在推动产业结构低碳高效化方面的做法为西部地区调整产业结构发展低碳经济提供了启示,包括:调整优化产业比例结构,构建绿色低碳产业体系;开发应用绿色低碳能源,改善能源生产消费结构;推广循环经济绿色生产,提高资源能源利用效率;改进产业生产组织模式,营造高效绿色产业集群等。西部地区应以科学发展观为统领,树立以人为本的发展理念,基于"欠发达、欠开发"实际情况,研究制定低碳经济发展战略,结合本地实际情况与生产力水平,制定不同时间、不同阶段的基本原则与发展思路,积极探索产业结构的低碳高效优化路径。西部地区产业结构低碳高效优化的关键在于调整优化产业结构和能源结构、发展和构建低碳高效的产业体系、培育优势产业集群提高产业生产效率、整合产业生态链条提高产业生态效益。调整三次产业比例结构、发展绿色低碳高效产业、融合产业价值链和生态链、培育构建循环产业集群是西部地区产业结构低碳高效优化的主要路径。

第5章 促进产业结构优化的绿色低碳高效农业

低碳高效农业属于一种生态型的绿色农业,在西部地区大力发展低碳高效农业,能够充分合理高效地利用西部地区的农业资源环境,减少农业生产带来的环境污染和生态退化,同时能够大大提高农业生产效率,对西部地区产业结构向低碳高效方向优化具有积极作用。本章将在论述低碳高效化是农业发展必然趋势的基础上,探讨西部地区发展低碳高效农业的机遇与挑战,并结合西部地区实际,提出实现农业低碳高效化发展的模式选择与保障措施。

5.1 绿色低碳高效农业及其发展趋势

发展低碳高效农业是发展低碳经济的必然诉求,是农业可持续发展的客观需要,也是农业发展的必然选择。本节将在回顾人类农业发展阶段及其特征的基础上,重点介绍低碳高效农业的低碳高效机理及其主要特征,并论述其是农业发展的必然趋势。

5.1.1 人类农业发展阶段的历史演进

农业是以土地资源为基础,以有生命的动植物为对象,以获取动植物产品为目的,进行动植物产品及工业原料生产的产业部门。广义的农业不仅包括农产品种植的狭义农业部门,也包括林业、牧业、渔业等部门,还包括对上述产品进行小规模加工制作及其他相关生产的副业部门。从某种意义上来说,所有利用动物植物等生物的生长发育规律,通过人工培育或采集捕捞等来获得产品的部门都可统称为农业。农业作为为人类生存和发展提供最基础产品的基础性产业,对支撑其他产业的快速发展具有重要的基础性作用。纵观人类发展的历史长河,农业发展经历了刀耕火种时期原始农业的低碳低效阶段、自给自足时期传统农业的低碳低效阶段和工业发展时期现代农业的高碳高效阶段。

(1)原始农业的低碳低效阶段。在远古的刀耕火种时期,原始农业完全是依靠生态系统的自然生产力来进行农业生产的。为了让土地变得疏松以利于作物种子的生长发育,人们往往利用原始的石刀或者类似金属(青铜)类的器具来翻耕土地;为了让森林或草地变为农田以扩大农业生产,往往利用火烧的办法来开垦土地,火烧之后的草木灰烬富含钾等元素,自然就成了土地补充营养的肥料;在生产过程中除了人工播种除草和施用少量人畜粪便等农家肥外,对农作物的生长过程,基本没有施加其他辅助的人为干扰。由于原始农业的投入较少,对资源的消耗也较少,因此,基本上没有多少有害的物质和气体排放,对自然生态环境也没有什么污染和破坏。同时,原始农业的生产规模较小,导致其生产力水平也非常低下。因此,原始农业是低碳低效农业。

(2)传统农业的低碳低效阶段。在自给自足的自然经济条件下,农业采用人力、畜力、手工工具、铁器等为主的手工劳动方式,靠世代积累下来的传统经验发展农业。在这一时期的农业已开始由粗放经营逐步转向精耕细作,由完全放牧转向舍饲或放牧与舍饲相结合,并开始大量施用有机农家肥,兴修农田水利,发展灌溉,实行轮作复种,种植豆科作物和绿肥以及农牧结合等。因此,在利用和改造自然的能力和生产力水平等方面较原始农业均有较大提高,但农业生产技术较落后,专门化程度较低,生产规模较小,结构较为单一,抗御自然灾害能力较弱,整个农业的生产效率仍然较低[1]。同时,也不存在多少农业环境污染,保持了良好的农业生态系统。因此,传统农业也属于低碳低效农业。

(3)现代农业的高碳高效阶段。随着工业化的快速发展,对农业市场规模的扩大和农业生产效率的提高提出了要求,迫使农业转变生产方式,提高生产效率。在农业生产系统中,随着农业规模化、机械化、化学化程度的不断提高,各种耗能农业机械(如深耕机、播种机、插秧机、施肥机、除草机、灌溉机、收割机等)以及各种化学农用产品(如化肥、农药、兽药、农膜、除草剂、生长剂、调节剂等)的大量使用,大大地提高了农业生产效率,促进了农业生产力的大幅提高,

---

[1]　安海燕:《黑龙江省泰来县农业循环经济发展模式优化研究》,东北农业大学硕士论文,2012 年。

但同时也带来了环境污染、生态失调等一系列严重的社会问题。高碳机械的使用产生了大量的碳排放,农药化肥的使用造成了环境污染,各种农用化学品的使用破坏了生物物种的多样性,造成生态系统退化等。因此,现代农业属于高碳高效农业。

通过对人类农业发展阶段的历史演进的回顾,我们发现随着生产力水平的不断提高与生产关系的不断复杂化,农业的发展所带来的负面影响诸如对生态的污染、碳排放量增加、环境恶化的程度就会越高。现阶段西部地区的农业普遍是建立在化石机械能源和化学农用产品基础之上的机化农业(机械农业和化学农业),具有"高能耗、高物耗、高排放、高污染"特征,其对各种农业资源的高消耗具有不可持续性,其对生态环境的污染和破坏已经严重影响到了人类的生存和发展。特别是西部地区农业的发展滞缓严重阻碍到西部工业化的进程,对现代化西部农业生产结构的改造迫在眉睫,低碳高效的农业发展机制应运而生。

5.1.2　低碳高效农业的低碳高效机理及主要特征

作为全球性资源生态危机催生的产物,低碳高效农业就是要充分运用现代最新农业科学技术,采用先进科学的农业组织模式,使各类农业资源和生产要素得到最优组合,使各类产业要素的效率得以充分发挥,使各类农业资源环境得以有效利用,以实现以低消耗(能源、资源)、低排放(废弃物、有害气体)、低污染(环境、产品)、高效率(生产、资源)、高效益(经济、生态)为特征的农业生产,最终达到农业经济效益、生态效益和社会效益的有机统一。尽管不同作物(生物)、不同模式,以及同一作物(生物)、同一模式在不同条件下,其低碳高效作用机理不尽相同,但总体而言,可概括为以下3个方面。

(1)固碳降碳。固碳也叫碳封存,指以捕获碳并安全封存的方式来取代直接向大气中排放碳的过程。固碳包括人工固碳与自然植被固碳两大类。人工固碳是指人为地将二氧化碳长期储存在开采过的油气井、煤层和深海里。通过增加植被的面积,如植树造林、减少水土流失等,让森林、林地、草地、湿地等植被通过光合作用将大气中的二氧化碳转化为碳水化合物,并以有机碳的形式固定在植物体内或土壤中,以达到减少二氧化碳在空气中的含量。自然植被固碳则是利用植被的光合作用,提高生态系统的碳吸收和储存能力,从而减少二氧化碳在大气中的浓度,减缓全球变暖趋势。人工固碳是主动的过程,而自然植被固碳是被动的过程,人工固碳可以在短期更好地减少空气中的碳含量①。

(2)低耗高产。农业生产的本质就是利用绿色植物的光合作用,将太阳光能转变为碳水化合物存储化学能。地球上大多数能量归根结底源自太阳能。因此,努力提高绿色植物的光能利用率,使更多的太阳能转化贮藏于植物体内为化学能,是农业高产的首要问题。此外,从经济学的角度来说,土地和水都属于稀缺资源,它们的充分利用,也是农业低耗高产的重要问题。而低碳高效农业可以通过充分利用光、地、水资源,来实现低耗高产的目的。例如,墙体栽培,利用特定的栽培设备附着在建筑物的墙体表面,其太阳光能利用率更高,且节约了土地,实现了单位面积上的更大产出。

(3)生态循环。自然界是一个大的物质循环系统,各种生物之间往往存在着"共生"、"互补"、"相互依存"的关系。在农业生产过程中,除生产出一定数量的主产品之外,往往还会生产出大量的"副产品",甚至"废弃物"、"污染物"等非目标产品。这些"废弃物"和"污染物"如得不到适当的"处理"或"利用",将会对环境造成破坏或产生不利影响,轻则降低环境质量,重则危及人们的日常生活、工农业生产。相反,如果能很好地利用生物之间的这种"相互依存"关系,这些"废弃物"和"污染物"能转化为其他生物的营养或燃料。例如,稻田养鱼就是利用稻田水面养鱼,既可获得鱼产品,又可利用鱼吃掉稻田中的害虫和杂草,并排泄粪肥、翻动泥土,促进肥料分解,为水稻生长创造良好条件②。

低碳高效农业的主要特征可归纳为如下4点:①低消耗节约性。即对各类资源的消耗量相对较低,大幅减少石化能源消耗,尽量降低对化肥、农药、农膜、除草剂、生长剂等农化品的依赖,节约有限的农业资源,降低农业投入成本。②低排放环保性。即有害化学品投入的减少和有害物质排放的降低,直接减少或消除农业对生态环境的污染,间接减少了因生产农用化学制品对生态的危害,保护农业生态环境,保证农业生态平衡。③生态型安全性。即通过"生态灭虫"技术,避免使用有害化学品,保护害虫的天敌,有利于无公害农产品的种植和绿色有机食品的生产,提高农产品的质量和安全性。④高效型经济性。即通过先进的技术手段和高效的农业设施,减少农化品投入,降低农业生产成本,提高农

---

① 曾梦华:《低碳经济视角下京津冀产业升级研究》,首都经济贸易大学,2012 年。

② 秦菲菲、宿婧、王凤江:《有机水稻的种植技术》,《农民致富之友》2010 年第 23 期,第 44 - 46 页。

业的生产效率和经济效益。

5.1.3 低碳高效化是农业发展的必然趋势

原始农业和传统农业本身是具有低碳性的,但以机械农业和化学农业为标志的机化农业,却表现出了极强的"高投入、高消耗、高排放、高污染"等高碳特征。相关的研究结果表明,现代农业生产造成的面源污染和农业碳排放,是全球生态系统的重要污染源和大气温室气体的重要排放源,对人类的生存和发展环境已构成了严重威胁。要改变农业现在的发展状况,就必须发展低碳高效农业,这已成为全球农业的发展共识。低碳高效农业主要有以下好处:

(1)能够显著降低农业生产成本、提高农业经济效益。目前国内绝大多数地区的农作物种植及农产品生产,都严重依赖于化肥农药和高碳能源,随着能源资源价格和生产资料价格的上涨,导致农业投入成本不断攀升,农业生产不堪重负,特别是生产效率低下的西部地区更是如此。同时,随着工业化和城市化的快速发展,以及退耕还林等工程的开展,我国的耕地面积日益减少,加之各种工农业污染和气候变化,使得许多地方的农业生态系统和农业耕作土地发生了退化,特别是各种自然灾害的频繁发生,使得农业产量的波动性增大,无法形成稳定的增产,这些都严重地影响到了农业的经济效益。低碳高效农业通过大力发展和应用资源节约型、环境友好型、生态文明型、集约效率型技术,以最少量的物质投入获取最大的农业产出,提高资源利用率、土地产出率和劳动生产率,从而降低农业生产的投入成本,提高农业的经济效益。

(2)能够极大地改善农业生态系统的状况。国内外的众多研究表明,以高投入、高消耗、高排放为标志的高碳农业是温室气体的一个巨大产生源。特别是随着农业集约化程度的不断提高,化肥农药和高碳能源的大量使用,在加剧农业面源污染的同时,也加剧了农田二氧化碳的排放。农业面源污染造成的土壤生态系统紊乱,导致土壤有机质分解加快、土地肥力下降、生态系统退化;而农业温室气体造成的全球气候变化,使得极端气候频发,干旱、风雨、病虫等自然灾害加剧,从而导致农业生态环境恶化,严重制约了农业发展的持续稳定。而以低消耗、低排放、低污染、高效率为基础的低碳高效农业模式,通过采用资源节约和环境友好的低碳高效农业技术,可最大限度地减少生产过程中化学品等有害物品的投入量,有效地消除有害物质对生态环境的污染和破坏,有效地改善农业生态环境,实现农业的可持续发展。

(3)能够有力推进农业发展方式的转变。以大量物质能量的投入为标志的农业发展模式,在促进农业生产力大幅度提高的同时,也带来了农业资源大量消耗,农业环境污染严重,能源资源面临枯竭、生态环境日趋退化等一系列严重的生态和社会问题。发展低碳高效农业,通过现代低碳高效农业科学技术与传统农耕技术和耕作方式的有机结合,可以形成低碳高效的农业生产方式及其技术结构体系,有效促使这种以大量使用化肥农药、化学助长剂、高碳能源等为标志的化学化、高投入、高能耗、低效率方式,向以使用有机肥、生物农药、低碳能源等为主的有机化、低投入、低能耗、高效益的农业发展方式转变。

低碳高效农业是世界农业发展的潮流,也是中国农业发展道路的必然选择。面对气候变化的严峻挑战,我国政府提出了贯彻落实科学发展观,加快发展方式的转变,努力控制温室气体排放,建设资源节约型和环境友好型社会的可持续发展目标。并于 2009 年 11 月做出决定,到 2020 年国内单位生产总值二氧化碳排放比 2005 年下降 40% – 45%,作为约束性指标纳入国民经济和社会发展的中长期规划。作为中国的重要组成部分,西部地区的农业必须与全国一道走环境友好的低碳发展道路。同时,由于西部地区的农业发展落后,产业效率低下,要赶上全国的农业发展水平,就必须加快农业发展步伐,走高效农业的发展道路。因此,低碳高效农业,也是我国西部地区农业的发展方向和必然选择。

5.2　西部发展绿色低碳高效农业的机遇和挑战

低碳高效农业是一种新型的可持续农业发展模式,在其发展过程中会遇到诸多机遇和挑战。因此,只有认真分析和梳理西部地区发展低碳农业所面临的内部优势和劣势、外部机遇和威胁,根据"依靠内部优势、克服内部劣势、把握外部机遇、回避外部威胁"的原则,才能选择出最适合西部地区低碳高效农业发展的有效路径。

5.2.1　西部农业的高碳低效问题

自改革开放以来,西部地区农业实现了高速发展,农业增加值快速增长、农业生产率和农民生活水平不断提高,但同时也存在着高碳低效问题。

（1）西部地区农业的高碳问题。如图 5 - 1 所示,西部地区农用塑料薄膜使用量 NYBMLX 由 1991 年的 173049 吨增加为 2012 年的 820999. 9 吨,增加了 4. 74 倍。全国农用塑料薄膜使用量 NYBMLQ 由 1991 年的 642145 吨增加为 2012 年的 2383002. 3 吨,增加了 3. 71 倍。其中,东部地区农用塑料薄膜使用量 NYBMLD、中部地区农用塑料薄膜使用量 NYBMLZ 分别由 1991 年的 262440 吨、206656 吨,增加到 2012 年的 933653. 4 吨、628349 吨,分别增加了 3. 67、3. 04 倍。可见,从农用塑料薄膜使用量的增幅角度看,西部地区是最大的。

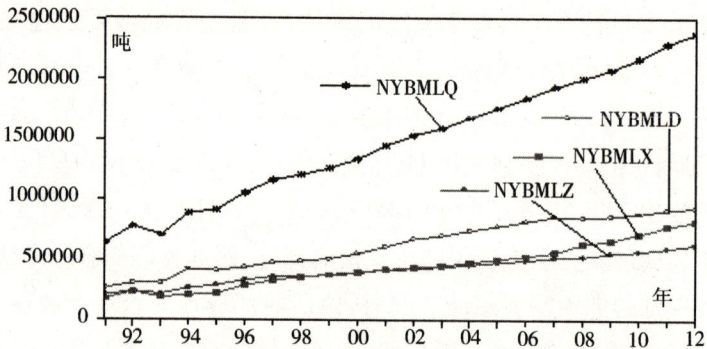

图 5 - 1　农用塑料薄膜使用量

如果我们将农用塑料薄膜使用量与实际农业增加值之比定义为农用塑料薄膜使用强度的话,那么,东中西部三大区域及全国农用塑料薄膜使用强度变化情况如图 5 - 2 所示。西部地区农用塑料薄膜使用强度 NYBMQX 由 1991 年的 291. 1 吨/亿元增加为 2012 年的 505. 02 吨/亿元,增加了 1. 74 倍。全国农用塑料薄膜使用强度 NYBMQQ 由 1991 年的 310. 61 吨/亿元增加为 2012 年的 418. 07 吨/亿元,增加了 1. 35 倍。其中,东部地区农用塑料薄膜使用强度 NYB-MQD、中部地区农用塑料薄膜使用强度 NYBMQZ 分别由 1991 年的 320. 31 吨/亿元、316. 19 吨/亿元增加到 2012 年的 427. 9 吨/亿元、332. 05 吨/亿元,分别增加了 1. 33、1. 05 倍。可见,无论是从农用塑料薄膜使用强度的绝对值,还是增加幅度,西部地区都是最高的。

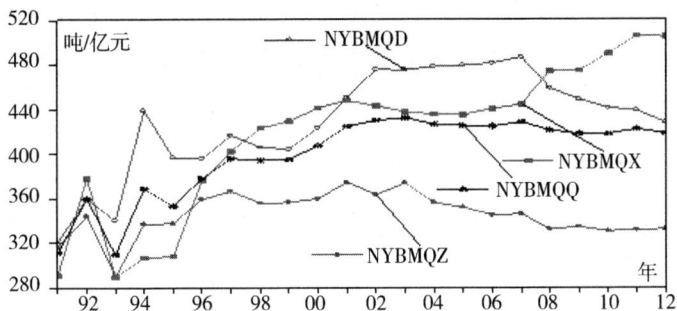

图 5 - 2　农用塑料薄膜使用强度

图 5 - 3 为东中西部三大区域及全国农用化肥施用折纯量变化情况。西部地区农用化肥施用折纯量 NYHFLX 由 1978 年的 442.38 万吨增加为 2012 年的 1673.87 万吨,增加了 3.78 倍。全国农用化肥施用折纯量 NYHFLQ 由 1978 年的 1635.4 万吨增加为 2012 年的 5838.86 万吨,增加了 3.57 倍。其中,东部地区农用化肥施用折纯量 NYHFLD、中部地区农用化肥施用折纯量 NYHFLZ 分别由 1978 年的 694.59 万吨、498.43 万吨增加到 2012 年的 1836.48 万吨、2328.51 万吨,分别增加了 2.64、4.67 倍。可见,尽管当前西部地区农用化肥施用折纯量低于东部和中部地区,但从农用化肥施用折纯量的增幅角度看,西部地区高于东部,也高于全国平均水平,具有一定的高碳性。

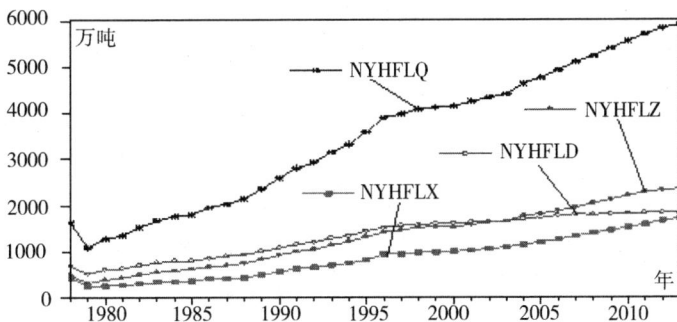

图 5 - 3　农用化肥施用折纯量

同样,如果我们将农用化肥施用折纯量与实际农业增加值之比定义为农用化肥施用强度的话,那么,东中西部三大区域及全国农用化肥施用强度变化情况如图 5 - 4 所示。西部地区农用化肥施用强度 NYHFQX 由 1978 年的 1.65 吨/万元下降为 2012 年的 1.03 吨/万元，减少了 38%。全国农用化肥施用强度 NYHFQQ 由 1978 年的 1.61 吨/万元下降为 2012 年的 1.02 吨/万元，减少了 37%。其中，东部地区农用化肥施用强度 NYHFQD、中部地区农用化肥施用强度 NYHFQZ 分别由 1978 年的 1.8 吨/万元、1.39 吨/万元下降到 2012 年的 0.84 吨/万元、1.23 吨/万元，分别减少了 53%、11%。可见，当前西部地区农用化肥施用强度高于东部，也高于全国平均水平，具有一定的高碳性。

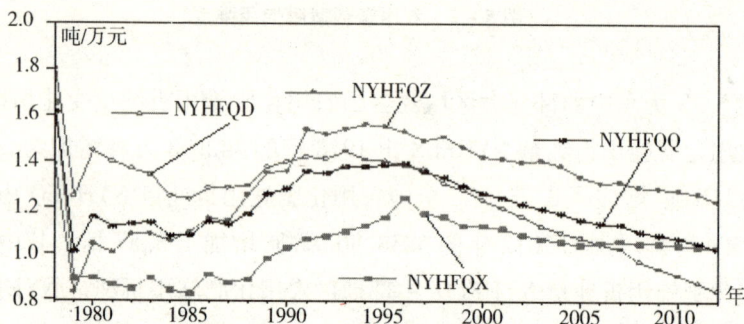

图 5 - 4　农用化肥施用强度

（2）西部农业的低效问题。图 5 - 5 为东中西部三大区域及全国粮食单位面积产量变化情况。西部地区粮食单位面积产量 LSDWMLX 由 1978 年的 1988.43 公斤/公顷增加为 2012 年的 4550.16 公斤/公顷。全国粮食单位面积产量 LSDWMLQ 由 1978 年的 2527.3 公斤/公顷增加为 2012 年的 5301.76 公斤/公顷。其中，东部地区粮食单位面积产量 LSDWMLD、中部地区粮食单位面积产量 LSDWMLZ 分别由 1978 年的 3045.05 公斤/公顷、2472.46 公斤/公顷增加到 2012 年的 5750.61 公斤/公顷、5547.02 公斤/公顷。可见，自改革开放以来，西部地区的粮食单位面积产量都远远低于东部和中部地区，当然也远远低于全国平均水平。

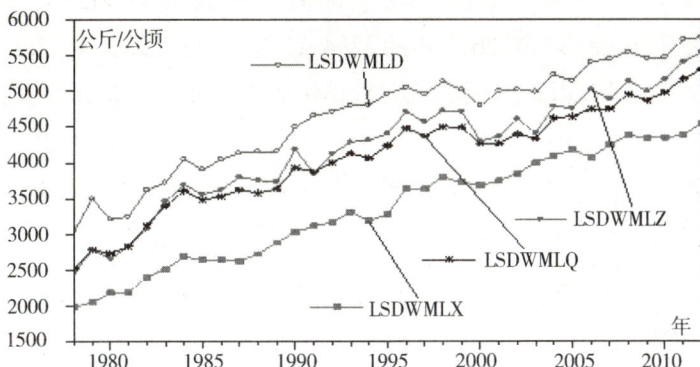

图 5-5　粮食单位面积产量

图 5-6 为东中西部三大区域及全国劳均粮食产量变化情况。西部地区劳均粮食产量 LSLJLX 由 2001 年的 1286. 38 公斤/人增加为 2012 年的 1856. 23 公斤/人。全国劳均粮食产量 LSLJLQ 由 2001 年的 1387. 42 公斤/人增加为 2012 年的 2167. 99 公斤/人。其中,东部地区劳均粮食产量 LSLJLD、中部地区劳均粮食产量 LSLJLZ 分别由 2001 年的 1503. 64 公斤/人、1954. 26 公斤/人增加到 2012 年的 2135. 12 公斤/人、3545. 45 公斤/人。可见,近十多年来,西部地区的劳均粮食产量都远远低于东部和中部地区,同样也远远低于全国平均水平。

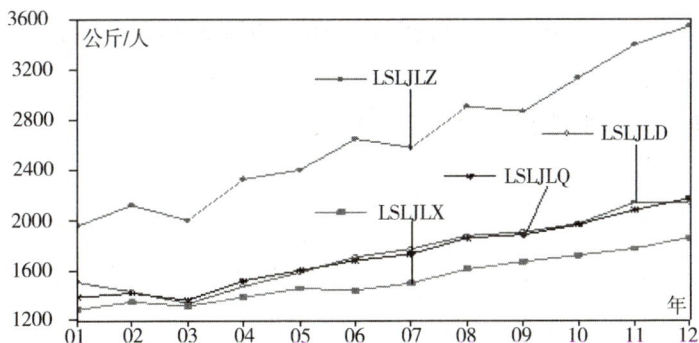

图 5-6　劳均粮食产量

图 5-7 为东中西部三大区域及全国谷物单位面积产量变化情况。西部地区谷物单位面积产量 GWDMLX 由 1991 年的 3389. 17 公斤/公顷增加为 2012 年

的 5156.49 公斤/公顷。全国谷物单位面积产量 GWDMLQ 由 1991 年的 4205.91 公斤/公顷增加为 2012 年的 5894.21 公斤/公顷。其中,东部地区谷物单位面积产量 GWDMLD、中部地区谷物单位面积产量 GWDMLZ 分别由 1991 年的 4912.82 公斤/公顷、4194.4 公斤/公顷增加到 2012 年的 6040.75 公斤/公顷、6077.27 公斤/公顷。可见,自 1991 年以来,西部地区的谷物单位面积产量远远低于东部和中部地区,当然也远远低于全国平均水平。

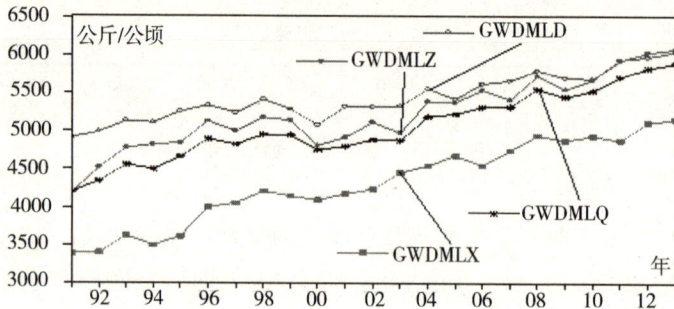

图5-7 谷物单位面积产量

全国及东中西部第一产业(农业)劳动生产率的变化情况如图5-8所示。其中 Q1GDPL、D1GDPL、Z1GDPL、X1GDPL 分别为全国、东部、中部、西部第一产业(农业)的劳动生产率(元/人)。从图中可以看出,尽管自改革开放以来,特别是自西部大开发以来,西部地区第一产业(农业)的劳动生产率有了大幅度的提高,2012 年达到了 1671 元/人,但与全国的 2024 元/人,中部的 1840 元/人,东部的 2624 元/人相比,仍存在着巨大差距。目前西部地区第一产业的劳动生产率仍然是全国最低的,呈现出低效率特征。

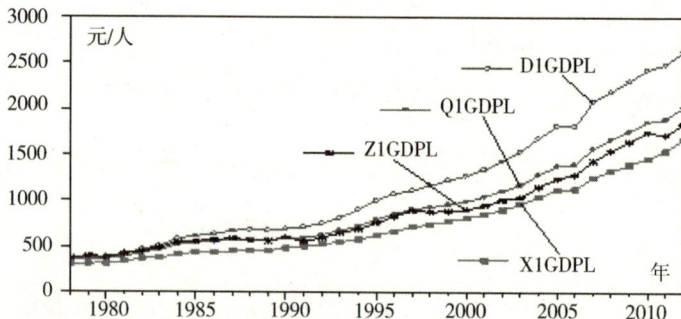

图5-8 全国及东中西部第一产业(农业)劳动生产率的变化情况

5.2.2　西部发展低碳高效农业的机遇与优势

自西部大开发战略实施以来,尽管西部地区的农业实现了较快发展,但仍属于"高投入、高消耗、高排放、高污染、低效率、低效益"的高碳低效农业,并且面临着耕地质量下降、环境污染严重、自然灾害频发、生态系统退化等一系列严峻问题,西部地区农业的可持续发展正受到严重威胁。因此,在新一轮的西部大开发中,西部地区要想尽快地赶上全国的发展步伐,实现又好又快的发展,就必须走低碳高效农业的可持续发展道路。而全球农业的低碳发展趋势和国家经济的低碳发展战略,以及新一轮的农业产业结构调整转型和西部地区的新农村建设,为西部地区发展低碳高效农业带来了极好机遇。同时西部地区在农业生物资源、农业发展空间、农业劳动成本等方面的优势,也为低碳高效农业的快速发展奠定了一定的基础。西部地区发展低碳高效农业的机遇与优势主要表现在以下几个方面:

(1)资源优势。西部地区具有发展低碳高效农业的资源优势,西部地域辽阔,拥有土地面积681万平方公里,占全国总面积的71%,同时具有生物、文化、气候的多样性,可为低碳高效农业的发展提供丰富的生物物种资源、文化旅游资源、气候环境资源。除了传统高碳能源丰富外,西部地区也是我国新能源和可再生能源的主要集中区,太阳能、水能、风能、地热能、生物能等低碳能源开发的潜力巨大。此外,西部也是我国森林、林地、草原、湿地、湖泊等储碳固碳重要载体的集中分布区,这为西部地区低碳高效农业的发展提供了重要的物质基础。表5-1为2013年全国及三大区域水、森林、林地、草原等资源及占比情况,由表中数据可见,西部在水、森林、林地及草原等自然资源上占比都在50%以上,有的甚至高达80%多,有着相当大的优势。

表 5-1　2013 年各类资源总量及占比情况

资源指标	东部	中部	西部	全国	西部/全国(%)
水资源总量 (亿立方米)	6130.26	6748.3	15079.31	27957.87	53.94
人均水资源量 (立方米/人)	1347.16	1794.33	14905.54	2059.69	723.68

续表

资源指标	东部	中部	西部	全国	西部/全国(%)
森林面积 （万公顷）	3986.65	6475.51	12417.01	22879.17	54.27
森林蓄积量 （亿立方米）	18.03	40.43	89.35	147.81	60.45
活立木总蓄积量 （亿立方米）	20.12	44.54	96.09	160.75	59.78
林业用地面积 （万公顷）	4931.12	7949.59	18165.47	31046.18	58.51
累计种草保留 面积(千公顷)	4206.5	2391.39	16036.75	22634.64	70.85
可利用草原面积 （千公顷）	17041.23	35126.48	278827.72	330995.43	84.24
草原总面积 （千公顷）	20200.24	41190.14	331442.28	392832.66	84.37

数据来源：使用各省市区统计年鉴数据计算获得。

（2）政策优势。西部大开发为西部地区农业带来了前所未有的发展机遇，使西部地区农业得到了快速增长。随着新一轮西部大开发及西部新农村建设的实施，国家对西部地区农业的发展提出了不断提高土地产出率、劳动生产率和资源利用率，走科技含量高、经济效益好、资源消耗低、环境污染少的农业发展新道路的要求，也给予了西部地区农业建设许多优惠政策。

图5-9为东中西部三大区域及全国农林牧渔业全社会固定资产投资变化情况。西部地区农林牧渔业全社会固定资产投资 NSGTZX 由 2003 年的 474.23 亿元增加为 2012 年的 4161.15 亿元，增加了 8.77 倍。全国农林牧渔业全社会固定资产投资 NSGTZQ 由 2003 年的 1652.27 亿元增加为 2012 年的 13478.8 亿元，增加了 8.16 倍。其中，东部地区农林牧渔业全社会固定资产投资 NSGTZD、中部地区农林牧渔业全社会固定资产投资 NSGTZZ 分别由 2003 年的 659.87 亿元、518.17 亿元增加到 2012 年的 4232.4 亿元、5085.3 亿元，分别增加了 6.41、9.81 倍。可见，尽管当前西部地区农林牧渔业全社会固定资产投资低于东部和

中部地区,但其增速却高于东部和全国平均水平。

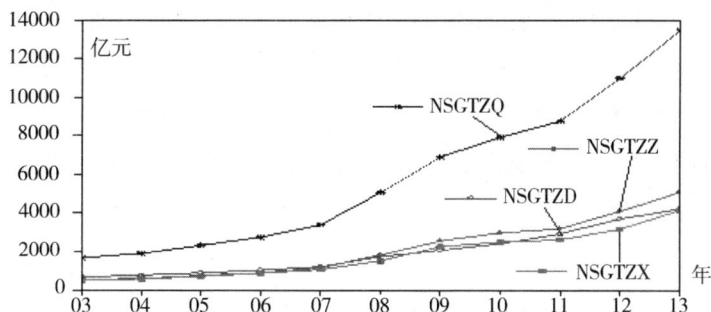

图5-9　农林牧渔业全社会固定资产投资

图 5-10 为东中西部三大区域及全国地方财政农林水事务支出变化情况。西部地区地方财政农林水事务 CZNLZX 由 2007 年的 1025.85 亿元增加为 2012 年的 4412.96 亿元,增加了 4.3 倍。全国地方财政农林水事务支出 CZNLZQ 由 2007 年的 3091.02 亿元增加为 2012 年的 12822.63 亿元,增加了 4.15 倍。其中,东部地区地方财政农林水事务支出 CZNLZD、中部地区地方财政农林水事务支出 CZNLZZ 分别由 2007 年的 1181.45 亿元、883.72 亿元增加到 2012 年的 4761.57 亿元、3648.1 亿元,分别增加了 4.03、4.13 倍。可见,尽管当前西部地区地方财政农林水事务支出低于东部地区,但其增速却高于东部、中部以及全国平均水平。

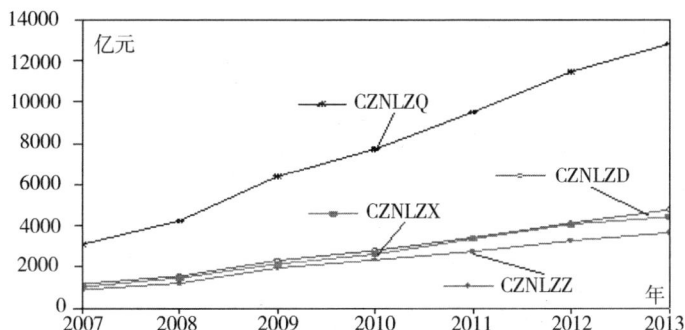

图5-10　地方财政农林水事务支出

（3）成本优势。西部地区大多属于欠发达地区,农业劳动力成本都相对较低。相对于东部地区土地开发饱和所导致不断上涨的地价,西部地区的土地面积广阔,开发利用程度较低,土地平均价格和使用成本较低。此外,由于西部地区的工业化、城市化起步较晚,经济模式和产业体系尚未完全定型,产业结构调整也具有转型成本低的后发优势。西部地区可以学习和借鉴发达国家和地区先进经验和技术,发展本地区的低碳高效农业,不仅可以降低西部地区农业的转型成本,而且还可以使西部地区少走弯路和错路,保证其低碳高效农业得到更好更快地发展。

图5－11为东中西部三大区域及全国农村居民家庭人均纯收入变化情况。西部地区农村居民家庭人均纯收入 NJRJSX 由 2002 年的 1791.73 元增加为 2013 年的 6816.81 元。全国农村居民家庭人均纯收入 NJRJSQ 由 2002 年的 2475.6 元增加为 2013 年的 8895.9 元。其中,东部地区农村居民家庭人均纯收入 NJRJSD、中部地区农村居民家庭人均纯收入 NJRJSZ 分别由 2002 年的 3916.28 元、2292.23 元增加到 2013 年的 13174.35 元、8625.33 元。可见,西部地区的农村居民家庭人均纯收入远远低于东部和中部地区,当然也远远低于全国平均水平。

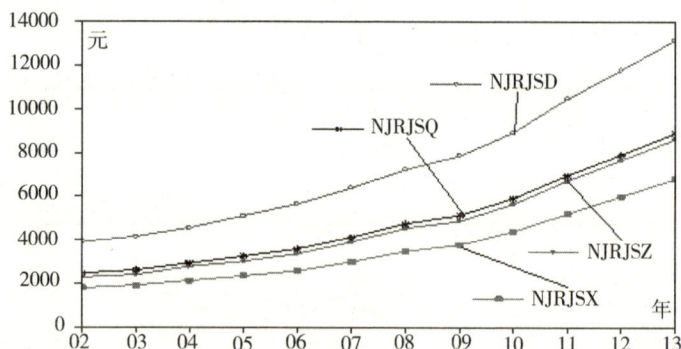

图5－11　农村居民家庭人均纯收入

5.2.3　西部发展低碳高效农业的挑战与劣势

西部地区幅员辽阔,资源丰富,在发展低碳高效农业方面有着自身的特色优势,也面临着良好的机遇。但由于绝大多数的西部地区属于欠发达地区,经济发展滞后于全国平均水平,工业化、城镇化和现代化的起步较晚,大多数地区还处于工业化初期,农业现代化的进程才刚刚开始。随着西部工业化和城镇化的加速发展,大量农业资源和生产要素的流失,以及国内外发达地区农业先进发展模式和农产品的强力竞争等,都给西部地区低碳高效农业的发展带来了严峻的威胁和挑战。此外,西部地区在农业基础设施、农业生产环境、农业人力资源、农业科技水平、农业组织模式等方面都存在着劣势,这些都给西部地区发展低碳高效农业带来了困难。西部发展低碳高效农业面临的挑战与劣势主要表现在以下几个方面。

(1)农村教育与人力资本投资方面的劣势。西部地区农村人口受教育程度偏低、人力资本投资偏少,再加上大量农村青壮年劳动力外出务工,素质较高的农业人力资源流向报酬较高的其他行业,使得从事农业生产的人员中有知识、有文化、有技术的人员较少,从而导致了西部地区的农业科技成果推广和农业科技创新能力不强,农业科技水平落后,成为西部低碳高效农业发展的一大瓶颈。

表5-2为2012年全国及各地区农村居民家庭劳动力文化程度构成情况,在不识字或识字很少、小学程度这两个文化程度的占比上,西部地区远远高于东部、中部和全国平均水平,而在初中、高中、中专、大专及大专以上等四个文化程度的占比上,西部地区则低于东部、中部和全国平均水平,可见,西部地区农村居民家庭劳动力文化程度要显著低于其他地区。

表5-2 2012年全国及各地区农村居民家庭劳动力文化程度构成(单位:%)

	全国	东部	中部	西部
不识字或识字很少	5.3	3.17	4.11	10.57
小学程度	26.1	20.46	25.40	33.88
初中程度	53	55.64	55.75	44.04
高中程度	10	12.03	9.75	7.38
中专程度	2.7	3.81	2.43	2.08
大专及大专以上	2.9	4.92	2.56	2.07

数据来源:根据《中国农村年鉴》数据计算获得。

图5-12为东中西部三大区域及全国农村居民家庭平均每人食品消费支出变化情况。西部地区农村居民家庭平均每人食品消费支出 NJRJSZX 由2002

年的703.31元增加为2013年的2127.54元。全国农村居民家庭平均每人食品消费支出NJRJSZQ由2002年的848.4元增加为2013年的2495.5元。其中,东部地区农村居民家庭平均每人食品消费支出NJRJSZD、中部地区农村居民家庭平均每人食品消费支出NJRJSZZ分别由2002年的1110元.19、785.43元增加到2013年的3458.42元、2274.96元。可见,西部地区的农村居民家庭平均每人食品消费支出远远低于东部和中部地区,当然也远远低于全国平均水平。

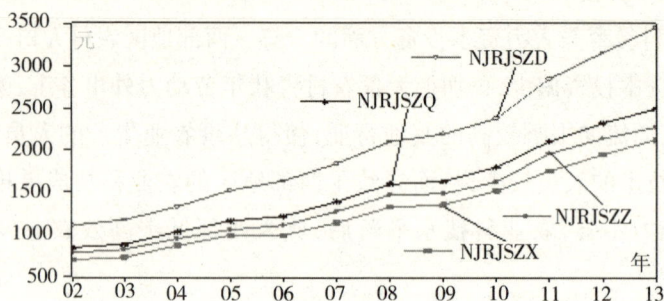

图5-12 农村居民家庭平均每人食品消费支出

图5-13为东中西部三大区域及全国农村居民家庭平均每人文教娱乐消费支出变化情况。西部地区农村居民家庭平均每人文教娱乐消费支出NJRJWZX由2002年的145.46元增加为2013年的341.13元。全国农村居民家庭平均每人文教娱乐消费支出NJRJWZQ由2002年的210.3元增加为2013年的485.9元。其中,东部地区农村居民家庭平均每人文教娱乐消费支出NFRJWZD、中部地区农村居民家庭平均每人文教娱乐消费支出NJRJWZZ分别由2002年的334.15元、190.14元增加到2013年的759.23元、471.28元。可见,西部地区的农村居民家庭平均每人文教娱乐消费支出远远低于东部和中部地区,当然也远远低于全国平均水平。

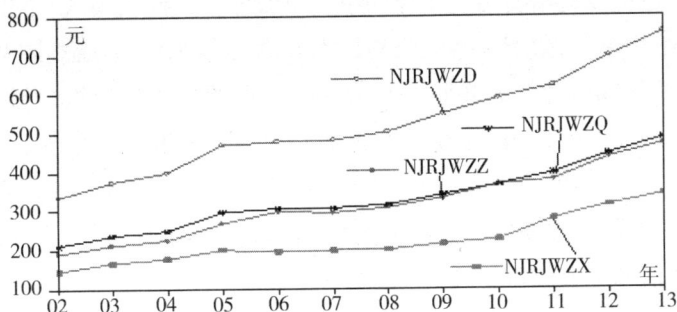

图 5 - 13　农村居民家庭平均每人文教娱乐消费支出

图 5 - 14 为东中西部三大区域及全国农村居民家庭平均每人医疗保健消费支出变化情况。西部地区农村居民家庭平均每人医疗保健消费支出 NJRJYZX 由 2002 年的 83.21 元增加为 2013 年的 527.2 元。全国农村居民家庭平均每人医疗保健消费支出 NJRJYZQ 由 2002 年的 103.9 元增加为 2013 年的 614.2 元。其中,东部地区农村居民家庭平均每人医疗保健消费支出 NJRJYZD、中部地区农村居民家庭平均每人医疗保健消费支出 NJRJYZZ 分别由 2002 年的 168.75 元、92.21 元增加到 2013 年的 837.69 元、648.28 元。可见,西部地区的农村居民家庭平均每人医疗保健消费支出远远低于东部和中部地区,当然也远远低于全国平均水平。

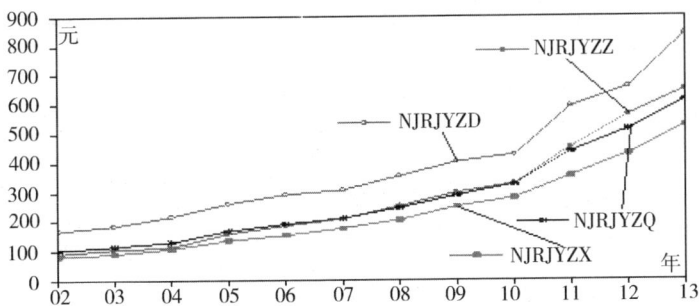

图 5 - 14　农村居民家庭平均每人医疗保健消费支出

(2)农业生产经营组织化程度低、产业链短的劣势。西部地区现有的农业产业组织主要有分散经营农户、农业合作组织、国营生产农场、农业生产企业、农业辅助服务组织等,其中以分散农户为主的生产经营方式在西部地区占据了绝大多数。这种以自给自足为主导的小规模农业生产经营模式,不仅生产方式落后,品种结构单一,生产成本和交易成本较高,而且很难形成立体型、共生性、多业型、互补型、链条型、集群型等更为高效合理的农业生产组织形态,无法实现更为科学的集约化经营,农业资源得不到充分高效利用。此外,以农户为单位的农业生产,经济实力不足,技术力量薄弱,设备设施落后,先进的农业科研成果推广应用缓慢,致使农产品的科技含量和精深加工比重低、产业链短,农业生产的附加值和综合效益不高。

表 5-3 为 2010 年全国及各区域农林渔牧业乡镇企业、乡镇规模农产品加工企业情况,从表中数据可见,无论是从单位数、从业人员数,还是从总产值、营业收入等方面来看,西部地区农林渔牧业乡镇企业在全国的占比都比较低,在17%-29%之间;而就乡镇规模农产品加工企业来讲,无论是单位数、从业人员年平均数,还是从总产值、营业收入等,西部地区在全国的占比都更低,都不到10%。可见,西部地区农业生产经营组织化程度低、产业链短。

表 5-3　2010 年农林渔牧业乡镇企业、乡镇规模农产品加工企业情况

行业	指标	全国	东部	中部	西部	西部占全国比重(%)
农林渔牧业乡镇企业	单位数(个)	183859	45118	107392	31349	17.05
	从业人员数(人)	2012199	814333	1108453	527283	26.20
	总产值(万元)	68935333	49450576	18602547	13082210	18.98
	营业收入(万元)	51510301	27154434	17711606	11864261	23.03
	利润总额(万元)	3317856	2195260	1444943	942226	28.40
	上缴税金(万元)	955914	745874	277300	261983	27.41
乡镇规模农产品加工企业	企业个数(个)	93132	72583	12086	8463	9.09
	从业人员年平均数(人)	17513723	13788117	2354542	1371064	7.83
	总产值(万元)	893099108	849397529	115905154	83897179	9.39
	销售产值(万元)	865710013	829297597	114205894	72004361	8.32
	营业收入(万元)	864008364	821048628	119853978	79426694	9.19
	利润总额(万元)	53847555	52548834	6903081	4762506	8.84
	上缴税金(万元)	20148992	19287056	2349634	1989864	9.88

数据来源:根据《中国农村年鉴》数据计算获得。

（3）在农业基础设施、生产方式方面的劣势。西部地区的农业基础设施相对薄弱，许多农田水利工程大多建于 20 世纪 50 - 60 年代，田间灌渠的配套体系不完整，许多工程年久失修，老化损坏严重，农田灌溉效益衰减，抗御洪涝、干旱等自然灾害的能力不足。西部地区的设施农业和机械农业处于起步阶段，滴灌、喷施、温室、机耕、机收等农业技术装备的使用及推广力度较弱，农业机械化水平总体较低。此外，西部农村的道路通信、给排水和能源电力等基础设施的落后，使农民只能维持粗放式的传统农业生产，给低碳高效农业的发展带来了困难。

图 5 - 15 为东中西部三大区域及全国农业机械总动力使用情况。西部地区农业机械总动力 NYJDX 由 1991 年的 6220.3 万千瓦增加为 2012 年的 24599 万千瓦。全国农业机械总动力 NYJDQ 由 1991 年的 29388.6 万千瓦增加为 2012 年的 102558.96 万千瓦。其中，东部地区农业机械总动力 NYJDD、中部地区农业机械总动力 NYJDZ 分别由 1991 年的 13541 万千瓦、9627.3 万千瓦增加到 2012 年的 37389.71 万千瓦、40570.3 万千瓦。可见，西部地区农业机械总动力低于东部和中部地区。

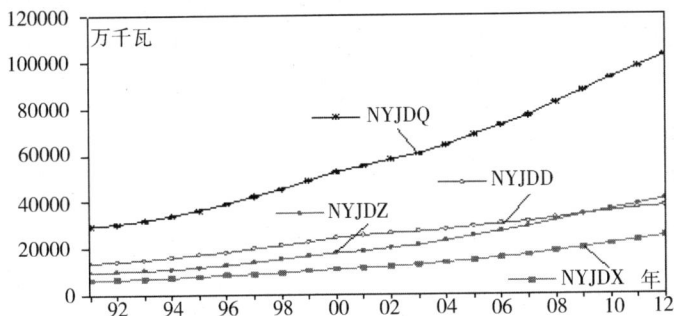

图 5 - 15　农业机械总动力

如果我们将农业机械总动力与实际农业增加值之比定义为农业机械动力强度的话，那么，东中西三大区域及全国农业机械动力强度变化情况如图 5 - 16 所示。西部地区农业机械动力强度 NYJDQX 由 1991 年的 10.46 千瓦/万元增加为 2012 年的 15.13 千瓦/万元。全国农业机械动力强度 NYJDQQ 由 1991 年的 14.22 千瓦/万元增加为 2012 年的 17.99 千瓦/万元。其中，东部地区农业机械动力强度 NYJDQD、中部地区农业机械动力强度 NYJDQZ 分别由 1991 年的

16. 53 千瓦/万元、14. 73 千瓦/万元增加到 2012 年的 17. 14 千瓦/万元、21. 44 千瓦/万元。可见,西部地区农业机械动力强度远远低于东部和中部地区,也低于全国平均水平。

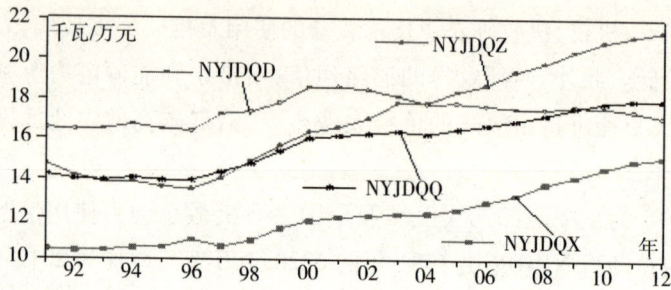

图 5 - 16　农业机械动力强度

图 5 - 17 为东中西部三大区域及全国农村用电量情况。西部地区农村用电量 NYDLX 由 1991 年的 160. 7 亿千瓦小时增加为 2012 年的 760. 84 亿千瓦小时。全国农村用电量 NYDLQ 由 1991 年的 963. 2 亿千瓦小时增加为 2012 年的 7508. 48 亿千瓦小时。其中,东部地区农村用电量 NYDLD、中部地区农村用电量 NYDLZ 分别由 1991 年的 585. 4 亿千瓦小时、217. 1 亿千瓦小时增加到 2012 年的 5816. 3 亿千瓦小时、931. 34 亿千瓦小时。可见,西部地区农村用电量低于东部和中部地区。

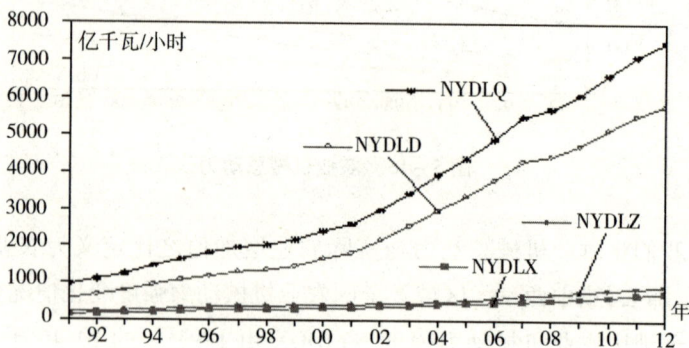

图 5 - 17　农村用电量

如果我们将农村用电量与实际农业增加值之比定义为农村用电强度的话,

那么,东中西部三大区域及全国农村用电强度情况如图 5 - 18 所示。西部地区农村用电强度 NYDQX 由 1991 年的 0.27 千瓦时/元增加为 2012 年的 0.47 千瓦时/元。全国农村用电强度 NYDQQ 由 1991 年的 0.47 千瓦时/元增加为 2012 年的 1.32 千瓦时/元。其中,东部地区农村用电强度 NYDQD、中部地区农村用电强度 NYDQZ 分别由 1991 年的 0.71 千瓦时/元、0.33 千瓦时/元增加到 2012 年的 2.67 千瓦时/元、0.49 千瓦时/元。可见,西部地区农村用电强度远远低于东部地区和全国平均水平,也低于中部地区。

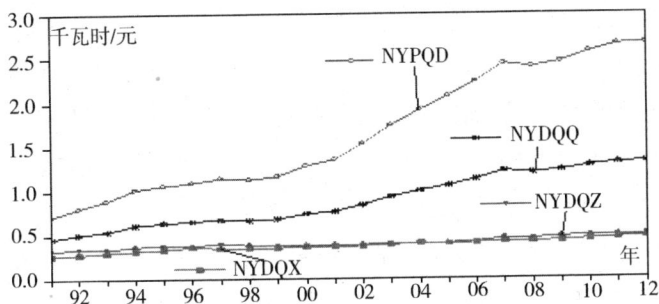

图 5 - 18　农村用电强度

5.3　西部农业低碳高效化发展的途径及措施

西部地区发展低碳高效农业,必须结合自身的具体实际,科学地选择最适合西部地区的最有效的发展模式、关键技术和主要措施,才能取得最佳效果,才有可能在短期内使西部地区农业结构得到低碳高效优化,实现跨越式快速发展和可持续绿色发展。

5.3.1　适合西部农业低碳高效化发展的模式选择

尽管低碳高效农业的发展模式很多,但由于各地资源禀赋、生态环境等客观条件的差异,使得各地应选择的发展模式也有所不同。基于西部地区发展低碳高效农业的优劣势分析,我们认为最适合西部地区农业低碳高效化发展的模式选择主要有以下 4 种。

(1)以碳捕获为导向的碳汇型农业发展模式。大气中的物质流入大气以外的过程称为汇,碳汇就是从空气中清除碳的过程、活动、机制。农业虽是碳源部门,同时也是碳汇的主要领域。碳汇型农业发展模式就是根据农业天然的碳汇性质,利用土壤、耕地、林地、草地和湿地等进行固碳,增强农业在发展低碳经济中的作用。主要包括:①土壤碳汇模式。植物在光合作用下吸收 CO_2 形成有机质,死后进入土壤形成有机碳,积累成土壤碳汇。土壤碳汇是陆地总碳量的2/3、植被碳汇的3倍。西部地区地域辽阔,拥有土地面积681万平方公里,占全国总面积的71%,发展耕地免耕、合理施肥和秸秆适量返田技术等,可不断提高土壤资源的有机碳含量,从而提升其固碳能力。②植被碳汇模式。植被通过光合作用吸收和积累碳,并转化为有机物贮存于体内,作为生长的营养物质。西部地区森林、林地、草原等资源丰富,所占比例较大,可通过发展林业、草业、湿地,种植碳汇水平高、生态效益好的林草品种等措施来提高其碳储能力[1]。

(2)以低投入为目的的减量型农业发展模式。即利用现代农业先进技术,最大限度地减少能源、化肥、农药、农膜、制剂等要素的投入,在节约农业资源,提高资源利用率的同时,实现农业的高产稳产。在每个农业生产和养殖环节都融入节约低碳的理念,努力做到"十节",即节时、节地、节种、节水、节肥、节药、节剂、节膜、节粮、节能(包括煤、电、油、气、柴等)。例如,通过立体种养殖来节时节地,通过设施微喷滴灌技术来节水节肥,通过少耕直播保护性耕作来节能节种,通过测土配方和农家肥替代来节肥,通过生态治虫和生物农药来替代化学农药,通过可降解农膜替代不可降解农膜等,来实现投入品的减量和有害品的替代,通过投入要素的减量化,提高各种农业资源的利用效率,从根本上减少农业源温室气体的产生,治理农业面源污染,保护农业生态环境。

(3)以设施化为手段的高效型农业发展模式。即以市场为导向,运用现代先进的农业科学技术和生产工艺,采用一定的农业装置或设施来改善农业生产的种养殖环境,充分合理地高效利用已有的各种农业资源环境,实现各种农业生产要素的最优组合,以提高农产品种养殖生产的经营效率和经济效益,最终实现经济、社会、生态综合效益最佳的农业生产模式。设施高效农业主要可分为设施高效栽培和设施高效养殖两大类,通常都是在由一定性能材料建成的具有环境因子调控设施和功能的半封闭式空间里进行种植和养殖生产,主要是通过利用先进的农业设施提高对太阳能的利用率、提高对生物能的转化率来提高

---

① 罗吉文:《低碳农业发展模式探析》,《生态经济》2010年第12期,第142-144页。

生物产品的产量和质量,从而提高农业产业的效率和效益。其高效性主要体现在土地生产力、阳光利用率、水肥利用率、生物转化率,劳动生产率、产出投入比等方面。

(4)以生态化为基础的循环型农业发展模式。种植业的废弃物是养殖业的饲料、自身再生产的养料来源,而养殖业的废弃物也是种植业的有机肥料。种养业是互为资源、循环发展的。在生产安排上采取多物种与主物种相结合的方式,形成物种的合理竞争,以充分利用单位空间的各种能源;在空间分配上采取适度的物种密疏搭配形式,以提高时间的利用长度和阳光的利用率;在生产结构上按照能量转化和物质循环规律,通过延长食物链和增加营养级等,来提高能量转化和物质循环的效率。例如,安徽省临泉县农民王守红探索出"林(粮)—草—牛—菌—沼"循环农业模式,利用牛粪出蘑菇、出沼气、出粮食;砀山县在砀山梨的生产中,将修剪后的废弃枝条、废弃的果渣通过"砀山梨废弃物—食用菌—有机肥—梨园"实现物质的循环利用等。①

综上所述,适合西部地区农业低碳高效化发展的模式选择其实有很多,西部地区农业的发展应牢牢把握以上几点要求。在发展低碳高效发展的生产组织模式下,西部地区既面临机遇,也面临极大的挑战。"高碳农业"模式对农业生态环境、农业生态系统的生物多样性构成了严重威胁,发展低碳农业、实现农业生态资本的可持续利用,是进一步加强西部地区农业基础设施建设的重中之重,是决定西部地区农业在新时期能否在经济效益与生态效益上同步提高的关键因素。

5.3.2　支撑西部农业低碳高效化发展的关键技术

西部地区是我国的农业大省份聚集地,由于其特殊的地理位置以及交通区位因素使得其农业的发展远没有东中部发达地区快,究其主要原因还是因为生产力水平低下,生产工具相对比较落后。在西部地区实现农业的低碳高效发展的第一生产力就是关键技术的扶持。一方面,西部地区应根据当地的农业发展现状因地制宜地寻求其农业快速增长的发展模式,通过培育关键技术增强农业的核心竞争力,通过对自身生产力水平的不断升级与优化满足现代化的生产需

---

① 程克群、马友华、栾敬东:《低碳经济背景下循环农业发展模式的创新应用——以安徽为例》,《科技进步与对策》2010 年第 22 期,第 52 - 55 页。

要;另一方面,西部地区应大量引进农业发达省份的种植技术与种植人才,通过技术引进的方法借鉴与学习发达地区的低碳高效农业发展技术模式。支撑西部地区农业低碳高效化发展的关键技术主要有以下几点:

(1)农业增汇固碳方面的技术。①免少耕技术。土壤有机碳损失是由低水平的农业生产、频繁翻耕、肥料施用不当、清除和焚烧作物残余物、缺乏抵御土壤侵蚀和防治土壤退化的保持措施造成的。免少耕技术是一项集保护性耕作与轻型简约栽培于一体的先进适用技术,通过少耕、免耕,减少耕作中农业机械操作的次数和消耗的燃料,减少对土壤的扰动,增加土壤团聚体数量,改善土壤结构,因而降低相关的碳排放①。②农林业碳汇的计量和监测技术。低碳经济的发展离不开低碳补贴与碳交易,而实施农业低碳补贴与碳交易必须满足的一个前提条件就是对农林业碳汇进行计量和监测。然而对多数农业生态系统的碳汇和碳库尚缺乏公认的计量方法,对土地利用变化而导致的农业碳汇功能的转变也不清楚,因而急需发展农林业碳汇计量和监测技术②。

(2)农业投入品减量化方面的技术。农业投入品减量化方面的技术包括节地、节水、节肥、节药、节能、节碳等在内的各类资源减量化节约技术。2013年,我国用水总量为6183.45亿立方米,其中农业用水总量达3921.52亿立方米,占全国总用水量的63%,是最大的用水户。其中,灌溉用水量约占农业用水量的90%,而全国灌溉水利用系数仅为0.46,即从水源到田间,约有一半以上的灌溉水因沟渠渗漏、蒸发和管理不善等原因没有被作物直接利用。西部地区尽管水资源丰富,但可利用的水资源却并不多,且西北为干旱半干旱区,可利用水资源更是短缺③,因此,应大力发展节水技术,如喷灌技术可节约用水30% – 50%,节约劳力、少占耕地④。

(3)农业种养殖高效化方面的技术。包括优质品种选育、耕作制度优化、作物间轮套种、空间立体种养、动植物复合种养,高效农业机械,高效农业设施等方面的高效农业技术。空间立体种养技术包括立体种植和立体种养,是我国传

---

① 姚延婷、陈万明:《农业温室气体排放现状及低碳农业发展模式研究》,《科技进步与对策》2010年第11期,第48 – 51页。

② 蒋艳萍、陈敏慧、吕建秋:《农业领域创新方法研究与应用的管理体制与机制探讨》,《农业科技管理》2012年第5期,第34 – 37页。

③ 黄钢、沈学善、屈会娟等:《发展低碳农业的关键技术领域》,《第六届软科学国际研讨会论文集》2010年。

④ 廖允勇:《西部地区绿色农业科技创新研究》,西北农林科技大学硕士论文,2005年。

统农业种植技术的精华所在,是一种劳动密集型的农业生产模式,它与现代的新技术相结合后,能够利用互补机制,通过协调农作物与动物之间、农作物与农作物之间以及生物和生态之间的复杂关系,最大限度地避免物种之间的竞争,提高资源利用效率,增进农业产出。这种农业生产模式能较好地解决西部地区耕地面积少、人口多的矛盾,尤其是在光、热、水资源较丰富的地区(如青藏高原、云贵高原等日照时间长、降水量大的地区),其优势更为突出①。

(4)农业循环链方面的技术。包括秸秆还田肥料化、秸秆加工饲料化、畜禽粪便沼气化、农业循环种养、农业产业衔接、产业链延伸、农产品深加工、低碳型保鲜贮运等方面的技术。西部地区畜牧业发达、农村条件差,应积极发展沼气技术。沼气技术模式主要有三种,分别是牲畜—沼气—粮食、牲畜—沼气—蔬菜、牲畜—沼气—水果。饲料用来喂牲畜,经过牲畜的消化后增值,生产出肉类和奶制品,同时,牲畜的排泄物可以通过配套的沼气池发酵产生沼气,沼气又可以转化成热能和电能,用来做饭、取暖,也可用来对畜牧业基地提供清洁能源,沼气的废渣又可以返回农田、菜地、果园当作有机肥料,生产粮食、蔬菜和水果,既改善了土壤的结构,也减少了环境污染。此外,粪便等沼气原料经过发酵后,绝大部分寄生虫卵被杀死,可以改善农村卫生条件,减少疾病的传播。

从西部地区低碳农业发展中存在的主要问题来看,在西部农业低碳高效化发展的关键技术推广方面应该推进集约型农业技术、循环再利用技术、资源化技术以及农作制度创新技术等,只有技术创新才能够有效降低农业生产系统中的碳排放量,是现阶段西部地区发展低碳农业的关键所在。西部地区各级政府与个人必须明白发展低碳高效农业是低碳经济社会的一个必然选择,低碳高效农业的发展离不开技术创新,需构建科学体系予以支持和保障,以降低技术创新的风险。在推广农业低碳高效化发展的技术中必须明确企业是农业技术创新的核心主体,政府、高校、科研院所、金融机构、中介机构均需参与其中,并提供相应的政策供给、技术供给、资金供给以及信息供给。引导农业碳汇市场建设、出台一系列与低碳农业相关的标准,鼓励西部地区的广大农民进行农业技术革新,确保西部地区低碳高效农业技术的推广强度和实践力度。

---

① 刘书洋:《西部地区发展低碳经济与生态文明建设的探讨》,昆明理工大学硕士论文,2011年。

5.3.3 推动西部农业低碳高效化发展的主要措施

西部地区推动农业低碳高效发展需要紧密围绕低碳高效农业的内涵,从推进农村土地流转,实现适度规模经营;构建资金投入多元化机制,提供充裕资金;加强农业技能培训,增强低碳高效发展意识等方面入手,采取多种措施为促进西部地区农业低碳高效化发展提供动力和保障。当地各级政府还应加大相关基础设施投入,通过各项财政税收政策与免税待遇鼓励个人或者企业在农村地区实行低碳化高效生产。同时,还应该通过广播、电视、报纸等宣传媒介宣扬促进相对低碳高效化的农业生产和生活方式、方法、技术的推广和应用,以此来全面推动西部农业高效低碳化发展。

(1)推进农村土地流转,实现适度规模经营。西部地区土地面积较大,但耕地面积却较少,农业生产细碎化严重,生产经营组织化程度低、产业链短,严重影响了高效低碳化农业的发展。因此必须推进农村土地流转、实现农业适度规模经营。尤其在土地流转和农业招商中,应秉承低碳、高效、绿色的原则,并给予一定的优惠政策,以促进低碳农业规模经营,进而同时实现高效经营的目的,并促进劳动力转移、增加农民收入、实现农业高效低碳化转型。2014 年 12 月,中共中央办公厅、国务院办公厅印发并要求各地区各部门结合实际认真贯彻执行的《关于引导农村土地经营权有序流转发展农业适度规模经营的意见》就是一个有力的举措①。

(2)构建低碳高效农业发展的资金投入多元化机制。发展低碳高效农业是一项十分艰巨的任务,其中巨额的资金投入必不可少。因此,西部各地区应针对各自发展低碳高效农业的实际,建立财政投入、金融信贷、农业保险等多渠道的资金投入机制。首先,各级政府应有计划、有步骤地进一步增加支农财政资金投入,尤其是应设立各种有利于发展低碳高效农业的专项资金,例如,设立低碳高效农业关键技术资金,专门用于从发达国家或地区学习、引进或创新各种急需解决的关键技术;设立龙头企业技术改造专项资金,对关键技术进行改造以产生较好的经济效益以及持续的社会影响。其次,要创新金融支持机制,通过财政、税收等方面的优惠政策,鼓励银行、证券、保险等各种金融机构创新服

---

① 汤卫东、汪军:《重庆三峡库区低碳农业发展模式研究》,《生态经济》2012 年第 1 期,第 73 –76 页。

务于低碳高效农业的金融产品,共同为其发展提供充裕的资金。

(3)加强低碳高效农业技能培训。西部地区农村人口受教育程度低、人力资本投资少,农业技能低下。而农业低碳高效技术作为未来农业发展的新技术,对农民的素质和技能要求较高,西部地区农民要很好地掌握有一定的难度,因此必须进行一定的相关技能培训。而低碳高效农业技能培训的费用较高,同时,新技术的应用也存在着较大的风险,农民培训后所能获得的收益也随之产生较大的不确定性。此外,西部地区农民的收入水平也较低,因此,大部分农民可能都没有进行技能培训的动力。所以,各级政府部门要安排一定规模的农业低碳高效技能培训专项资金,并充分利用各种社会教育资源和培训机构来为农民提供低碳高效农业技能培训,以便他们能快速有效地掌握相关的低碳高效农业技能,并应用于农业生产,获得由此带来的经济效益和社会影响,进而提高其从事低碳高效农业生产的积极性,并最终形成发展低碳高效农业的良性循环。

推动西部农业高效低碳化发展是改变西部地区传统落后的农耕生产方式最有效的途径,不仅可以减少在粗放的农业生产中的碳排放量,降低农业的发展对环境的破坏,还能够提高农业的经济效益,切实提高农村人口的收入,提高农村人口的生活水平。但是西部地区各级政府与企业必须要认识到在西部地区推动农业高效低碳化发展的主要措施的难度。鉴于西部地区传统的生产方式已经延续数年,要想改变广大农民已经形成的惰性生产方式绝非一日的功夫,必须从根本上改变农村地区对于低碳高效化生产模式的认识,通过成立专项整改基金加大对农村地区落后基础设施的改善,为低碳高效的生产模式做好铺垫作用,最后只有切实让低碳高效的经济效益回馈农民才能更好地推进西部农业高效低碳化发展。

5.4　本章小结

本章研究西部地区农业低碳高效化发展问题。原始农业和传统农业本身具有低碳性,但现代农业却表现出极强的高碳特征。低碳高效农业在固碳降碳、低耗高产、生态循环等方面作用明显,发展低碳高效农业,能够显著降低农业生产成本、提高农业经济效益,极大地改善农业生态系统的状况,有力推进农业发展方式的转变,是农业发展的必然趋势。改革开放以来,尤其是西部大开发以来,西部地区农业实现了快速发展,但高碳低效问题也同样突出。全球农业低碳发展趋势和国家低碳经济发展战略,新一轮农业产业结构调整转型和西部地区新农村建设等,为西部地区发展低碳高效农业带来了极好机遇,但西部工业化和城镇化的加速发展,大量农业资源和生产要素的流失,以及国内外发达地区农业先进发展模式和农产品的强力竞争等,也给西部地区低碳高效农业发展带来了严峻挑战。西部地区在农业生物资源、发展空间、劳动成本等方面的优势,为低碳高效农业发展奠定了一定基础,但在农业基础设施、生产环境、人力资源、科技水平、组织模式等方面的劣势,也给发展低碳高效农业带来了困难。西部地区可选择碳汇型、减量型、高效型、循环型等农业发展模式,采取增汇固碳、投入品减量化、种养殖高效化、循环链等方面的关键技术,从推进农村土地流转,构建资金投入多元化机制,加强农业技能培训,加大基础设施投入,制定实施激励政策等方面采取多种措施,推进西部地区农业低碳高效化发展。

第 6 章　促进产业结构优化的绿色低碳高效工业

西部地区是我国资源富集区,拥有丰富的矿产资源,也是我国工业化发展的能源基地。在西部大开发中,西部地区工业的发展给中国经济的增长带来了有力支撑,但同时也对西部地区的环境和生态造成了严重破坏。根据守住发展和生态两条底线的要求,西部地区只有发展绿色低碳高效工业,才能实现经济效益与生态效益的同步提升,为此必须走出一条绿色低碳导向下的产业结构优化的新路。

6.1　绿色低碳高效工业及其发展趋势

绿色低碳工业是在全球气候变暖的背景下产生的,它的特点是"低能耗、低污染、低排放",目的是实现工业领域的低碳发展,实质是产业结构的调整和优化。本节将重点梳理工业发展历史并论述绿色低碳高效工业是未来工业发展的必然趋势。

6.1.1　工业发展阶段的历史演进

工业是社会分工的产物,是唯一生产现代化劳动手段的部门,它决定着国民经济现代化的速度、规模和水平,在当代世界各国国民经济中起着主导作用。工业是国家财政收入的主要源泉,是国家政治独立、经济自主、国防现代化的根本保证;它还为自身和国民经济其他各个部门提供原材料、动力和燃料,为人民物质文化生活提供工业消费品。根据工业的主要生产方式,中国工业的发展可以分为三个阶段:以家庭为单位,以纯手工为主的原始工业阶段;逐渐开始使用机器,并以大规模生产为目的的机器工业时代;运用现代科学技术,生产效率得以提高的传统工业时代①。这三个阶段在我国工业发展的过程中都起到了不同程度的作用,对我国工业和经济的发展具有重要的意义。

(1)原始工业的低碳低效阶段及其特点。原始工业主要是指手工业,其发展历史可以追溯到人类诞生的时候,发展之初主要是为农业服务。经过第二次社会大分工,原始工业逐渐脱离农业,形成独立的生产部门。原始工业主要是以一家一户为单位,用各自的生产资料进行生产,产成品也多为满足家庭生存需要,很少一部分流通到市场或者销售给工厂进行再加工。原始工业发展后期,逐渐形成了手工作坊和工厂手工业,形成了规模化的生产,劳动效率有所提高。直到现在部分农村还存在着原始工业,主要是家庭自己进行织布、制作砖块并建造房屋等。原始工业最大的特点就是机械化程度低,几乎所有的工作都靠劳动者双手来完成,生产比较分散,这就决定了原始工业是低效的生产方式。同时,由于机械化程度低,对环境的污染少,对生态的破坏小,因此原始工业也是低碳的生产方式。由于原始工业只能进行小规模的生产,其低碳低效的发展模式满足不了整个社会经济发展的需要,因此,改革开放以后,原始工业逐渐退出了历史的舞台。

(2)机器工业的高碳低效阶段及其特点。机器工业的产生主要来源于西方工业革命,它产生的根本原因是手工业无法满足市场的需求,促使工厂手工业进行技术改革。随着蒸汽机的发明,很多以前依赖人力和畜力的生产被机械化生产取代,劳动力得到了部分解放,人类进入机器工业时代。机器工业时代最主要的生产工具是蒸汽机,它改变了人们的生产方式,使人们的日常生活和思想观念发生了巨大的转变。但由于机器工业时代技术密集度较低、劳动密集度较高,生产效率仍然低下。同时,机器的运作需要大量的能源,导致了机器工业时代世界煤炭、石油总量的飞速下降,二氧化碳、氟利昂和一氧化碳的排放量急剧增加,生产用地不断扩大,使大量动物濒临灭绝,生物链遭到破坏。可以说,机器工业的产生是人类进步的重要里程碑,对人类的生产生活方式产生了重要的影响,但是由于其高碳低效的生产方式无法满足人类长期发展的需要,在发展后期逐渐被人们所摒弃。

(3)传统工业的高碳高效阶段及其特点。19世纪末期,人们开始注重现代

①　石四华:《马鞍山市非钢工业可持续发展研究》,合肥工业大学硕士论文,2009年。

科学技术在工业中的作用,发明了电,建立了通信网络,之后还形成了生物制药等许多先进的技术和设备,工业开始逐渐由机器工业时代向传统工业迈进。与机器工业相比,传统工业的效率要高很多,并且延长了产品的价值链。比如,通过技术的创新,人们可以从低品位的铁矿中大量地炼出高级钢,从原油中提炼出汽油、煤油和润滑油等。这些创新大大刺激了钢铁工业和石油工业的发展,这些衍生品的产生也刺激了人们的大量生产。在传统工业时代,世界范围的交流得到发展,进出口贸易增多,科技创新被提到重要的位置。虽然传统工业具有较高的效率,但是由于其主要依赖于大量原料和能源的使用,化石燃料的焚烧,大量森林的砍伐,造成了严重的工业污染。传统工业的大量生产和粗犷开采,对生态造成了严重的破坏,导致地球温度上升,已经威胁到人类的生存和发展。于是,人们意识到传统工业不能满足人类可持续发展的需要。

虽然这三个工业发展阶段在推进我国工业和经济发展的过程中起到了重要的作用,但不符合可持续发展的要求,需要寻求一种新的、低碳高效的工业发展模式。绿色低碳高效工业与传统工业相比,明显的优势就是大大减少了二氧化碳的排放量,减少了对环境和生态的负外部性。其原理主要是在产业结构升级中,积极推动工业产业结构向低碳化方向发展;在能源利用结构优化中,积极推动清洁能源和低碳能源的广泛使用;在管理机制建设中,将低碳经济管理职能纳入绿色低碳高效工业的管理组织结构中,最后是大力宣传低碳经济理念,弘扬生态文明建设。目前,我国工业的低碳化仍处在初级阶段,但是可以期待,在以低碳经济为指导的社会各界的共同努力下,中国工业实现绿色低碳高效是完全有可能的。发展绿色低碳高效工业最大的意义和作用就是深入贯彻了可持续发展观。

6.1.2 低碳高效工业的低碳高效机理及其主要特征

工业化是一个国家经济取得长足发展的必经之路,工业化往往不是单独出现的,而是伴随着城镇化和现代化共同发展的。工业化是由传统农业社会向现代工业社会转变的一个重要特征,由于工业发展能带来较快的经济增长,在过去几十年中,我国尤其是经济落后的西部地区,都在大力发展工业。工业的快速发展确实带来了经济的高速增长,让人们享受到了经济发展的好处,但是各种环境和生态问题也接踵而至,人们逐渐意识到这种"高消耗、高排放、高污染"的传统工业发展模式显然不能满足长期可持续发展,于是开始追求更为环保的工业发展模式——低碳高效化工业。低碳高效工业拥有与传统工业不同的运行机理与特征。

工业低碳高效化机理主要可以分为低碳机理和高效机理。而低碳机理又可以分为高碳能源的取代机理和能源的减碳机理。高碳能源的取代机理主要是指开发和使用清洁能源以替代或取代传统能源,在传统工业中使用的主要能源是煤炭和石油等高碳能源,而低碳高效工业可以通过清洁能源的开发和利用减少对煤炭和石油的使用,从而达到低碳的目的。在工业中已经使用的清洁能源有太阳能、水能、生物能、核能等,但其使用范围还比较窄,低碳高效工业可以通过科技创新,更大范围和程度地使用清洁能源,并开发出更多的清洁能源,甚至有可能完全替代煤炭、石油等高碳能源,达到碳的零排放。能源的减碳机理是指在工业生产的过程中减少二氧化碳的排放。减少工业二氧化碳的排放,一方面,可以转变工业结构,从传统工业的以重工业为主向低碳高效工业的科技创新型工业为主转变,减少高碳企业的比重。另一方面,能源的减碳机理还可以通过技术的创新,吸收工业排放的碳,也就是人们常说的固碳机理。与减碳相比,它主要是在碳排放出来之后再进行吸收。低碳机理主要体现的是工业的生态效益。

低碳高效工业的高效机理主要可以分为能源的高效利用机理和组织模式的高效机理。能源的高效利用可以发生在工业的各个领域,以化工、石化工业为例,高效工业通过综合考虑单元强化、过程耦合和系统优化集成以及单元设备、核心过程及系统全局之间的制约协同关系,提出了基于单元设备强化及核心反应分离过程耦合的系统集成优化方法,并建立系统用能优化模型。该过程大幅度提高了化工、石化工的生产能力及工艺性能,从而降低了过程能耗[①]。而低碳高效的组织模式主要是指通过组织优化提高工业的效率。在传统工业中,生产模式主要是"资源—产品—废弃物"这样的单向模式,而低碳高效工业打造的是"资源—产品—资源"的循环发展模式,大大提高生产要素的利用效率。总的来说,高碳机理主要体现的是低碳高效工业的经济效益。

低碳高效工业在传统工业的基础上做了很多改进,因此它具有与传统工业不同的特征,主要可以分为工业内部特征和外部特征。内部特征主要是指低碳

---

① 钱宇等:《化工、石化工业能源高效利用若干关键技术的研究及应用》,《化工进展》2006年第25期,第637–638页。

高效工业的能源结构和产业结构。在能源利用结构中,清洁能源和低碳能源占比较多,逐步减少对传统高碳能源的依赖。各工业企业应努力通过工艺改善和能源管理,减少对高碳能源的依赖,减少综合能耗,逐步改变能源利用模式,用清洁能源替代传统能源。在产业结构中,低碳高效的新型工业占比较重,传统工业逐渐减少。产业结构的改变,有利于积极推动工业产业结构的调整。可以在工业企业中设置较高的行业准入要求,按照增加碳汇减少碳源的原则,限制那些高能耗、高污染产业的发展,而对那些低投入、高产出、生态效益良好的企业则给予一定的政策扶持,促进产业结构的低碳化发展。

　　低碳高效工业的外部特征主要是指管理机制和人们思想观念的改变。在管理机制建设中,低碳高效的管理职能占比较多,逐步优化传统管理办法。制定经济鼓励政策,推动工业开展产业优化升级,改变能源利用模式;制定技术政策,促进和鼓励低碳技术的研发和产业化;在保障措施中,政府应在技术创新、能力建设和机制建设等方面,补充和完善发展低碳经济的政策和途径。在理念宣传中,大力宣传低碳经济理念,弘扬生态文明,减少单纯追求经济增长观念的宣传。只有各个产业和行业都足够重视低碳经济的发展,才能更好地推进工业低碳化的发展,绿色低碳高效工业就是以自己的力量带动其他产业的低碳化发展,再通过其他产业的低碳化发展来加速本产业的低碳化。

6.1.3　绿色低碳高效化是工业发展的必然趋势

　　工业是国民经济的主导,工业化是经济现代化的核心和基础,工业经济的发展水平和运行效率的高低更是决定着其他产业部门乃至整个国民经济发展的水平与运行效率的高低。十六大报告提出:"中国要走新型工业化道路,坚持以信息化带动工业化,以工业化促进信息化,走出一条科技含量高、经济效益好、资源消耗低、环境污染少,人力资源优势得到充分发挥的新型工业化路子"。而要实现这一目标,就必须从粗放式向集约式转变,从速度型向效率型转变,从主要依靠资源消耗和环境破坏来维持工业竞争力向资源节约型、环境友好型增长方式转变,在获得经济效益的同时最大限度地提升环境效益。为此,必须充分发挥绿色低碳高效工业的带动作用,在全社会推进绿色低碳化生产①。

　　(1)绿色低碳高效工业能提高资源利用效率,降低生产成本,提高经济效

---

① 吴海民:《中国工业经济运行效率研究:1980—2006》,西南财经大学博士论文,2008 年。

益。西部地区拥有天然的资源优势,在过去几十年中,西部地区工业走的是传统工业的发展模式,依靠大量的资源开采来支撑经济的快速增长,不注重资源利用效率,导致了很多资源被浪费,造成了资源短缺。而绿色低碳高效工业注重资源的循环利用,改变传统工业"资源—产品"的单向生产模式,发展"资源—产品—资源"的循环生产模式,能大大提高资源的利用效率,降低生产成本。比如在钢铁工业中,通过过程和技术创新,逐渐形成了由"废钢→炼钢→制品→废钢"构成的钢铁全生命周期循环体系,通过金属铁的无限循环使用和生命的延续,不断提高资源利用率,提高附加值,提高钢铁的潜能。同时,绿色低碳高效工业还重视技术的研发和创新,以新的科学技术来延长产品的产业链,增加了工业的经济效益。如果说传统工业是从低品位的铁矿中大量地炼出高级钢,从原油中提炼出汽油、煤油和润滑油等资源,那么低碳高效工业就是从相同数量的低品位铁矿中提炼出更多数量的高级钢,从相同质量的原油中提炼出更高质量和更多数量的汽油、煤油和润滑油。

(2)绿色低碳高效工业能减少工业中的三废排放,缓解全球变暖。工业污染主要有3种:工业燃料的燃烧会产生大量烟尘、二氧化硫、二氧化碳等气体,造成大气污染;工业生产产生的废水会造成水污染;工业发展过程中产生的废渣排放到大自然后会造成土壤污染。工业产生的三废是造成环境污染的主要元凶,它会破坏生态平衡,影响工业自身的发展,危害人们的身体健康,使得全球变暖。如表6-1所示,2000—2013年中国工业总产值增加了426.28%,而同期的工业废气、工业废水和工业固体废气物的排放分别增加了18.90%、384.54%和300%,说明目前中国工业的发展是伴随着高污染的。而低碳高效工业通过清洁能源、节能高效、循环生态技术的开发和使用,可大幅度地减少高碳能源消耗,从而大幅度地降低三废排放,缓解全球变暖。

表6-1　工业三废排放情况

工业排放指标	2000 年	2013 年	增加值%
工业总产值(亿元)	40033.59	210689.42	426.28
工业废水排放量(亿吨)	194.20	230.90	18.90
工业废气排放量(亿立方米)	138145	669361	384.54
工业固废排放量(亿吨)	8.20	32.80	300.00

数据来源:《2001 年环境统计年报》和《2014 年环境统计年报》。

（3）绿色低碳高效工业能有效地推进工业发展方式的转变。传统工业追求的是经济的快速增长，是当代人效用的最大化，经济增长的快慢是衡量工业发展好坏的唯一标准。这种极端的发展模式，意味着一旦资源用尽，或者生态平衡被破坏到无法自我恢复，就会影响到人类的生存。绿色低碳高效工业就是对这种极端发展方式的转变，绿色低碳强调在生产的过程中更加注重技术创新的应用与投入。首先，低碳高效工业将重点鼓励轻工业的发展，而对污染较重的重工业将减少扶持力度，这将促进产业结构的转变。其次，低碳高效工业将减少对石油、煤炭能源的依赖，而增加对清洁能源的使用，这将促进能源结构的转变。再者，低碳高效工业强调管理层次的最优化，也就是减少管理机构中的多余层次，促进管理结构的转变。最后，低碳高效工业将大力宣传经济发展的新任务，即又好又快地发展，这是对人们思想观念的改变。

传统工业文明"高消耗、高增长、高污染"的传统经济增长方式对生态的损害已经危及人类的基本生存条件，为了经济增长而粗放地利用资源的生产组织模式已不符合现代低碳化的生产要求，并极大地阻碍可持续发展。通过深刻反思发达国家所走过的传统工业化道路发现：资源的过度消耗和温室气体的过量排放，是引发全球生态危机、资源危机的罪魁祸首，21 世纪人类正面临着经济发展方式的革命性变革，以低能耗、低物耗、低排放、低污染、高效率为特征的绿色低碳经济成为转变发展方式的新选择。然而，绿色低碳经济需要绿色低碳技术和绿色低碳产业作支撑，舍此，绿色低碳经济就是一具空壳。西部地区需要在产业结构优化升级中促进绿色低碳发展，在绿色低碳发展中促进产业优化升级①。

6.2　西部发展低碳高效工业的机遇和挑战

绿色低碳高效工业是新型工业发展模式，在其发展过程中会遇到许多机遇和挑战。因此，需要认清西部地区发展低碳高效工业面临的内部优势和劣势、

---

① 程宇航：《我国产业升级的绿色低碳路径选择》，《江西社会科学》2010 年第 9 期，第 77 - 82 页。

外部机遇和威胁,探寻符合西部地区自身实际的工业化之路,这同西部地区转变增长方式、调整产业结构、落实节能减排目标和实现可持续发展具有一致性。

6.2.1 西部工业的高碳低效问题

改革开放以来,全国及各地区的工业都得到了飞速发展,西部地区的工业增加值在此期间增长了51.91倍,稍快于中部地区。然而,相对于全国和东部地区而言,西部地区的工业发展水平仍相对滞后,主要支柱产业和主导产业绝大多数都属于对资源依赖较重的资源型产业,也即是高碳产业,高碳低效问题十分突出。

(1)西部工业的高碳问题。表6-2为2005-2009年间全国及三大区域单位工业增加值能耗情况,由表6-2可见,东中西部三大区域的单位工业增加值能耗都在下降,其中,西部地区由2005年的4.29吨标准煤/万元下降为2009年的3.13吨标准煤/万元,降低了27%,但仍然远远高于东、中部地区的工业增加值能耗水平,表现出明显的高碳特征。

表6-2　全国及三大区域单位工业增加值能耗　单位:吨标准煤/万元

地区	2005年	2006年	2007年	2008年	2009年
东部	2.1	1.96	1.78	1.6	1.49
中部	3.6	3.29	2.97	2.6	2.24
西部	4.29	4.05	3.77	3.43	3.13
全国	3.33	3.1	2.84	2.54	2.29

数据来源:根据相关年份各省市区统计年鉴数据计算得到。

(2)西部工业的低效问题。图6-1为东中西部三大区域及全国工业用水量情况。西部地区工业用水量GSLX由2004年的229.6亿立方米增加为2012年的287.18亿立方米,增加了1.25倍。全国工业用水量GSLQ由2004年的1228.75亿立方米增加为2012年的1423.9亿立方米,增加了1.16倍。其中,东部地区工业用水量GSLD、中部地区工业用水量GSLZ分别由2004年的601.38亿立方米、397.77亿立方米增加到2012年的614.19亿立方米、522.53亿立方米,分别增加了1.02、1.31倍。可见,尽管当前西部地区工业用水量低于东部和中部地区,但从工业用水量的增幅角度看,西部地区高于东部,也高于全国平均水平。

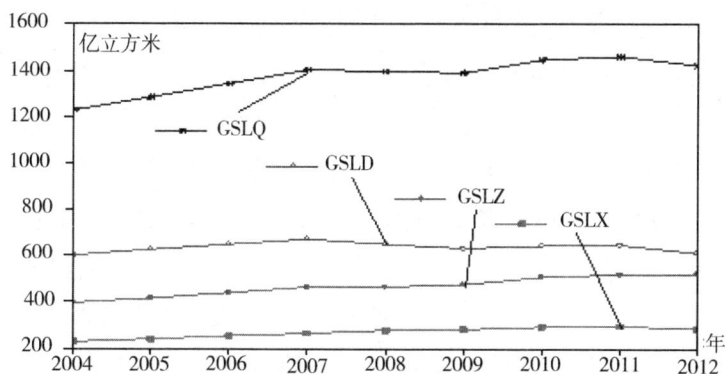

图 6 - 1　东中西部三大区域及全国工业用水量

如果我们将工业用水量与实际工业增加值之比定义为单位工业增加值水耗的话,那么,东中西部三大区域及全国单位工业增加值水耗变化情况如图 6 - 2 所示。西部地区单位工业增加值水耗 GSHX 由 2004 年的 503.9 立方米/万元下降为 2012 年的 176.07 立方米/万元。全国单位工业增加值水耗 GSHQ 由 2004 年的 350.03 立方米/万元下降为 2012 年的 140.45 立方米/万元。其中,东部地区单位工业增加值水耗 GSHD、中部地区单位工业增加值水耗 GSHZ 分别由 2004 年的 259.23 立方米/万元、541.28 立方米/万元下降到 2012 年的 100.07 立方米/万元、220.5 立方米/万元。可见,当前西部地区单位工业增加值水耗高于东部,也高于全国平均水平,具有一定的低效性。

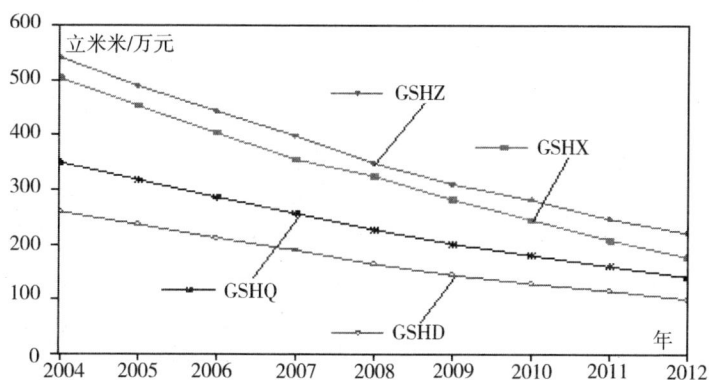

图 6 - 2　东中西部三大区域及全国单位工业增加值水耗

图6-3为东中西部三大区域及全国按建筑业增加值计算的劳动生产率变化情况。西部地区按建筑业增加值计算的劳动生产率 JZLSLX 由1996年的10230.45元/人·年增加为2011年的42527.52元/人·年。全国按建筑业增加值计算的劳动生产率 JZLSLQ 由1996年的的10904.8元/人·年增加为2011年的43815.27元/人·年。其中,东部地区按建筑业增加值计算的劳动生产率 JZLSLD、中部地区按建筑业增加值计算的劳动生产率 JZLSLZ 分别由1996年的12068.45元/人·年、10415.5元/人·年增加到2011年的46299.65元/人·年、42618.64元/人·年。可见,近十多年来,西部地区按建筑业增加值计算的劳动生产率远低于东部地区,也略低于中部地区和全国平均水平。

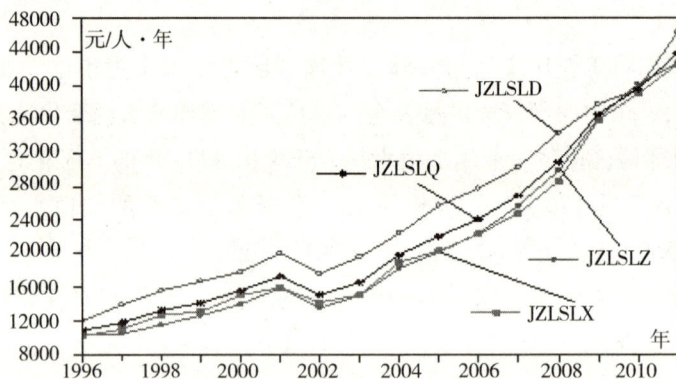

图6-3　东中西部三大区域及全国按建筑业增加值计算的劳动生产率

图6-4为东中西部三大区域及全国按建筑业总产值计算的劳动生产率变化情况。西部地区按建筑业总产值计算的劳动生产率 JCLSLX 由1993年的21543.18元/人·年增加为2013年的298020.6元/人·年。全国按建筑业总产值计算的劳动生产率 JCLSLQ 由1993年的的23849.29元/人·年增加为2013年的343983.85元/人·年。其中,东部地区按建筑业总产值计算的劳动生产率 JCLSLD、中部地区按建筑业总产值计算的劳动生产率 JCLSLZ 分别由1993年的29272.82元/人·年、20731.88元/人·年增加到2013年的412878.73元/人·年、321052.25元/人·年。可见,近二十多年来,西部地区按建筑业总产值计算的劳动生产率同样远低于东部地区,也略低于中部地区和

全国平均水平。

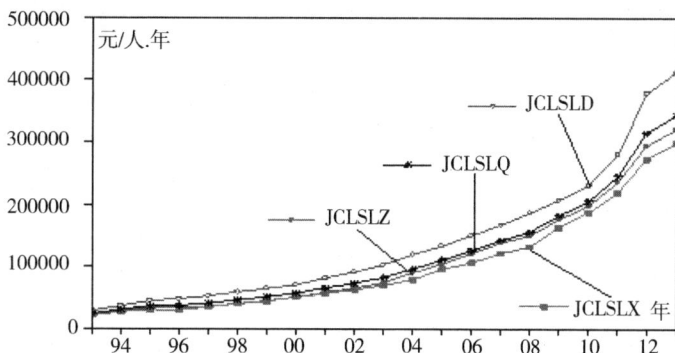

图 6－4 东中西部三大区域及全国按建筑业总产值计算的劳动生产率

6.2.2 西部发展低碳高效工业的机遇与优势

在西部地区发展低碳高效工业首先要充分针对西部地区是内陆地区的实际情况,应充分利用西部地区矿产资源与能源资源丰富的优势,大力发展生物产业、水能、太阳能、核能、风能等产业,并通过清洁生产、循环经济、产业园区等来发展低碳高效工业产业,把碳捕获、碳封存、碳替代、碳减量等技术环节充分融入循环经济、清洁生产、产业园区模式,实现低碳经济与循环经济、清洁生产、产业园区制度的有机融合,通过改进技术,运用低碳创新技术来实现工业经济的低碳发展。西部地区发展低碳高效工业还应该充分利用其政策优势,国家在《西部大开发"十二五"规划》中明确要求西部各地区工业发展要坚持走新型工业化道路,加强资源节约和管理,加大节能减排力度[①]。西部地区应充分利用国家的政策优惠、财政支持、能源补贴等政策充分发展低碳高效工业。

(1)清洁能源优势。我国能源结构呈现"富煤、贫油、少气"特点,西部地区同样如此,但相对而言,西部地区的天然气比较丰富,而水能、风能等无碳能源更是异常丰富。图 6－5 为东中西部三大区域及全国水力发电量变化情况。西部地区水力发电量 SFDLX 由 1995 年的 875.81 亿千瓦小时增加为 2012 年的 4571.11 亿千瓦小时。全国水力发电量 SFDLQ 由 1995 年的 1905.78 亿千瓦小时增加为 2012 年的 7594.98 亿千瓦小时。其中,东部地区水力发电量 SFDLD、

---

① 董文芳:《西部地区低碳工业发展路径研究》,西南财经大学硕士论文,2014 年。

中部地区水力发电量 SFDLZ 分别由 1995 年的 434.06 亿千瓦小时、595.91 亿千瓦小时增加到 2012 年的 866.79 亿千瓦小时、2157.08 亿千瓦小时。可见,近二十年来,西部地区水力发电量远高于东部和中部地区,具有明显的水能优势。

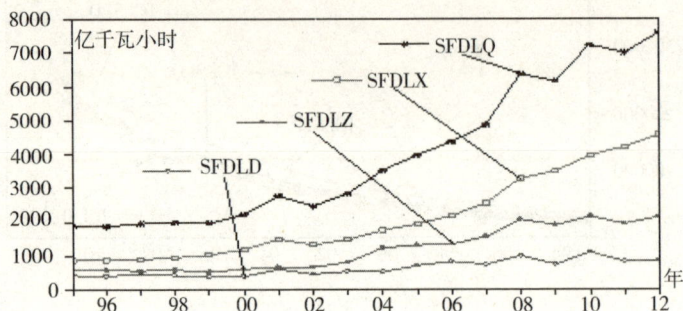

图 6-5　东中西部三大区域及全国水力发电量

　　图 6-6 为东中西三大区域及全国天然气储量变化情况。西部地区天然气储量 TQCLX 由 2003 年的 17572.52 亿立方米增加为 2013 年的 39730.75 亿立方米。全国天然气储量 TQCLQ 由 2003 年的 19508.08 亿立方米增加为 2013 年的 43116.51 亿立方米。其中,东部地区天然气储量 TQCLD、中部地区天然气储量 TQCLZ 分别由 2003 年的 1081.74 亿立方米、853.82 亿立方米增加到 2013 年的 1154.36 亿立方米、2231.4 亿立方米。可见,近十年来,西部地区天然气储量远远高于东部和中部地区,具有明显的天然气储量优势。

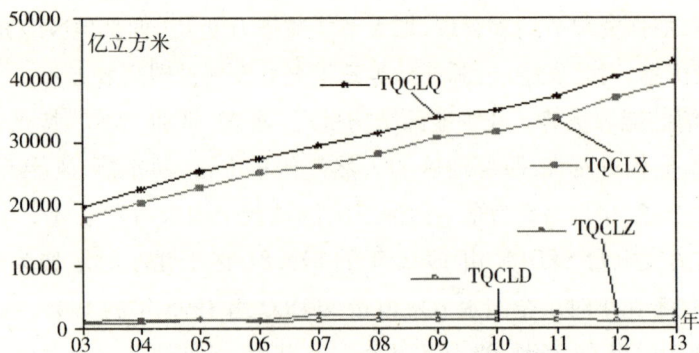

图 6-6　东中西部三大区域及全国天然气储量

图 6-7 为东中西三大区域及全国天然气生产量变化情况。西部地区天然气生产量 TQSLX 由 1995 年的 92.87 亿立方米增加为 2012 年的 870.49 亿立方米。全国天然气生产量 TQSLQ 由 1995 年的 179.47 亿立方米增加为 2012 年的 1067.19 亿立方米。其中,东部地区天然气生产量 TQSLD、中部地区天然气生产量 TQSLZ 分别由 1995 年的 46.25 亿立方米、40.35 亿立方米增加到 2012 年的 134.13 亿立方米、62.57 亿立方米。可见,近十年来,西部地区天然气生产量远远高于东部和中部地区,具有明显的天然气生产量优势。

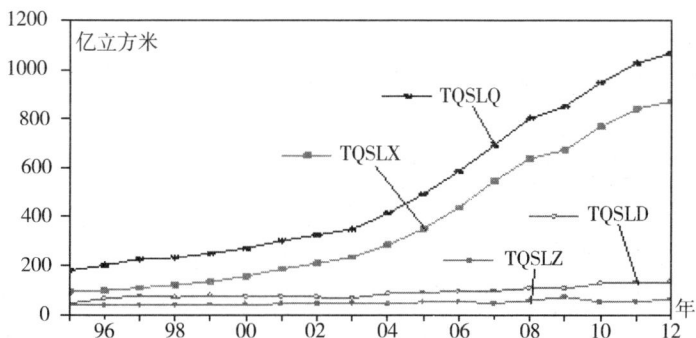

图 6-7　东中西部三大区域及全国天然气生产量

(2)政策优势。西部大开发以来,国家给予了西部地区许多优惠政策,例如 2011 年财政部、海关总署、国家税务总局印发的《关于深入实施西部大开发战略有关税收政策问题的通知》,这些优惠政策为西部地区工业的发展带来了机遇,也使得西部实现工业低碳高效化具有一定的政策优势。图 6-8 为东中西部三大区域及全国采掘业新增固定资产投资变化情况。西部地区采掘业新增固定资产投资 CXGZTX 由 2003 年的 282.08 亿元增加为 2013 年的 4248.2 亿元。全国采掘业新增固定资产投资 CXGZTQ 由 2003 年的 1042.69 亿元增加为 2013 年的 9809.05 亿元。其中,东部地区采掘业新增固定资产投资 CXGZTD、中部地区采掘业新增固定资产投资 CXGZTZ 分别由 2003 年的 397.41 亿元、363.2 亿元增加到 2013 年的 2194.06 亿元、3366.79 亿元。可见,近十年来,西部地区采掘业新增固定资产投资高于东部和中部地区。

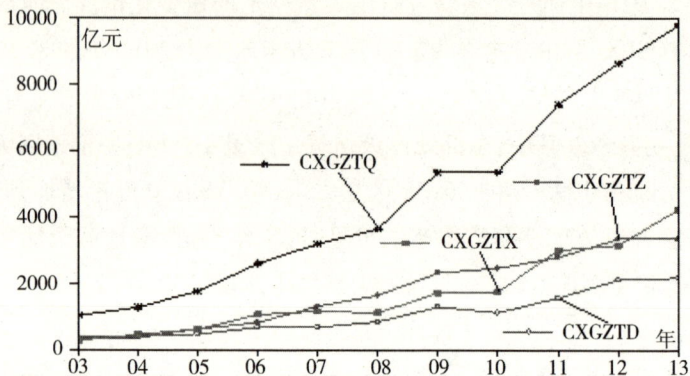

图6-8　东中西部三大区域及全国采掘业新增固定资产投资(不含农户)

图6-9为东中西部三大区域及全国采矿业全社会固定资产投资变化情况。西部地区采矿业全社会固定资产投资 KQGZTX 由2003年的500.87亿元增加为2013年的6357.58亿元。全国采矿业全社会固定资产投资 KQGZTQ 由2003年的1615.35亿元增加为2013年的13790.76亿元。其中,东部地区采矿业全社会固定资产投资 KQGZTD、中部地区采矿业全社会固定资产投资 KQGZTZ 分别由2003年的569.73亿元、544.75亿元增加到2013年的2823.16亿元、4610.02亿元。可见,近十年来,西部地区采矿业全社会固定资产投资也高于东部和中部地区。

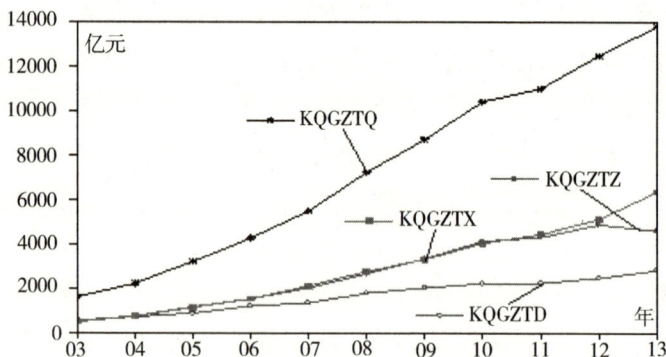

图6-9　东中西部三大区域及全国采矿业全社会固定资产投资

图6-10为东中西部三大区域及全国电力、燃气及水的生产和供应业全社

会固定资产投资变化情况。西部地区电力、燃气及水的生产和供应业全社会固定资产投资 DQGZTX 由 2003 年的 1137.15 亿元增加为 2013 年的 8246.85 亿元。全国电力、燃气及水的生产和供应业全社会固定资产投资 DQGZTQ 由 2003 年的 3821.99 亿元增加为 2013 年的 19530.41 亿元。其中,东部地区电力、燃气及水的生产和供应业全社会固定资产投资 DQGZTD、中部地区电力、燃气及水的生产和供应业全社会固定资产投资 DQGZTZ 分别由 2003 年的 1731.42 亿元、953.42 亿元增加到 2013 年的 7061.53 亿元、4222.03 亿元。可见,近十多年来,西部地区电力、燃气及水的生产和供应业全社会固定资产投资也高于东部和中部地区。

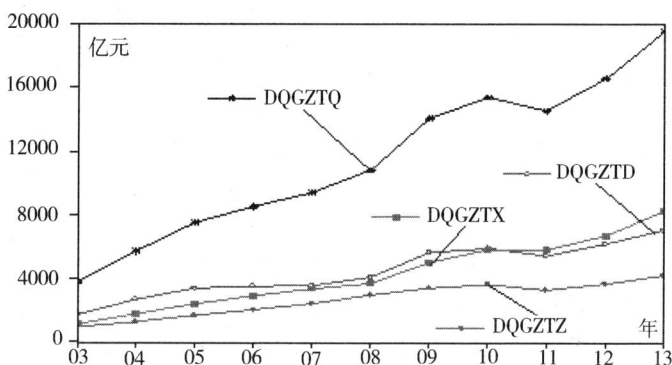

图 6-10　东中西部三大区域及全国电力、燃气及水的
生产和供应业全社会固定资产投资

　　图 6-11 为东中西部三大区域及全国建筑业全社会固定资产投资变化情况。西部地区建筑业全社会固定资产投资 JQGZTX 由 2003 年的 145.05 亿元增加为 2013 年的 1500.49 亿元。全国建筑业全社会固定资产投资 JQGZTQ 由 2003 年的 924.38 亿元增加为 2013 年的 3669.75 亿元。其中,东部地区建筑业全社会固定资产投资 JQGZTD、中部地区建筑业全社会固定资产投资 JQGZTZ 分别由 2003 年的 569.4 亿元、209.93 亿元增加到 2013 年的 1190.66 亿元、978.6 亿元。可见,西部地区建筑业全社会固定资产投资增速较快,近几年已高于东部和中部地区。

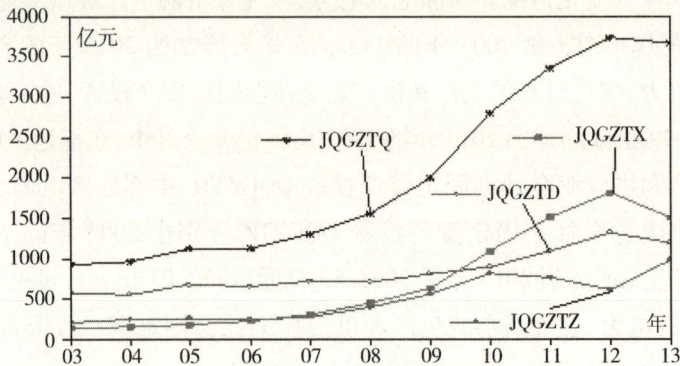

图 6－11　东中西部三大区域及全国建筑业全社会固定资产投资

图 6－12 为东中西部三大区域及全国能源工业固定资产投资变化情况。西部地区能源工业固定资产投资 NGZTX 由 2000 年的 852.6 亿元增加为 2013 年的 12648 亿元。全国能源工业固定资产投资 NGZTQ 由 2000 年的 3796.16 亿元增加为 2013 年的 28044.54 亿元。其中,东部地区能源工业固定资产投资 NGZTD、中部地区能源工业固定资产投资 NGZTZ 分别由 2000 年的 1816.7 亿元、1126.86 亿元,增加到 2013 年的 8633.47 亿元、6763.07 亿元。可见,西部地区能源工业固定资产投资增速较快,近几年已高于东部和中部地区。

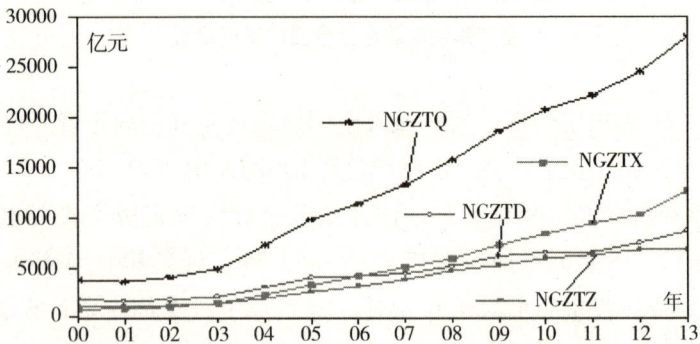

图 6－12　东中西部三大区域及全国能源工业固定资产投资(不含农户)

(3)劳动力成本优势。西部地区由于经济落后,工业劳动者工资水平较低,也就意味着工业企业的劳动力成本较低,具有一定的成本优势。图 6－13 为东中西部三大区域及全国采矿业城镇单位就业人员平均工资变化情况。西部地区采矿业城镇单位就业人员平均工资 KCJGX 由 2006 年的 21590.25 元增加为 2012 年的 52593.58 元。全国采矿业城镇单位就业人员平均工资 KCJGQ 由 2006 年的 24097.05 元增加为 2012 年的 54432.66 元。其中,东部地区采矿业城镇单位就业人员平均工资 KCJGD、中部地区采矿业城镇单位就业人员平均工资 KCJGZ 分别由 2006 年的 29072.64 元、21628.25 元增加到 2012 年的 60157.27 元、50547.13 元。可见,西部地区的采矿业城镇单位就业人员平均工资和中部地区差不多,但低于全国平均水平,且远远低于东部地区。

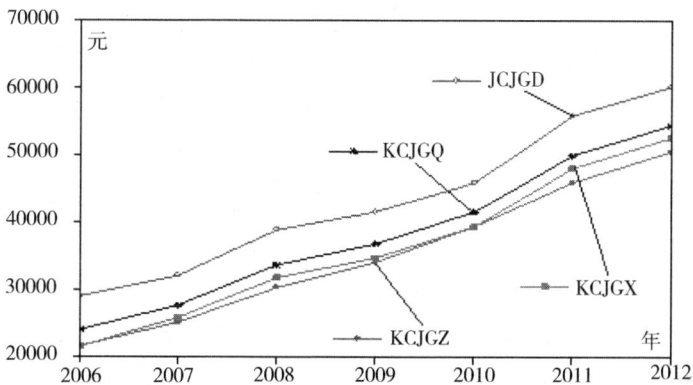

图 6-13　东中西部三大区域及全国采矿业城镇单位就业人员平均工资

图 6-14 为东中西部三大区域及全国电力、燃气及水的生产和供应业城镇单位就业人员平均工资变化情况。西部地区电力、燃气及水的生产和供应业城镇单位就业人员平均工资 DCJGX 由 2006 年的 26744.5 元增加为 2013 年的 62928.58 元。全国电力、燃气及水的生产和供应业城镇单位就业人员平均工资 DCJGQ 由 2006 年的 28956 元增加为 2013 年的 67479.47 元。其中,东部地区电力、燃气及水的生产和供应业城镇单位就业人员平均工资 DCJGD、中部地区电力、燃气及水的生产和供应业城镇单位就业人员平均工资 DCJGZ 分别由 2006 年的 38987.64 元、21135.88 元增加到 2013 年的 82420.82 元、57089 元。可见,西部地区的电力、燃气及水的生产和供应业城镇单位就业人员平均工资略高于中部地区,但仍低于全国平均水平,且远低于东部地区。

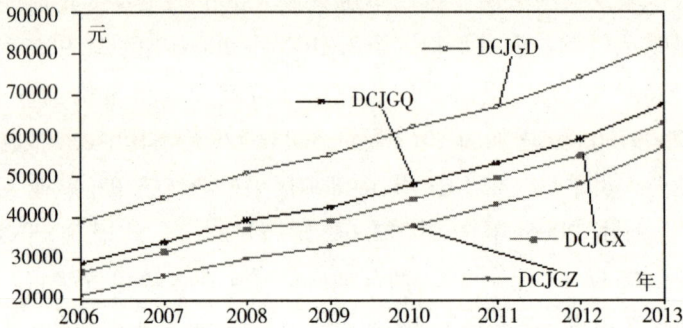

图6-14　东中西部三大区域及全国水电气行业城镇单位就业人员平均工资

图6-15为东中西部三大区域及全国建筑业城镇单位就业人员平均工资变化情况。西部地区建筑业城镇单位就业人员平均工资JCJGX由2006年的14122元增加为2013年的39198.17元。全国建筑业城镇单位就业人员平均工资JCJGQj由2006年的16223.2元增加为2013年的41701.83元。其中,东部地区建筑业城镇单位就业人员平均工资JCJGD、中部地区建筑业城镇单位就业人员平均工资JCJGZ分别由2006年的20776.73元、13770.88元增加到2013年的47441.45元、38465.88元。可见,西部地区的建筑业城镇单位就业人员平均工资和中部地区差不多,但低于全国平均水平,且远远低于东部地区。

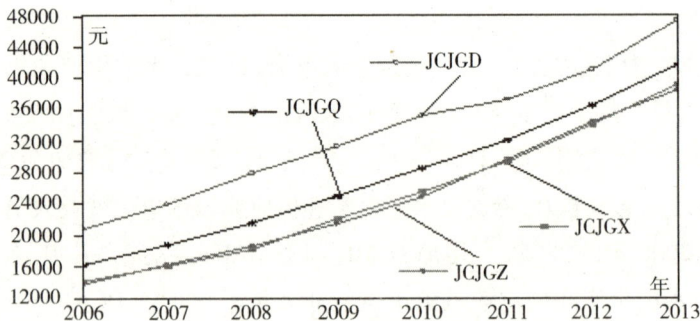

图6-15　东中西部三大区域及全国建筑业城镇单位就业人员平均工资

图6-16为东中西部三大区域及全国制造业城镇单位就业人员平均工资变化情况。西部地区制造业城镇单位就业人员平均工资ZCJGX由2006年的16639.08元增加为2013年的44200.92元。全国制造业城镇单位就业人员平

均工资 ZCJGQ 由 2006 年的 17522.77 元增加为 2013 年的 45446.31 元。其中，东部地区制造业城镇单位就业人员平均工资 ZCJGD、中部地区制造业城镇单位就业人员平均工资 ZCJGZ 分别由 2006 年的 20686.36 元、15242.88 元增加到 2013 年的 51315 元、40823 元。可见，西部地区的制造业城镇单位就业人员平均工资略高于中部地区，但仍低于全国平均水平，且远低于东部地区。

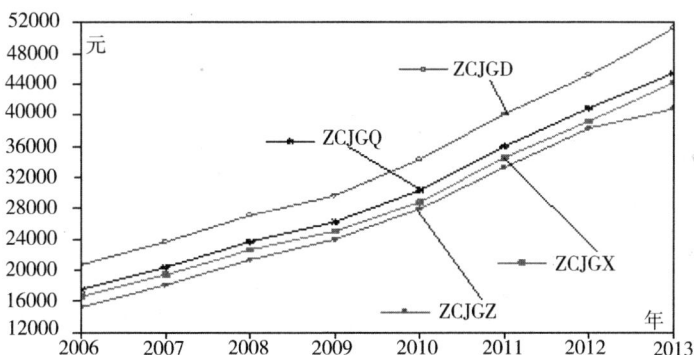

图 6-16　东中西部三大区域及全国制造业城镇单位就业人员平均工资

6.2.3　西部发展低碳高效工业的挑战与劣势

西部大开发战略实施二十多年，带来能源消费的持续增长，在经济高速增长的同时，出现了资源利用效率较低、资源浪费严重、高能耗、高碳化所导致的环境恶化现象。这是由于产业结构不尽合理，重化工倾向十分明显，信贷资金主要集中在高耗能行业等导致的种种弊端。西部地区急需发展低碳高效工业来缓解经济发展与资源环境保护的双重压力。由于西部地区的工业经济基础十分薄弱，推进低碳高效工业的难度极大，工业装备的落后使得低碳高效工业的发展相较于其他地区要投入更多的资金去改造生产设备、生产工艺、生产流程。再加上西部地区人才的极度缺乏，使西部地区发展低碳高效工业雪上加霜。

（1）工业经济基础薄弱。自改革开放尤其是西部大开发以来，西部工业得到了飞速发展，但由于底子薄，其工业经济基础仍然相对薄弱。图 6-17 为东中西部三大区域及全国大中型工业企业固定资产合计情况。西部地区大中型工业企业固定资产合计 DGGZX 由 2000 年的 8694.48 亿元增加为 2012 年的 48045.2 亿元。全国大中型工业企业固定资产合计 DGGZQ 由 2000 年的

43378.99 亿元增加为 2012 年的 209190.79 亿元。其中,东部地区大中型工业企业固定资产合计 DGGZD、中部地区大中型工业企业固定资产合计 DGGZZ 分别由 2000 年的 23811.59 亿元、10872.92 亿元增加到 2012 年的 108024.84 亿元、53120.75 亿元。可见,西部地区大中型工业企业固定资产合计仍低于中部地区,且远低于东部地区。

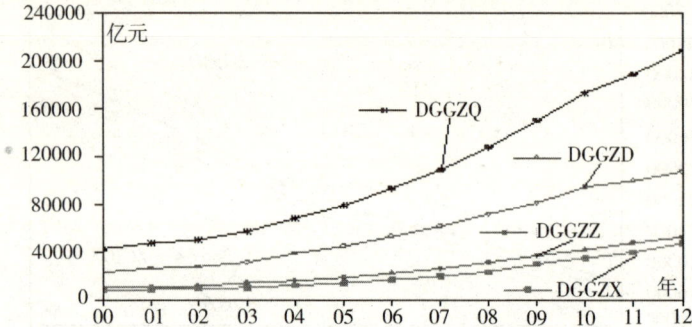

图 6-17　东中西部三大区域及全国大中型工业企业固定资产合计

图 6-18 为东中西部三大区域及全国规模以上工业企业固定资产合计情况。西部地区规模以上工业企业固定资产合计 GGGZX 由 2000 年的 11292.43 亿元增加为 2012 年的 63402.35 亿元。全国规模以上工业企业固定资产合计 GGGZQ 由 2000 年的 59467.51 亿元增加为 2012 年的 283950.9 亿元。其中,东部地区规模以上工业企业固定资产合计 GGGZD、中部地区规模以上工业企业固定资产合计 GGGZZ 分别由 2000 年的 33940.66 亿元、14234.42 亿元增加到 2012 年的 149541.64 亿元、71006.91 亿元。可见,西部地区规模以上工业企业固定资产合计仍低于中部地区,且远低于东部地区。

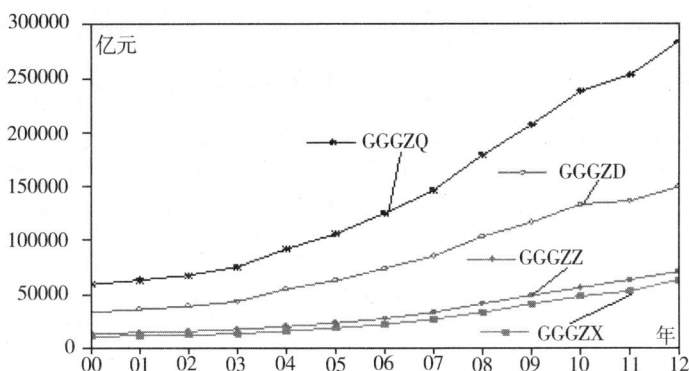

图 6 - 18　东中西部三大区域及全国规模以上工业企业固定资产合计

（2）工业装备落后。表 6 - 2 为东中西部三大区域及全国国有建筑业企业机械设备情况，由表 6 - 2 可以看出，无论是国有建筑业企业自有施工机械设备年末总台数、总功率、净值，还是国有建筑业企业动力装备率、技术装备率，西部地区基本低于中部地区，更远低于东部地区，西部地区的工业装备也非常落后，可见，西部地区工业装备相对落后。

表 6 - 2　东中西部三大区域及全国国有建筑业企业机械设备情况

		2000 年	2005 年	2008 年	2009 年	2010 年	2011 年	2012 年
国有建筑业企业 自有施工机械设 备年末总台数 （台）	东部	862934	625859	515672	511963	477927	487398	514850
	中部	577512	539375	514498	512740	447848	452490	436755
	西部	382270	358177	309159	363295	419052	306968	308977
	全国	1822716	1523411	1339329	1387998	1344827	1246856	1260582
国有建筑业企业 自有施工机械设 备年末总功率 （万千瓦）	东部	1930	1470	1344	1307	1360	1448	1494
	中部	1297	1278	1286	1421	1075	1185	1239
	西部	924	694	882	891	776	1061	1005
	全国	4151	3442	3512	3619	3211	3694	3738

续表

		2000 年	2005 年	2008 年	2009 年	2010 年	2011 年	2012 年
国有建筑业企业 自有施工机械 设备年末净值 （万元）	东部	2535167	2885900	2787973	3270504	3497682	4285923	3743502
	中部	1733380	2163726	2356108	2844613	2157768	2565542	2486756
	西部	1216807	1331267	1702165	1812315	1563912	3223202	1916492
	全国	5485354	6380893	6846246	7927432	7219362	10074667	8146750
国有建筑业企业 动力装备率 （千瓦/人）	东部	7.182	7.818	8.636	7.818	7.909	10.909	10.364
	中部	6.625	8.25	8.375	7.625	6.125	8	8.5
	西部	6	7	7.667	6.583	5.583	9	8.083
	全国	6.602	7.689	8.226	7.342	6.539	9.303	8.982
国有建筑业企业 技术装备率 （元/人）	东部	9241	14814	18073	21290	22435	34521	26865
	中部	8645	13902	14183	15177	12538	16503	15864
	西部	8254	13973	14942	14246	12967	23838	15437
	全国	8714	14230	15733	16904	15980	24954	19389

资料来源：通过各年中国统计年鉴计算所得。

（3）人力资本落后。西部地区工业就业人员教育程度较低、技术水平落后，也是西部实现工业低碳高效发展的一大劣势。表6-3为东中西部三大区域及全国建设工程监理企业从业人员情况，由表6-3可见，无论是建设工程监理企业从业人数、注册监理工程师人数、注册执业人数、高中级职称人员数，还是注册监理工程师占比、注册执业人员占比，西部地区都低于东部和中部地区。

表6-3 东中西部三大区域及全国建设工程监理企业从业人员情况

		2005 年	2007 年	2008 年	2009 年	2010 年	2011 年	2012 年
建设工程监理 企业从业人数 （人）	东部	240225	278952	297433	322440	364886	405241	430486
	中部	98437	117479	127171	135023	156315	185644	202868
	西部	94531	116955	116028	121864	152131	172569	188688
	全国	433193	513386	540632	579327	673332	763454	822042

续表

		2005 年	2007 年	2008 年	2009 年	2010 年	2011 年	2012 年
建设工程监理企业注册监理工程师(人)	东部	49299	42104	52706	57876	57730	64065	67139
	中部	18930	16318	20672	22555	23001	26368	27854
	西部	13119	12474	15476	16512	17890	21231	23359
	全国	81348	70896	88854	96943	98621	111664	118352
建设工程监理企业注册监理工程师占比(%)	东部	20.52	15.09	17.72	17.95	15.82	15.81	15.6
	中部	19.23	13.89	16.26	16.7	14.71	14.2	13.73
	西部	13.88	10.67	13.34	13.55	11.76	12.3	12.38
	全国	18.78	13.81	16.44	16.73	14.65	14.63	14.4
建设工程监理企业注册执业人数(人)	东部	57716	58198	70742	75669	80584	90199	97031
	中部	23144	22355	27917	30215	32666	37145	40013
	西部	17823	18873	22749	23328	27514	31141	34858
	全国	98683	99426	121408	129212	140764	158485	171902
建设工程监理企业注册执业人员占比(%)	东部	24.03	20.86	23.78	23.47	22.08	22.26	22.54
	中部	23.51	19.03	21.95	22.38	20.9	20.01	19.72
	西部	18.85	16.14	19.61	19.14	18.09	18.05	18.47
	全国	22.78	19.37	22.46	22.3	20.91	20.76	20.91
建设工程监理企业高、中级职称人员数(人)	东部	140575	160978	165597	177142	193147	212943	221819
	中部	63619	74366	80981	83213	94071	109526	118255
	西部	59393	67349	69615	70332	84192	92802	100265
	全国	263587	302693	316193	330687	371410	415271	440339

资料来源:通过各年中国统计年鉴计算所得。

　　综上所述,西部地区发展低碳高效工业的阻力巨大,工业基础薄弱是客观原因,而低碳高效工业是一种对产业结构进行完全革新的过程,面对落后的工业基础,作为西部地区的企业要加大对低碳高效产业模式的学习与引进力度,必须认识到只有绿色低碳生产才能换来经济效益与环境效益的同步提升,下定改革的决心,克服一切阻力,摒弃传统的生产方式。作为西部地区的政府必须正视工业发展的现状,加大对低碳高效工业的政策倾斜,加大对工业园区基础设施建设的财政支持,通过优惠政策鼓励新兴低碳高效化企业来西部地区建厂,吸引人才投身西部地区工业。政府还应该协调好与企业之间的帮扶关系,充分利用西部地区发展低碳高效工业的优势去克服劣势,把握机遇,迎接挑战。

6.3 西部工业低碳高效化发展的途径及措施

西部地区由于生产力水平及产业基础薄弱的限制,要发展低碳高效的工业,相比于其他地区要付出更大的代价,必须有相应的发展模式的选择、低碳技术的支撑和相关保障机制的护航,才能真正实现工业的低碳高效化发展。

6.3.1 适合西部工业低碳高效化发展的模式选择

我国西部地区,工业是其推动经济发展的重要组成部分,在经济发展过程中,必须承载起西部地区可持续发展的使命,转变粗放式的发展方式,走"低能耗、低排放、低污染"的工业低碳化发展道路。低碳高效经济的发展路径就是将低碳经济理论付诸经济实践活动,把传统经济改造成低碳型的新经济模式。西部地区拥有优越的资源条件,这既是发展的有利条件,也是低碳经济发展的制约因素。西部地区工业低碳高效的推进还处于初期的发展阶段,发展模式的选择显得尤其重要。在借鉴发达地区发展经验的同时,西部地区必须结合当地的实际情况、产业的比较优势,有选择、有针对性地推进低碳高效的工业发展。结合西部地区实际情况,下面几种模式可作为促进西部地区工业低碳高效化发展的选择:

(1)清洁能源替代模式。清洁能源指不产生或极少产生污染物的能源,包括"核能"和"可再生能源"。核能是通过转化其质量从原子核释放的能量;可再生能源指可以通过自然过程补充因此可以反复利用的能源,如太阳能、水能、风能、地热能、生物能、海潮能等。工业是能耗最大的产业,也是对环境威胁最大的产业,持续的油价攀升提升了清洁能源的开发价值,尽管当前清洁能源在全球能源市场上的份额只有2%,但从发展势头看,清洁能源产量超过传统油气能源只是时间问题。在工业生产中使用清洁能源替代传统能源,可大大降低工业企业的生产成本和污染物排放量,增加其经济和社会效益,并缓解全球气候变暖问题。西部地区具有清洁能源优势,清洁能源替代模式可以也应该成为西部地区实现工业低碳高效化的一种选择模式。

（2）设施高效节约模式。虽然我国工业已经在大力发展太阳能、风能、水力、燃气等清洁能源，但目前仍是以煤炭、石油等传统能源为主，并且太阳能、风能、水力、燃气等清洁能源的应用范围、时间和场合都有限，这在西部地区更为明显。因此必须想方设法提高煤炭、石油等传统能源的利用率。通过技术和设备的创新，提高传统能源效率，是低碳高效工业又一发展模式。高效煤粉工业锅炉就是一个很好的例子，高效煤粉工业锅炉是指以"煤粉燃烧技术"为核心的新型燃煤工业锅炉，研磨至 200 目细度的煤粉在研磨过程中杂质充分去除，燃煤的粒度细，易点燃，挥发分值高，可以提高燃尽率，燃煤灰分低，可以降低除尘负荷。据初步测算，如果采用煤粉锅炉技术将现有燃煤工业锅炉全部进行改造升级，可形成每年 2 亿吨左右的节煤能力，同时每年可减排二氧化硫约 300 万吨、粉尘约 30 万吨、废渣约 3000 万吨、二氧化碳约 5 亿吨，可望大幅改善城镇空气质量。

（3）生态工业园区发展模式。生态工业园是指建立在一块固定地域上的由制造企业和服务企业形成的企业社区。在该社区内，各成员单位通过共同管理环境事宜和经济事宜来获取更大的环境效益、经济效益和社会效益。整个企业社区能获得比单个企业通过个体行为的最优化所能获得的效益之和更大的效益。生态工业园区获得更大效益的方法主要有基础设施和园区企业的绿色设计、清洁生产、污染预防、能源有效使用及企业内部合作[1]。通过园区企业间的物质集成、能量集成和信息集成，形成产业间的代谢和共生耦合关系，使一家工厂的废气、废水、废渣、废热或副产品成为另一家工厂的原料和能源，提高能源利用率，减少废弃物的排放[2]。以丹麦卡伦堡生态工业园区为例。这个工业园区的主体企业是电厂、炼油厂、制药厂和石膏板生产厂、微生物公司，以这 5 个企业为核心，通过贸易方式利用对方生产过程中产生的废弃物或副产品，作为自己生产中的原料，不仅减少了废物产生量和处理的费用，还产生了很好的经济效益，形成经济发展和环境保护的良性循环[3]。

综上所述，西部地区发展低碳高效工业的首要选择是充分结合自身实际与

---

[1]　张润婕：《开发区工业园危险化学品应急管理能力调研分析》，首都经济贸易大学硕士论文，2014 年。

[2]　陈旭：《平凉市循环经济发展模式研究》，兰州大学硕士论文，2009 年。

[3]　余芳：《基于循环经济的燃煤发电企业可持续发展研究》，河海大学硕士论文，2007 年。

比较优势,结合当下最先进的低碳高效化措施,推进工业的低碳高效发展。应充分利用西部地区矿产资源和能源资源的优势,以清洁能源替代模式转变能源的消费结构,加强对可再生能源的利用,减少对不可再生资源的使用。同时还应在工业生产过程中提高生产工艺和技术水平,加强对能源的利用效率,并注意废弃物的处理,减少对环境的污染,减少对资源的浪费。最后,应针对西部地区企业分散、规模不大、经济效益低的特征,在西部地区构造生态工业园区发展模式,以园区的模式鼓励企业入园建厂,通过园区内企业相互之间的分工协作提高整个园区的产业竞争力,并在园区内进行低碳化生产的试点与交流,推进整个工业的低碳高效化发展。

6.3.2 支撑西部工业低碳高效化发展的关键技术

西部地区发展低碳高效工业最关键的一环就是能否掌握发展的关键技术,关键技术的创新与推广将会极大地加速西部工业低碳高效化的发展进程。在西部地区鼓励低碳经济发展的路径就是要实现以低能耗、低污染、低排放和高效能、高效率、高效益("三低三高")为基础,以低碳发展为方向,以节能减排为发展方式,以碳中和技术为发展方法的绿色经济发展模式。只有掌握并利用好低碳高效的关键技术,才能使西部地区工业发生质的变化与革新,促使企业改变落后的生产方式与生产工艺,以技术手段提高对资源的利用效率,降低成本,提高经济效益。只有通过技术手段改进落后的污染治理水平才能使西部地区的环境得到质的改善,降低水污染的发生、大气污染的加剧和废弃物污染的增加等。西部地区工业低碳高效化发展的关键技术主要有:

(1)清洁能源的开发与利用技术。清洁能源的开发与利用技术是西部地区亟需解决的关键技术。水能是指水体的动能、势能和压力能等能量资源。我国水能资源蕴藏丰富,储量居世界首位,占世界总量的16.7%,而西部地区又是我国水能资源最丰富的地区,水能资源理论储蓄量占全国85.79%,可开发量占全国81.5%,是我国水能资源开发的重点地区,西北包括伊犁河、塔里木河额尔齐斯河以及新疆、内蒙古、青海、甘肃等水系,西南则有雅鲁藏布江、澜沧江、怒江等。风能是地球表面大量空气流动所产生的动能。我国西部地区风能资源储量也非常丰富,其理论可开发储量占全国73.8%,且风能资源丰富区集中地面积较大,地势平坦,适合风能资源的开发利用。此外,西部地区天然气储量也非常丰富,天然气指天然蕴藏于地层中的烃类和非烃类气体的混合物,不含一氧化碳,能减少二氧化硫和粉尘排放量近 100%,减少二氧化碳排放量 60% 和氮氧化合物排放量 50%,并有助于减少酸雨形成。

（2）高效工业生产技术。与设施高效工业节约模式相对应的是高效工业生产技术,也就是通过技术的研发和创新,提高工业生产过程中的资源利用效率。我国的能源结构呈现"富煤、贫油、少气"的特点,煤炭在经济发展中的能耗占比一直在 70% 左右,西部地区长期以来同样一直是以煤为主的能源结构。但单位热量燃煤引起的二氧化碳排放比使用石油、天然气分别高出 36% 和 61%。据了解,全国 85% 的二氧化碳、90% 的二氧化硫、60% 的氮氧化物和 73% 的烟尘都是由燃煤排放的①。因此,提高煤炭使用效率就成为西部地区实现工业低碳高效化所必须解决的重要技术。如燃煤锅炉气化微油点火技术、整体煤气化燃气－蒸汽联合循环发电技术、循环流化床技术等。

（3）工业生态化技术。与生态工业园区发展模式相对应的是工业生态化技术,西部地区不具备技术、资金方面的优势,因此通常是基于各地的资源禀赋优势,因地制宜地发展生态工业园区。而不同的资源型产业,所涉及的技术领域不同,因此,所需解决的关键技术也就不一样。例如,广西贵港国家生态工业示范园区以上市公司贵糖（集团）股份有限公司为核心,以制糖为中心,形成了包含甘蔗田、制糖厂、酒精厂、造纸厂、污水处理厂、肥料厂六大部分在内的两条主要的生态产业链,因此,其关键技术必然是与制糖产业链相关的生产技术。再如,内蒙古包头生态工业示范园区依托铝电优势,以铝业为龙头、电厂为基础,实施铝电联营,积极发展电力、铝深加工、环保建材等相关产业,逐步形成了电解铝—铝合金—精铝—铝板—化成箔—铝深加工的产业链,实现了资源、环境和经济效益的"共赢",其进一步发展的关键技术则必然是与铝电产业链相关的生产技术。

综上所述,支撑西部工业低碳高效化发展的关键技术主要包括清洁能源的开发与利用技术、高效工业生产技术、工业生态化技术等。西部地区的清洁能源如水能、风能和太阳能在全国位居前列,但能否掌握利用好这些清洁能源的关键技术才是难点,只有通过不断的学习和实验,针对西部地区的能源结构和能源现状,制定出最好的发展方式方法,才能合理地利用清洁能源造福企业造福社会。高效工业生产技术的获得也依赖于关键技术的掌握,西部地区是煤炭

---

① 王翠:《煤炭企业低碳经济发展模式研究》,《管理观察》2011 年第 18 期,第 96－97 页。

大省,但对煤炭的利用效率却排在全国之后,提高煤炭使用效率已成为西部地区实现工业低碳高效化所必须解决的重要技术课题。西部地区粗犷式的发展具有一定的惯性,所以工业生态化技术就显得尤为重要,必须摒弃以往落后的不顾生态环境的发展方式,提高工业生态化技术,最大限度地减少工业发展所带来的环境问题。

6.3.3 推动西部工业低碳高效化发展的主要措施

发展低碳经济的道路既符合当前经济社会可持续发展的要求,也符合全球气候环境合作的要求。但是,要清醒地认识到西部经济欠发达地区所面临的严峻挑战,西部地区还没有能够建立低碳能源系统、低碳技术体系和低碳产业结构,建立与低碳发展相适应的生产方式、消费模式和鼓励低碳发展的国际国内政策、法律体系和市场机制①。西部地区虽然生产力水平较为落后,工业基础发展较差,但西部地区每年享受大量的财政资金支持,必须利用国家政策的帮助,在西部地区针对发展低碳高效工业的主要思路与方法,加大对符合低碳高效产业的支持力度。推动西部工业低碳高效化发展的另一个关键点还在于是否能够推进关键技术与思路的充分实践,所以必须要有强有力的保障去引导与支持工业的低碳高效转型。其主要有以下措施:

(1)推动西部工业低碳高效化发展的技术保障机制。技术进步在西部工业发展中的作用举足轻重,而为了保证技术进步的可持续性,必须有一系列的技术保障机制。首先,西部地区技术水平相对落后、研发能力相对不足且支撑低碳工业技术创新体系的基础建设较薄弱,而低碳高效工业技术的研发成本高、研发周期长,投资收益不确定性也大,如果仅仅依靠自身的研发创新发展低碳高效工业的话,可能得不偿失、不切实际,所以,西部地区应该利用与发达国家和地区之间的技术交流,尽量引进、消化、吸收其先进技术,发展低碳高效工业。其次,西部地区应建立"尊重知识、尊重人才、尊重劳动、尊重创造"的良好氛围,在相对领先的关键技术领域,加强科研人才队伍建设,培养和造就一批具有国际竞争力的科研团队,强化相关重点领域的技术创新。最后,相关部门还应积极搭建各种技术信息平台,加强低碳高效工业技术的交流和咨询,以促进先进

---

① 王翠梅:《低碳经济助推西部转型升级》,《中国经济信息》2014 年第 18 期,第 74 – 75 页。

技术的推广和应用①。

（2）推动西部工业低碳高效化发展的资金保障机制。无论是技术的引进、研发、推广，还是人才的培养、培训以及相关项目的改造，都需要大量资金的投入，而西部地区本来经济就比较落后，政府和市场的资金都相对匮乏，因此，需建立资金保障机制，以推动西部工业低碳高效化发展。首先，政府部门应设立低碳高效工业专项资金，用于科研机构和高等院校对清洁能源、高效工业等关键技术的研发和相关技术人员的培养。其次，对于一些重点的低碳高效工业改造项目，政府可以给予一定的财政补贴，例如清洁能源改造项目、工业低碳高效改造项目等。再次，对于相关的低碳高效工业投资项目，则可以考虑实施一定的税收优惠政策，例如，对再生能源投资项目、生态工业园区投资项目等。最后，对于满足一定低碳要求的企业，政府还可鼓励银行向它们提供低息贷款。

（3）推动西部工业低碳高效化发展的政策保障机制。政府的政策支持也是实现跨越式发展的关键因素。为了实现西部工业低碳高效化发展，需要一系列的相关政策，除了上面所提到的技术和资金方面的政策之外，还有两个急需制定并实施的重要政策。第一，知识产权保护政策。工业低碳高效化的有效实施关键取决于技术进步，技术进步又取决于技术创新，而技术创新则主要源于对利润的追求。据美国的调查，没有专利的保护，化工领域大约30%的发明不会被实施，大约38%的发明不会被开发；医药行业大约为60%、65%；石油、机械和金属加工领域，专利保护作用相对较弱，但影响商业实施和商业开发均超过10%、88%。第二，能源价格政策。我国许多能源产品的管制价格远远低于其市场均衡价格，导致能源的过度需求和浪费，环境破坏严重。因此，政府应完善能源价格政策，坚持市场化改革方向，更好地发挥市场在资源配置中的基础性作用。

综上所述，推动西部地区工业低碳高效化发展的主要措施关键在于保障关键技术的创新与推广、资金的保障与投入、政策的扶持与倾斜。应该鼓励企业与当地的科研院校加强交流与合作，建立产学研的发展模式，让最先进的技术第一时间流向企业。政府财政与当地的金融投机机构应优先考虑帮扶低碳企业的生产与运行，建立低碳发展的奖惩机制，鼓励企业向低碳高效化发展。政府的政策支持可为企业的低碳高效发展起到良好的引导作用，让企业吃下低碳

---

① 肖春梅：《低碳经济背景下甘肃工业发展应对策略研究》，兰州大学硕士论文，2010 年。

高效发展的定心丸,更好地参与到低碳市场的竞争中去。

6.4　本章小结

　　本章研究西部地区工业低碳高效化发展问题。原始工业、机器工业和传统工业三个工业发展阶段在推进我国工业和经济发展的过程中起到了重要的作用,但不符合可持续发展的要求,亟需寻求一种新的、低碳高效的工业发展模式。低碳高效工业拥有与传统工业不同的运行机理与特征,体现在高碳能源的取代机理和能源的减碳机理以及能源的高效利用机理和组织模式的高效机理上,其内部特征是能源结构和产业结构,外部特征是管理机制和思想观念。绿色低碳高效工业能提高资源利用效率,降低生产成本,减少三废排放,推进工业发展方式转变,故而是工业发展的必然趋势。改革开放以来,西部地区的工业得到了飞速发展,但资源型产业占比较大,轻重工业比例失调,高碳低效问题十分突出。西部地区发展低碳高效工业,拥有清洁能源优势、政策优势和劳动力成本优势,但工业经济基础薄弱、工业装备和人力资本落后等因素也制约着其发展,相比其他地区要付出更大的代价。结合自身实际情况,西部地区可选择清洁能源替代模式、设施高效节约模式和生态工业园区发展模式来促进工业低碳高效化发展,由此决定了清洁能源开发与利用技术、高效工业生产技术和工业生态技术是其关键技术,而要推动关键技术与思路的充分实践,需要建立相应的技术、资金和政策保障机制。

第 7 章　促进产业结构优化的绿色低碳高效服务业

　　服务业是后工业时代经济发展的推进剂,在优化产业结构、改造传统工农业方面起举足轻重的作用。西部地区服务业处于转型时期,提升空间巨大。发展低碳高效服务业是西部地区经济发展的必由之路。本章将在论述低碳高效化是服务业发展必然趋势的基础上,进一步探讨西部地区发展低碳高效服务业的机遇与挑战,并结合西部实际,提出实现服务业低碳高效化发展的模式选择与保障措施。

7.1　绿色低碳高效服务业及其发展趋势

　　低碳高效服务业是低碳经济发展过程中,由低碳产业、环保产业、生产性服务业与现代服务业融合产生的具有高效益、高技术含量、高知识型和高层次的新兴服务业态[①]。低碳高效服务业的发展势必会推动经济社会的发展与生态环境的保护,本节将从服务业发展演进说起,论述低碳高效的服务业是现代服务业的发展趋势。

7.1.1　服务业发展的历史演进及其影响

　　服务业的发展是与工业化、城镇化的发展相辅相成的。从西方发达国家服务业的发展历程来看,服务业的出现早于工业化,但服务业发展壮大于工业化

---

　　①　曹莉萍、诸大建、易华:《低碳服务业概念、分类及社会经济影响研究》,《上海经济研究》2011 年第 8 期,第 3 - 10 页。

进程中,根据不同阶段服务业发展的重点可以将服务业发展分为四个阶段:第一阶段,工业革命之前,生活服务业发展阶段。第二阶段,工业革命前期,即第一次工业革命以前及第一次工业革命期间,流通服务业优先发展阶段。第三阶段,工业革命中期,即第二次工业革命期间,生产者服务业迅速增长阶段。第四阶段,工业化后期,即第三次工业革命至今,知识经济和信息技术为特征的现代服务业充分发展阶段。因此,我们可以以服务业的生产效率以及对生态环境的影响为标准将服务业发展分为以下三个阶段:

(1)以生活服务业为主的低碳低效服务业发展阶段。在工业革命之前以及第一次工业革命时期,由于商业经济的发展,城镇出现了。伴随着城镇化的进程,蒸汽机、珍妮纺纱机以及一系列生产机器的出现,一部分原来从事农业、手工业的劳动者转变为服务业从业者,他们为在城市生活的商人、手工业者提供餐饮、住宿、理发、仓储寄存、商业服务业等生活型服务业。在这个时期,城市和商业的规模都较小,大规模、机械化生产的工厂还没有建立起来,交通工具也不依赖不可再生能源带动,人们的生活节奏较慢,对于一次性用品的需求较小,因此,这个阶段的服务业服务的范围小,生产效率低,经济效益也普遍较低,服务业的初期发展对于生态环境的破坏也小,具有低碳低效的特征。

(2)以流通服务业为主的高碳低效服务业发展阶段。第二次工业革命为经济发展带来了电力、新交通工具以及新通信手段,工业获得空前的发展。随着工业革命的深化,城市规模也不断壮大。此时的工业生产和销售需要交通运输业的支撑,城市的发育也使得商业服务业和批发零售业快速发展起来,因此在这个阶段,以交通运输业、批发零售业以及其他销售服务业为代表的基础性服务发展起来,服务业内部结构向高度化演进。这一时期,随着工业的快速发展和劳动力素质的大幅提高,服务业与工业之间的联系愈来愈紧密,尤其是航运的发达和空运的兴起使得服务业服务的范围极大地扩展,推动了全球化的进程。但是,这一时期服务业的快速发展是建立在粗放型的发展模式上的,缺乏环境保护意识、成本节约意识,服务业的生产效率不高,也正是在这一进程中,由于石化能源的使用,一次性塑料用品的普及,服务业由原来的低污染、低排放、高附加值的产业部门变为一个也会产生废水、废气、废渣以及固体废弃物的部门,服务业进入高碳低效的发展阶段。

(3)以现代服务业为主的低碳高效服务业发展阶段。进入工业化发展的中后期,服务业也发展到了较为成熟的阶段。在这个时期,经济发展与资源环境之间的矛盾日益尖锐,工业、农业发展急需转型,服务业向前发展取代工业成为经济发展的支柱。在这个时期,以生产性服务业为代表的现代服务业快速发展起来,生产性服务业包括金融业、商业服务业、信息通讯业、商务服务业,其本身属于知识密集型行业,具有低碳、高效、高附加值的特性,而且生产性服务业作为一种中间型行业与农业、工业之间联系密切,具有极强的产业融合功能,可以为农业、工业的高度化提供资金、技术、知识支撑。生产性服务业是现代服务业发展的重要内容,可以对以往粗放型发展的服务业进行低碳高效改造,使其走上低碳集约生产的发展道路,现代服务业也由此成为促进产业结构高度化的关键力量。

综上所述,服务业的发展主要包括了三个不同的历史阶段。每个阶段由于生产力水平的差异与生产关系的复杂程度不同,经济效益与生态效益各不相同。在以生活服务业为主的低碳低效服务业发展阶段,服务业的发展主要以规模小、服务性质强的商业为主,这一阶段服务业的经济效益与生态效益都处于较低的水平。到了以流通服务业为主的高碳低效服务业发展阶段,随着工业革命的出现,工业与服务业的联系越来越紧密,服务业的发展突飞猛进,而随之带来的环境污染问题也日益严重。到了以现代服务业为主的低碳高效服务业发展阶段,服务业的发展逐渐成熟,人们开始重视服务业发展所带来的各种环境问题,服务业真正走上了高效益低污染的道路。

7.1.2　低碳高效服务业的低碳高效机理及主要特征

低碳高效服务业是低碳经济在服务业中的应用,是服务业从低水平向高水平发展转变的重要标志。低碳高效服务业是以资源节约、综合效益、生态安全为特征的新型服务业,旨在通过技术创新、管理革新、模式转型来实现服务业的优化升级。低碳高效的服务业发展不仅仅追求的是经济效益的大幅提升,同时还更加注重服务业的发展所带来的环境污染问题。服务业的产生就是为了服务于农业与工业,低碳高效的服务业可以带动农业与工业的低碳高效。服务业又不同于农业与工业,服务业的低碳高效化不仅仅是改变技术、改变服务方式就可以实现的。就目前低碳高效服务业的发展状况来看,其低碳高效机理及主要特征包括以下几个方面:

(1)通过技术创新来实现服务业的低碳高效化。服务业在生产过程中产生的废水、废气、废渣需要通过技术支持来实现控制、处理和转化,其中包括新能源技术、新材料技术、信息通信技术、生产自动化技术等。传统服务业中的交通运输业、餐饮娱乐业、酒店业对石化能源、电力能源的消耗量大,而这些能源的生产、消费会排放大量的二氧化碳,因此需要开发新能源;建筑行业、教育文化行业对木材、塑料制品的消耗量大,而这些材料开采、使用会破坏生态环境,增加固体废弃物,因此通过开发环保材料可以减少对生态环境的破坏,维护大自然的生态循环周期;信息通信技术则可以改变服务业的生产方式,实现更加便捷准确的信息交流和沟通,从而提高服务业的生产效率。服务业要实现低碳高效生产,需要相应的技术对生产过程中的能源利用率、碳排放量进行监控,并通过自动化来提高效率。因此,技术创新是服务业低碳高效化的根本,具有基础性、高效性的特征。

(2)通过专业生产来实现服务业的低碳高效化。任何产业生产效率的提高都需要通过专业化生产来实现,服务业在发展过程中也需要向专业化生产靠拢。但目前许多国家服务业的专业化水平还有待提升,主要体现在规模较小、分散经营。服务业的分散经营不利于产业内部的竞争和资源共享,尤其是在现代经济中,人们的生产、生活需求日益复杂化,服务业与其他产业的融合水平不断提高,金融、保险、通信、计算机等知识密集型产业对经济发展的影响日益深入。分散经营方式不仅会导致服务业自身发展受限,同时也会使地区产业结构失衡,影响地区整体经济效率的提高。产业集聚有利于发挥规模化优势,形成产业垂直化分工,提高生产效率,可以通过建立产业园区来推动产业集聚,实现服务业内各产业生产的低碳高效化。

(3)通过产业升级来实现服务业的低碳高效化。21世纪,服务业迅速发展并逐渐取代工业成为经济发展中的支柱产业,但服务业的发展同样面临转型升级。例如,我国的服务业内部结构仍然呈现消费性服务业比重高于生产性服务业比重的状况,服务业整体技术含量偏低,并且在部分行业呈现高碳低效等异质性特征。为促进服务业自身的绿色低碳高效化,必须实现产业结构升级。以生产者服务业为代表的现代服务业具有低排放、高效率、高附加值等特点,生产者服务业越发达对其他产业的带动改造能力就越强,因此,其在服务业中的比重越大,服务业整体的能耗越低,生产效率越高。可以通过发展现代服务业,并对传统服务业进行绿色低碳化改造,来推动服务业转型升级,实现服务业的绿色低碳高效化。

(4)通过产业融合来实现服务业的低碳高效化。服务业的转型升级需要不断扩展延伸其价值链,而价值链的构建需要通过突破产业之间的界限,推动产业融合来实现。在传统服务业中,交通运输业、餐饮住宿业、仓储零售是能耗最大、废弃物排放最多、效率较低的几个部门,但是这几个部门要实现低碳高效化改造不能单纯通过增加劳动时间或提高工人劳动效率来实现,必须促进产业融合。例如通过促进信息技术产业和物流业融合发展物联网、智能物流业,通过促进零售业和信息技术产业融合发展电子商务业等,这些产业的出现在极大地便利人们的生活与生产的同时,也能有效地减少对生态环境的污染与破坏。因此,通过产业融合构建和延伸产业链可以推动服务业的绿色低碳高效化。

综上所述,低碳高效服务业的低碳高效机理及其特征首先体现在技术创新,这是低碳高效化的首要因素,只有先进的技术才能提高服务业的服务水平和生产效率。其次是专业生产,专业化生产有利于改变服务业分散经营,生产效率低下,产能不高的状况,形成规模效益。再次是产业升级,主要表现为以生产者服务业为代表的现代服务业通过改变生产工业、生产模式、生产技术来促进生产过程的低碳化。最后是产业融合,即通过加强服务业与不同行业之间的交流与合作,减少业内的不确定性,降低风险,促进服务业的绿色低碳高效化。

7.1.3 绿色低碳高效化是服务业发展的必然趋势

现代服务业是低碳高效经济的重要组成部分。气候变化是全人类面临的最严峻的挑战之一,为了应对这种挑战,世界范围内正进行一场经济发展模式的变革,即努力建立一种低碳经济发展模式。多年来,我国作为全球制造业的主要承接中心,在促进经济增长,拉动 GDP 的同时,也带来了高耗能、高污染等问题。面对我国工业化、城镇化高速发展的现实,应用高新技术改造传统产业,优化产业结构,大力发展现代服务业,显得尤为重要[①]。我国经济结构正处于转型的关键时期,服务业因其自身的低碳、高效、高附加值等特征成为促进我国经济转型的重要力量,然而由于在发展过程中出现的高碳低效问题,服务业自身也需要转型升级。在经济发展、环境保护的双重压力下,发展绿色低碳高效服务业是服务业发展的必然趋势。

(1)绿色低碳高效服务业是服务业的高级化。我国服务业发展水平低且结

---

① 杨文红、负海涛:《低碳经济背景下现代服务业发展战略研究》,《经济与管理》2013 年第 8 期,第 100 - 101 页。

构不合理,主要以交通运输业、仓储零售业、餐饮住宿业等传统服务业为主,服务业附加值低且对生态环境有负向压力,现代服务业发展不足使得我国服务业与发达国家服务业相比存在高碳低效的特征。任由服务业低水平发展不仅不利于人民生活水平的提高,也不利于产业结构的优化升级。绿色低碳服务业的推行会在加强对服务业各部门碳排放、能源资源利用率的基础上推动服务业的市场化,竞争会使得不符合绿色低碳发展方式的企业退出市场,而存在于市场竞争中的企业会通过提高生产效率、创新生产技术、创新销售模式、提高能源利用率等来降低生产成本、扩大市场份额。这样,服务业将可以实现清洁、高效、循环生产,产品结构会更加适应消费者的消费需求,服务业产业结构也由此会得到优化升级。

(2)绿色低碳高效服务业推动产业结构优化升级。在经济发展过程中,社会分工深化、劳动力素质提高会使得许多原来隶属于农业、工业、建筑业生产环节中的工作独立出来成为具有服务业性质的工作部门,这就出现了现代意义上的生产者服务业,生产者服务业包括交通运输业、现代物流业、金融服务业、信息服务业和商务服务业。生产者服务业与传统的生活型服务业相比具有低碳、高效、高关联性的特征,这使得生产者服务可以通过产业融合,与农业、工业以及服务业自身在价值链环节上实现相互渗透、延伸和重组,对其他产业传统的生产模式进行改造。生产者服务业与制造业融合的过程实质上是价值链分解和重构整合的过程。生产者服务业通过充当市场和各产业之间的桥梁,在顾客价值实现的基础上引导各产业的生产,并通过技术、管理模式的创新对各产业生产过程、产品结构进行革新,从而实现对各产业价值链和生产模式的改革,打破产业生产规模扩大后的规模不经济,提高基本生产运营效率。

(3)绿色低碳高效服务业推动自然生态环境改善。在工业化发展时期,人们没有意识到生态环境对于人类生存发展的重要性,过度地开发资源,推动生产,导致了生态环境的破坏、能源资源的滥用。服务业虽然不是物质生产部门,但其产品的生产也依赖于物质,也会在生产的过程产生废水、废气、废渣。在现代经济发展进程中,工业分工日益细化使得许多原来存在于工业部门的行业如法律部门、信息部门、会计部门独立出来成为单独的专业性服务业,工业部门成为更加纯粹意义上的物质生产部门,其在技术和知识上愈加依靠外部智力支持,因此服务业成为经济发展与转型的重要驱动力。工业分工导致的制造业物质生产特性使其不能仅靠自身的发展实现生产方式的绿色低碳化而需要外部服务业的智力支持。服务业的绿色低碳高效化在推动服务业转型的同时,还可以通过产业关联来推动各产业的绿色低碳高效化,因此对于改善自然生态环境具有重大意义。

(4)绿色低碳高效服务业推动人民生活水平提高。现代服务业是以市场、消费者价值为导向的服务业,是沟通产业与市场之间的桥梁,对服务业进行绿色低碳高效化改造实际上是希望通过服务业自身发展方式的转变来为人民提供更加便利、健康、舒适、智能的生活环境和生产环境。绿色低碳高效服务业的发展显然更有利于满足这样的要求。首先,绿色低碳高效服务业会满足人们更高层次的服务需求,使人们从原来以物质消费、基本生活消费为主向物质消费、精神消费并重转变。其次,绿色低碳高效服务业通过对传统服务业进行绿色低碳化改造,使得原来对人们生活环境产生污染和破坏的行业在整个生产过程中实现绿色低碳化。最后,绿色低碳高效服务业对现代生产者服务业提出了更高的要求,在满足消费者价值、产品价值实现的同时减少了能源耗费和环境破坏。

综上所述,绿色低碳高效服务业作为服务业的高级化形态,集中体现为服务型企业的清洁、高效、循环生产,其发展有利于推动产业结构优化升级,改善自然生态环境,提高人民生活水平。发展绿色低碳高效服务业最重要的一点就是能够在实现经济效益的同时推动自然生态环境的改善,绿色低碳高效服务业的发展,可以促进人们的思想观念发生改变,引领人们的生活方式向着低碳化转变。大力发展绿色高效低碳服务业是现代服务业发展的必然趋势。

7.2　西部发展低碳高效服务业的机遇和挑战

西部地区是我国经济发展较落后的地区,城镇化水平低,工业发展处于初期阶段,与之相适应的服务业发展起步慢,发展滞后严重,加上服务业产业结构不合理,部分服务行业存在高碳低效的异质性特征。因此,西部地区在发展绿色低碳高效服务业上,不仅面临机遇,也存在着挑战。

7.2.1　西部服务业的高碳低效问题

对西部地区来说,绿色低碳高效服务业的发展尚处于起步阶段,与发达地区相比在效益水平、服务能力和服务范围等方面还存在较大的差距。由于西部地区服务业发展起步迟,加上缺乏相应的绿色低碳高效发展技术,服务业发展水平较低,以交通运输业、餐饮住宿业、仓储零售业为代表的传统服务业所占比重较大,技术支持不足,高素质人才缺乏,高碳低效问题较为明显,主要表现在以下方面:

(1)西部地区服务业的高碳问题。表7-1至7-3分别为2012年三大区域及全国交通运输、仓储和邮政业、批发、零售业和住宿、餐饮业、其他服务业的能耗及产业增加值情况表,由表7-1可看出,2012年西部地区的交通运输、仓储和邮政业单位增加值煤耗、单位增加值油耗、单位增加值天然气消耗、单位增加值热耗和单位增加值电耗都高于全国平均水平,尤其是单位增加值煤耗和单位增加值天然气消耗远高于全国平均水平,呈现出明显的高碳特征。由表7-2可看出,2012年西部地区的批发、零售业和住宿、餐饮业,除单位增加值热耗低于全国平均水平外,单位增加值煤耗、单位增加值油耗、单位增加值天然气消耗和单位增加值电耗都高于全国平均水平,尤其是单位增加值煤耗和单位增加值天然气消耗远高于全国平均水平,也呈现出明显的高碳特征。由表7-3可看出,2012年西部地区的其他服务业,除单位增加值热耗、单位增加值天然气消耗低于全国平均水平外,单位增加值煤耗、单位增加值油耗和单位增加值电耗都高于全国平均水平,尤其是增加值煤耗和单位增加值电耗远高于全国平均水平,也呈现出一定的高碳特征。可见,西部地区服务业存在高碳问题。

表7-1 2012年三大区域及全国交通运输、仓储和邮政业能耗及产业增加值情况

指标	东部	中部	西部	全国	西部/全国
煤合计(万吨)	205.43	914.23	755.29	1874.95	0.40
油品合计(万吨)	10456	4077.54	4797.01	19330.56	0.25
天然气(亿立方米)	18.15	18.77	29.01	65.93	0.44
热力(万百万千焦)	1676.31	1852.89	1496.58	5025.79	0.30
电力(亿千瓦小时)	480.83	237.36	229.83	948.02	0.24
产业增加值(亿元)	15643.7	6353.64	5557.74	27555.1	0.20
单位增加值煤耗(吨/亿元)	131.32	1438.91	1358.99	680.43	2.00
单位增加值油耗(吨/亿元)	6683.84	6417.64	8631.23	7015.24	1.23
单位增加值天然气消耗(万立方/亿元)	11.60	29.54	52.20	23.92	2.18
单位增加值热耗(百万千焦/亿元)	1071.56	2916.27	2692.79	1823.91	1.48

续表

指标	东部	中部	西部	全国	西部/全国
单位增加值电耗(万千瓦小时/亿元)	307.37	373.58	413.53	344.05	1.20

数据来源:根据《中国能源统计年鉴 2013》和《2013 中国第三产业统计年鉴》相关数据计算得出。

表 7-2　2012 年三大区域及全国批发、零售业和住宿、餐饮业能耗及产业增加值情况

指标	东部	中部	西部	全国	西部/全国
煤合计(万吨)	2282.6	1726.63	2251.57	6260.8	0.36
油品合计(万吨)	743.37	614.7	550.75	1908.81	0.29
天然气(亿立方米)	28.86	16.26	26.7	71.82	0.37
热力(万百万千焦)	13836.16	4738.71	2522.07	21096.93	0.12
电力(亿千瓦小时)	904.68	377.85	306.07	1588.6	0.19
产业增加值(亿元)	41893.57	14249.52	12170.27	68313.37	0.18
单位增加值煤耗(吨/亿元)	544.86	1211.71	1850.06	916.48	2.02
单位增加值油耗(吨/亿元)	177.44	431.38	452.54	279.42	1.62
单位增加值天然气消耗(万立方/亿元)	6.89	11.41	21.94	10.51	2.09
单位增加值热耗(百万千焦/亿元)	3302.69	3325.52	2072.32	3088.26	0.67
单位增加值电耗(万千瓦小时/亿元)	215.95	265.17	251.49	232.55	1.08

数据来源:根据《中国能源统计年鉴 2013》和《2013 中国第三产业统计年鉴》相关数据计算得出。

表 7-3　2012 年三大区域及全国其他服务业能耗及产业增加值情况

指标	东部	中部	西部	全国	西部/全国
煤合计(万吨)	1501.71	1415.03	1566.31	4483.05	0.35
油品合计(万吨)	1339.06	365.67	413.81	2118.54	0.2
天然气(亿立方米)	28.41	4.37	7.33	40.11	0.18
热力(万百万千焦)	15377.02	4310.01	3006.22	22693.24	0.13
电力(亿千瓦小时)	1996.22	532.54	2459.71	4988.47	0.49
产业增加值(亿元)	51301.78	20576.35	16512.6	88390.73	0.19
单位增加值煤耗(吨/亿元)	292.72	687.7	948.56	507.19	1.87
单位增加值油耗(吨/亿元)	261.02	177.72	250.6	239.68	1.05
单位增加值天然气消耗(万立方/亿元)	5.54	2.12	4.44	4.54	0.98

续表

指标	东部	中部	西部	全国	西部/全国
单位增加值热耗(百万千焦/亿元)	2997.37	2094.64	1820.56	2567.38	0.71
单位增加值电耗(万千瓦小时/亿元)	389.11	258.81	1489.6	564.37	2.64

数据来源:根据《中国能源统计年鉴 2013》和《2013 中国第三产业统计年鉴》相关数据计算得出。

(2)西部地区服务业的低效问题。全国及东中西部第三产业(服务业)劳动生产率的变化情况如图 7 - 1 所示。其中 Q3GDPL、D3GDPL、Z3GDPL、X3GDPL 分别为全国、东部、中部、西部第三产业(服务业)的劳动生产率(元/人)。从图中可以看出,尽管自改革开放以来,特别是自西部大开发以来,西部地区第三产业(服务业)的劳动生产率有了大幅度的提高,2012 年达到了 12021元/人,但除了比中部的 10223 元/人稍高外,与全国的 13904 元/人,东部的17472 元/人相比,仍存在很大差距。这表明西部地区第三产业具有低效率特征。

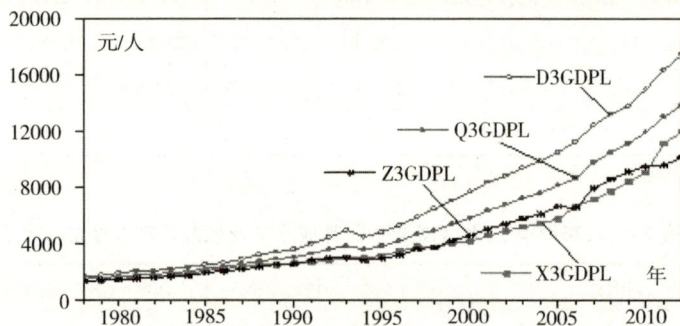

图 7-1　全国及东中西部第三产业(服务业)劳动生产率的变化情况

综上所述,西部地区服务业的发展由于受生产力水平的限制,相对比较落后且增速缓慢,加上缺乏针对服务业发展的政策法规,使得高碳低效问题突出。服务业内部结构不合理,竞争力低下,对其他产业的带动作用小;服务业组织模式不合理,严重阻碍了服务业的发展速度,弱化了其在三产中的带动作用;服务业从业者整体素质偏低,生产效率低下;服务市场存在体制机制障碍,影响服务业的良性竞争与发展等,都是造成西部地区服务业高碳低效的重要原因。

7.2.2　西部发展绿色低碳服务业面临的机遇与优势

西部地区处于快速工业化阶段,随着工业生产规模和市场范围的扩大,企业的业务流程、组织架构不断调整,越来越多的服务逐步从制造领域中独立出来,通过企业内部分工或外包等形式演化为专门的产业形态,服务在产品价值链中的重要性不断凸显,服务业的地位不断上升。西部地区应积极拓展绿色低碳服务业,构筑比较完善的服务支撑体系,不断提升绿色低碳服务业的产业地位,实现经济社会的可持续发展。西部地区发展低碳高效服务业,拥有以下机遇和优势。

(1)旅游资源丰富。西部地区有着丰富的自然生态景观,自然资源类型多样,地貌特征独特,同时,西部地区属于少数民族聚集区,保留着少数民族特有的生产生活方式、独特的民俗文化,悠久的历史传统,使得开发原生态旅游的潜力非常大。表 7-4 为 2013 年三大区域及全国自然保护区情况,在自然保护区和国家级自然保护区数量方面,西部地区占全国的比重都超过了三分之一。而在自然保护区和国家级自然保护区面积方面,西部占全国的比重更高达 80% 以上。同时,在自然保护区占辖区面积比重方面,西部地区也高达 13.92%,远远高于东部和中部地区。

表 7-4　2013 年三大区域及全国自然保护区情况

指标	东部	中部	西部	全国	西部/全国
自然保护区个数(个)	863	851	983	2697	0.36
国家级自然保护区个数(个)	93	128	186	407	0.46
自然保护区面积(万公顷)	1067	1515	12048.5	14631	0.82
国家级自然保护区面积(万公顷)	270.3	587.3	8546.3	9403.9	0.91
自然保护区占辖区面积比重(%)	5.99	7.8	13.92	9.24	

数据来源:根据各省市区年鉴相关数据计算得到。

(2)成本优势。西部地区经济落后,服务业劳动力成本和土地成本较低,具有一定的成本优势。图 7-2 为东中西部三大区域及全国住宅商品房平均销售价格情况。西部地区住宅商品房平均销售价格 ZFJJX 由 2000 年的 1201.0 元/

平方米增加为 2013 年的 4224.92 元/平方米。全国住宅商品房平均销售价格 ZFJJQ 由 2000 年的 1530.7 元/平方米增加为 2013 年的 5908.26 元/平方米。其中,东部地区住宅商品房平均销售价格 ZFJJD、中部地区住宅商品房平均销售价格 ZFJJZ 分别由 2000 年的 2246.64 元/平方米、1144.38 元/平方米增加到 2013 年的 9106.73 元/平方米、4393.13 元/平方米。可见,近十多年来,西部地区住宅商品房平均销售价格略低于中部地区,且远低于东部地区和全国平均水平。

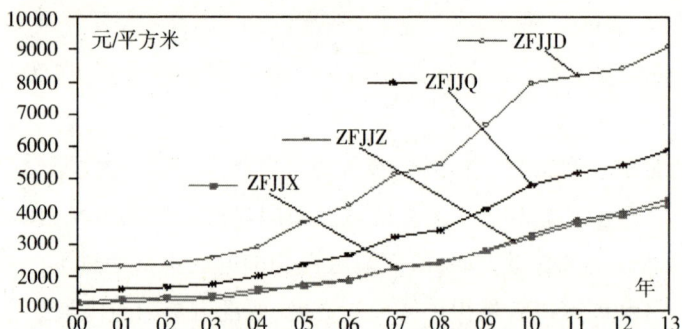

图 7 - 2　东中西部三大区域及全国住宅商品房平均销售价格

图 7 - 3 为东中西部三大区域及全国商业营业用房平均销售价格情况。西部地区商业营业用房平均销售价格 SFJJX 由 2000 年的 2783.08 元/平方米增加为 2013 年的 8956.67 元/平方米。全国商业营业用房平均销售价格 SFJJQ 由 2000 年的 2961.18 元/平方米增加为 2013 年的 10217.21 元/平方米。其中,东部地区商业营业用房平均销售价格 SFJJD、中部地区商业营业用房平均销售价格 SFJJZ 分别由 2000 年的 3791.14 元/平方米、2309.31 元/平方米增加到 2013 年的 13719.09 元/平方米、7975.88 元/平方米。可见,近十多年来,西部地区商业营业用房平均销售价格与中部地区大致相同,但远低于东部地区和全国平均水平。

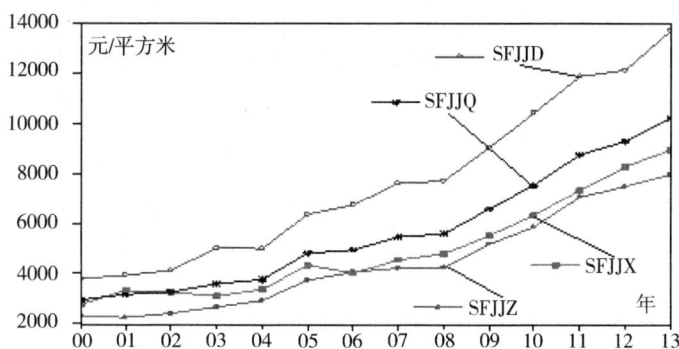

图 7 – 3　东中西部三大区域及全国商业营业用房平均销售价格

图 7 – 4 为东中西部三大区域及全国交通运输、仓储和邮政业城镇单位就业人员平均工资情况。西部地区交通运输、仓储和邮政业城镇单位就业人员平均工资 JTCJJGX 由 2006 年的 22216. 42 元/年增加为 2013 年的 55276 元/年。全国交通运输、仓储和邮政业城镇单位就业人员平均工资 JTCJJGQ 由 2006 年的 23036. 9 元/年，增加为 2013 年的 56033. 59 元/年。其中，东部地区交通运输、仓储和邮政业城镇单位就业人员平均工资 JTCJJGD，中部地区交通运输、仓储和邮政业城镇单位就业人员平均工资 JTCJJGZ 分别由 2006 年的 28031. 91 元/年、18862. 38 元/年增加到 2013 年的 62834. 64 元/年、49990. 13 元/年。可见，近年来，尽管西部地区交通运输、仓储和邮政业城镇单位就业人员平均工资高于中部地区，但仍低于全国平均水平，更远低于东部地区。

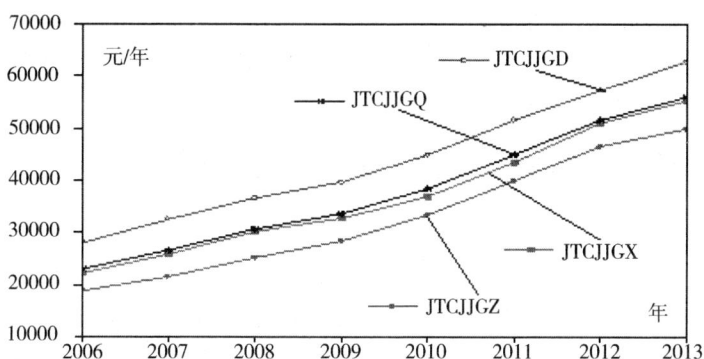

图 7 – 4　东中西部三大区域及全国交通运输、仓储和邮政业城镇单位就业人员平均工资

图 7-5 为东中西部三大区域及全国批发和零售业城镇单位就业人员平均工资情况。西部地区批发和零售业城镇单位就业人员平均工资 PLCJJGX 由 2006 年的 14938.17 元/年增加为 2013 年的 41898.67 元/年。全国批发和零售业城镇单位就业人员平均工资 PLCJJGQ 由 2006 年的 16292.33 元/年增加为 2013 年的 44212.85 元/年。其中,东部地区批发和零售业城镇单位就业人员平均工资 PLCJJGD、中部地区批发和零售业城镇单位就业人员平均工资 PLCJJGZ 分别由 2006 年的 21349.45 元/年、12589.38 元/年增加到 2013 年的 53909.27 元/年、36830.63 元/年。可见,近年来,尽管西部地区批发和零售业城镇单位就业人员平均工资略高于中部地区,但仍低于全国平均水平,且远低于东部地区。

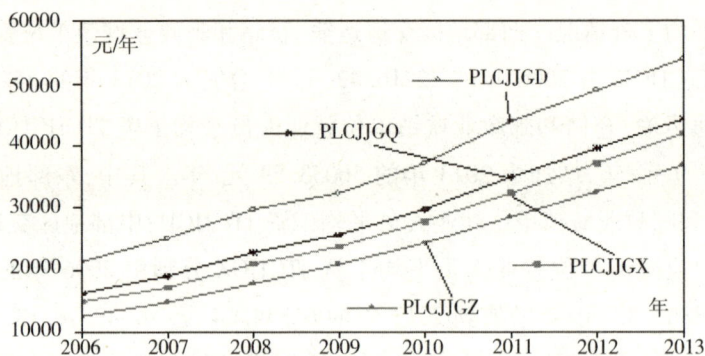

图 7-5　东中西部三大区域及全国批发和零售业城镇单位就业人员平均工资

图 7-6 为东中西部三大区域及全国住宿和餐饮业城镇单位就业人员平均工资情况。西部地区住宿和餐饮业城镇单位就业人员平均工资 ZCCJJGX 由 2006 年的 11925.17 元/年增加为 2013 年的 30503 元/年。全国住宿和餐饮业城镇单位就业人员平均工资 ZCCJJGQ 由 2006 年的 13226.37 元/年增加为 2013 年的 31582 元/年。其中,东部地区住宿和餐饮业城镇单位就业人员平均工资 ZCCJJGD、中部地区住宿和餐饮业城镇单位就业人员平均工资 ZCCJJGZ 分别由 2006 年的 16230.82 元/年、11523.13 元/年增加到 2013 年的 35559 元/年、28684 元/年。可见,近年来,尽管西部地区住宿和餐饮业城镇单位就业人员平均工资略高于中部地区,但仍低于全国平均水平,且远低于东部地区。

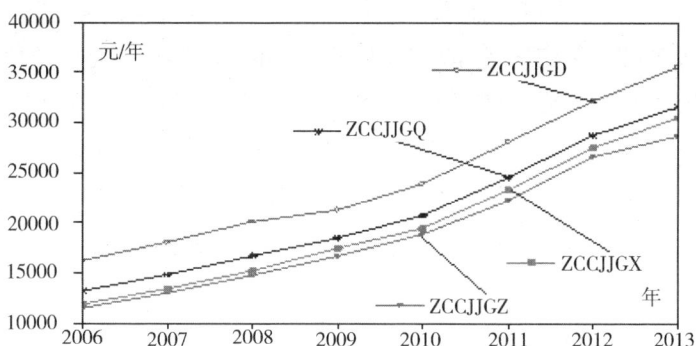

图 7 - 6 东中西部三大区域及全国住宿和餐饮业城镇单位就业人员平均工资

图 7 - 7 为东中西部三大区域及全国房地产业城镇单位就业人员平均工资情况。西部地区房地产业城镇单位就业人员平均工资 FCCJJGX 由 2006 年的 16721.08 元/年增加为 2013 年的 41029.92 元/年。全国房地产业城镇单位就业人员平均工资 FCCJJGQ 由 2006 年的 18573.54 元/年增加为 2013 年的 45067.58 元/年。其中,东部地区房地产业城镇单位就业人员平均工资 FC-CJJGD、中部地区房地产业城镇单位就业人员平均工资 FCCJJGZ 分别由 2006 年的 23829.91 元/年、15169.63 元/年增加到 2013 年的 54820.82 元/年、39352 元/年。可见,近年来,尽管西部地区房地产业城镇单位就业人员平均工资高于中部地区,但低于全国平均水平,且远低于东部地区。

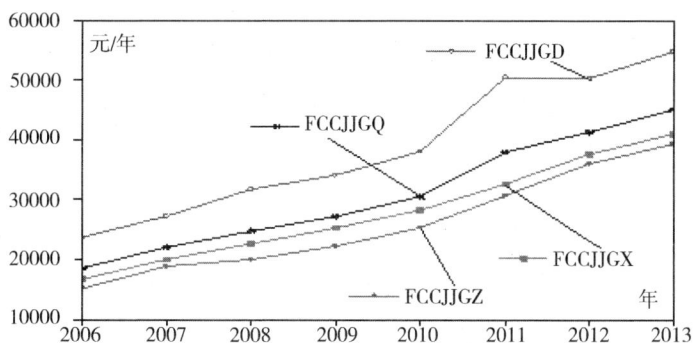

图 7 - 7 东中西部三大区域及全国房地产业城镇单位就业人员平均工资

图 7 - 8 为东中西部三大区域及全国金融业城镇单位就业人员平均工资情

况。西部地区金融业城镇单位就业人员平均工资 JRCJJGX 由 2006 年的 29632.5 元/年增加为 2013 年的 84051.67 元/年。全国金融业城镇单位就业人员平均工资 JRCJJGQ 由 2006 年的 32599.43 元/年增加为 2013 年的 88290.43 元/年。其中,东部地区金融业城镇单位就业人员平均工资 JRCJJGD、中部地区金融业城镇单位就业人员平均工资 JRCJJGZ 分别由 2006 年的 45295.91 元/年、22869.88 元/年增加到 2013 年的 113718 元/年、67101.63 元/年。可见,近年来,尽管西部地区金融业城镇单位就业人员平均工资高于中部地区,但仍低于全国平均水平,且远低于东部地区。

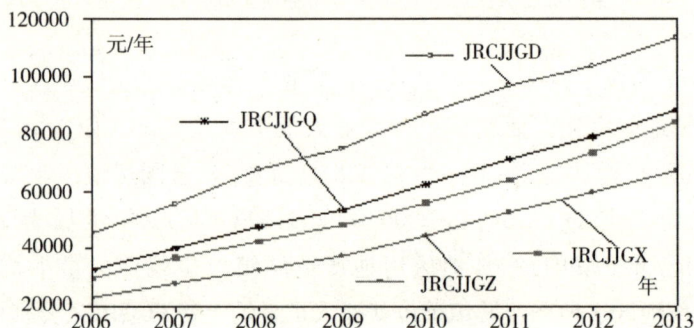

图 7 - 8　东中西部三大区域及全国金融业城镇单位就业人员平均工资

　　(3)政策优势。受国家西部大开发政策的影响,在国家倾斜政策的支持下,西部地区服务业财政支出力度也在不断加强。表 7 - 5 至 7 - 9 分别为三大区域及全国财政教育支出、财政科学技术支出、财政商业服务业等事务支出、财政文化体育与传媒支出和财政医疗卫生支出情况,2007 - 2013 年,西部地区财政教育支出和财政文化体育与传媒支出增长速度高于东部、中部和全国平均水平,在全国所占比重也在增加;西部地区财政科学技术支出和财政医疗卫生支出增长速度也高于全国平均水平,在全国所占比重也在增加;2011 - 2013 年,西部地区财政商业服务业等事务支出也有所增加,且在全国所占比重同样在增加。

表 7 - 5　东中西部三大区域及全国财政教育支出情况（亿元）

年度	东部	中部	西部	全国	西部/全国
2007	3321.91	1724	1681.16	6727.08	0.2499
2008	4057.23	2212.2	2249.12	8518.59	0.264
2009	4640.99	2538.4	2690.53	9869.92	0.2726
2010	5606.68	2940.8	3281.63	11829.08	0.2774
2011	7222.25	4040.7	4235.33	15498.29	0.2733
2012	9013.26	5540.3	5587.09	20140.68	0.2774
2013	9607.99	5538.5	5748.61	20895.13	0.2751
增长倍数	2.89231	3.2126	3.419431	3.106122	

数据来源：根据各省市区年鉴相关数据计算得到。

表 7 - 6　东中西部三大区域及全国财政科学技术支出（亿元）

年度	东部	中部	西部	全国	西部/全国
2007	604.95	133.54	119.97	858.46	0.13975
2008	729.89	166.15	155.83	1051.87	0.14815
2009	941.2	196.89	172.62	1310.71	0.1317
2010	1133.08	252.97	202.84	1588.89	0.12766
2011	1302.31	322.67	260.9	1885.88	0.13834
2012	1523.24	391.64	327.33	2242.21	0.14599
2013	1816.88	506.55	391.9	2715.33	0.14433
增长倍数	3.003356	3.79325	3.26665	3.163024	

数据来源：根据各省市区年鉴相关数据计算得到。

表 7 - 7　东中西部三大区域及全国财政商业服务业等事务支出（亿元）

年度	东部	中部	西部	全国	西部/全国
2011	720.34	351.54	322.9	1394.78	0.2315
2012	664.3	353.8	333.6	1351.7	0.2468
2013	689.61	311.5	335.43	1336.54	0.251

数据来源：根据各省市区年鉴相关数据计算得到。

表7-8　东中西部三大区域及全国财政文化体育与传媒支出(亿元)

年度	东部	中部	西部	全国	西部/全国
2007	376.04	190	205.38	771.42	0.266236
2008	469.27	222.95	262.91	955.13	0.275261
2009	620.64	283.64	334.04	1238.32	0.269753
2010	697.16	315.05	380.35	1392.56	0.27313
2011	821.16	388.87	494.63	1704.66	0.290163
2012	951.18	457.75	665.87	2074.8	0.320932
2013	1084.99	529.9	725.05	2339.94	0.309858
增长倍数	2.8853	2.7889	3.530285	3.033289	

数据来源:根据各省市区年鉴相关数据计算得到。

表7-9　东中西部三大区域及全国财政医疗卫生支出(亿元)

年度	东部	中部	西部	全国	西部/全国
2007	918.03	499.52	538.2	1955.75	0.275189
2008	1239.35	711.63	759.29	2710.27	0.280153
2009	1632.57	1152.5	1145.68	3930.7	0.29147
2010	1985.23	1324	1421.42	4730.62	0.300472
2011	2623.42	1813.4	1921.42	6358.2	0.302196
2012	2980.62	2040.7	2149.47	7170.81	0.299753
2013	3405.83	2354.6	2442.78	8203.22	0.297783
增长倍数	3.70993	4.7137	4.538796	4.194411	

数据来源:根据各省市区年鉴相关数据计算得到。

在西部地区的第三产业中,物流、餐饮、批发、零售等传统服务业仍占有相当高的比例,需要运用现代经营方式和信息技术改造提升传统服务业,有效地提高效率、整合市场资源,提高服务业的比重和水平。信息服务业具有知识和资本含量高,产业附加值高的特征,并在一定程度上改变了传统服务的固有属性,如面对面服务、个别性服务、即时性服务等,使数字化的服务产品也实现生产与营销的分离,可存储、可远距离传送,从而具有可交易性。现代信息技术的广泛运用及网络化,使绿色低碳服务业也具有"制造化"的新趋向。西部地区需要增强多种自主创新技术对绿色低碳服务业的渗透,增大绿色低碳服务业的科技含量①。

7.2.3 西部发展绿色低碳服务业面临的挑战与劣势

西部地区服务业的市场化、产业化、社会化水平都不高,服务业产值占 GDP 的比值小,不仅与中西部差距较大,而且也低于全国的平均水平。同时,西部地区商品流通、餐饮、修理、零售行业、交通运输等传统服务业,占整个服务业的比重较大。传统服务业以生活性消费服务为主,是直接性的、针对人的、面对面的消费服务。西部地区要继续保持劳动密集型和资源密集型传统服务业的比较优势,同时也要重视发挥后发优势,不失时机地推进产业升级,大力发展技术和知识密集型现代服务业。西部地区发展绿色低碳高效服务业面临着人员整体素质偏低、产业基础薄弱、交通设施落后等不利因素。

(1)教育落后、人力资本水平低。长期以来,西部地区师资缺乏、基础教育落后、人们学习意识较差,各类职业教育、高等教育水平较低,医疗卫生条件落后,人力资本水平较低。图 7 – 9 为东中西部三大区域及全国小学生师比情况。西部地区小学生师比 XXSBX 由 2004 年的 21.19,下降为 2013 年的 16.1。全国小学生师比 XXSBQ 由 2004 年的 19.07 下降为 2013 年的 16.08。其中,东部地区小学生师比 XXSBD、中部地区小学生师比 XXSBZ 分别由 2004 年的 17.53、18.5 下降到 2013 年的 16.2、15.93。可见,近十年来,尽管西部地区小学师资力量得到了加强,小学生师比大幅下降,但仍高于全国平均水平。

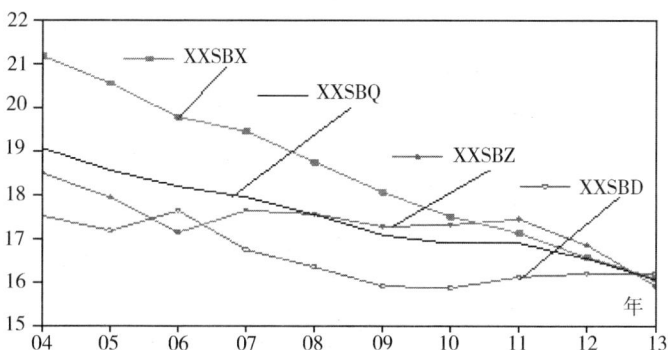

图 7 – 9 东中西部三大区域及全国小学生师比

---

① 刘畅、黄襄:《创新发展西部现代服务业》,《现代管理科学》2010 年第 2 期,第 55 – 57 页。

　　图 7 – 10 为东中西部三大区域及全国初中生师比情况。西部地区初中生师比 CZSBX 由 2004 年的 18.79 下降为 2013 年的 13.66。全国初中生师比 CZSBQ 由 2004 年的 18.2 下降为 2013 年的 12.44。其中,东部地区初中生师比 CZSBD、中部地区初中生师比 CZSBZ 分别由 2004 年的 17.04、18.76 下降到 2013 年的 11.83、11.84。可见,近十年来,尽管西部地区初中师资力量也得到了加强,初中生师比大幅下降,但仍远高于东部、中部和全国平均水平。

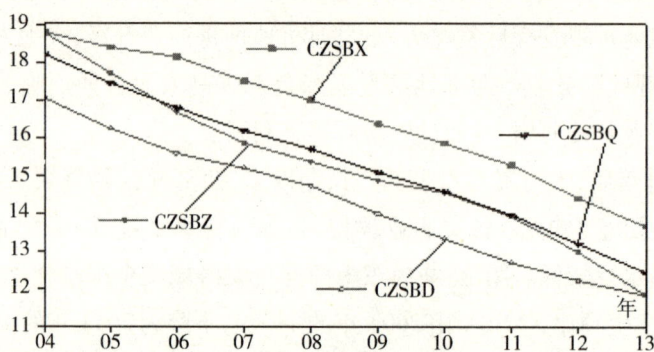

图 7 – 10　东中西部三大区域及全国初中生师比

　　图 7 – 11 为东中西部三大区域及全国普通高中生师比情况。西部地区普通高中生师比 PGSBX 由 2004 年的 18.27 下降为 2013 年的 15.74。全国普通高中生师比 PGSBQ 由 2004 年的 18.37 下降为 2013 年的 14.73。其中,东部地区普通高中生师比 PGSBD、中部地区普通高中生师比 PGSBZ 分别由 2004 年的 17.21、19.63 下降到 2013 年的 12.67、15.8。可见,近十年来,尽管西部地区普通高中师资力量也得到了加强,普通高中生师比大幅下降,但仍高于全国平均水平。

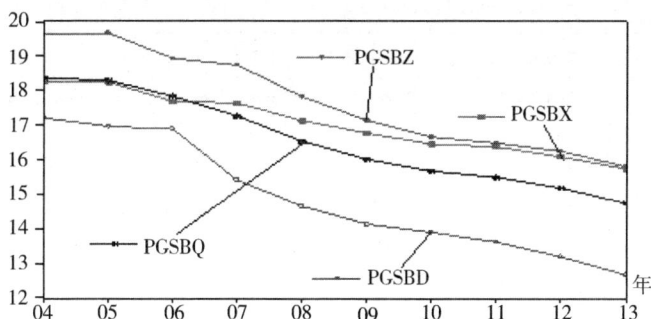

图 7 – 11　东中西部三大区域及全国普通高中生师比

　　表 7 – 10 为东中西部三大区域及全国每十万人口高等学校平均在校生数,由表可见,2008 – 2013 年,西部地区每十万人口高等学校平均在校生数都低于东部、中部和全国平均水平,说明西部地区高等教育比较落后。

表 7 – 10　东中西部三大区域及全国每十万人口高等学校平均在校生数(人)

年度	东部	中部	西部	全国
2008	2974. 45	2131	1573. 08	2226. 18
2009	2999. 91	2208. 5	1668. 25	2292. 22
2010	3004. 82	2261. 75	1752. 83	2339. 8
2011	2882. 36	2322. 88	1849	2351. 41
2012	2923. 64	2406. 75	1968. 25	2432. 88
2013	2965	2498	2056. 5	2506. 5

数据来源:根据各省市区年鉴相关数据计算得到。

　　表 7 – 11 则为东中西部三大区域及全国每万人拥有卫生技术人员数,由表可见,2008 – 2011 年,西部地区每万人拥有卫生技术人员数都低于东部、中部和全国平均水平,说明西部地区医疗卫生条件较差,会对人力资本产生负面影响。

表7-11 东中西部三大区域及全国每万人拥有卫生技术人员数(人)

年度	东部	中部	西部	全国
2008	55.73	36.88	35.25	42.62
2009	59.55	40.38	38.75	46.22
2010	62.64	42.13	40.08	48.28
2011	65.45	42.88	42.33	50.22

数据来源:根据各省市区年鉴相关数据计算得到。

(2)第三产业产业基础薄弱。尽管在西部大开发政策的刺激下,西部地区增加了服务业财政支出力度,但由于西部地区整体经济相对落后,投资吸引力相对不足,导致服务业全社会固定资产投资仍然偏低。图7-12为东中西部三大区域及全国批发和零售业全社会固定资产投资情况。西部地区批发和零售业全社会固定资产投资 PLSGZTX 由 2003 年的 196.22 亿元增加为 2013 年的4224.92 亿元。全国批发和零售业全社会固定资产投资 PLSGZTQ 由 2003 年的922.74 亿元增加为 2013 年的 12720.43 亿元。其中,东部地区批发和零售业全社会固定资产投资 PLSGZTD、中部地区批发和零售业全社会固定资产投资 PLS-GZTZ 分别由 2003 年的 505.83 亿元、220.69 亿元增加到 2013 年的 6109.9 亿元、3972 亿元。可见,近十年来,尽管西部地区批发和零售业全社会固定资产投资大幅增加,但一直低于中部地区,更远低于东部地区。

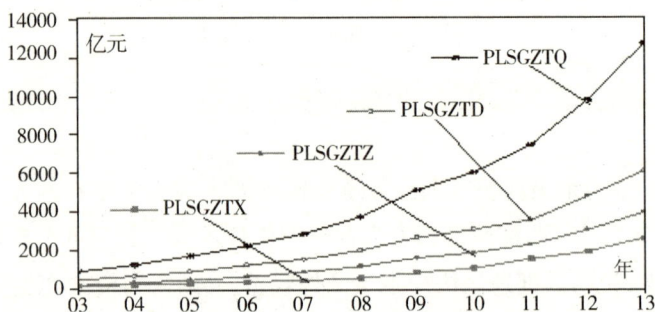

图7-12 东中西部三大区域及全国批发和零售业全社会固定资产投资

图7-13为东中西部三大区域及全国住宿和餐饮业全社会固定资产投资情况。西部地区住宿和餐饮业全社会固定资产投资 ZCSGZTX 由 2003 年的

104.22 亿元增加为 2013 年的 1554.34 亿元。全国住宿和餐饮业全社会固定资产投资 ZCSGZTQ 由 2003 年的 422.99 亿元增加为 2013 年的 6041.08 亿元。其中,东部地区住宿和餐饮业全社会固定资产投资 ZCSGZTD、中部地区住宿和餐饮业全社会固定资产投资 ZCSGZTZ 分别由 2003 年的 231.32 亿元、87.45 亿元增加到 2013 年的 2914.41 亿元、1572.33 亿元。可见,近十年来,尽管西部地区住宿和餐饮业全社会固定资产投资大幅增加,但一直低于中部地区,更远低于东部地区。

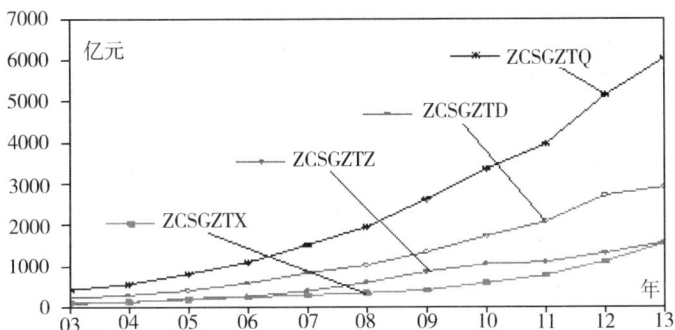

图 7-13　东中西部三大区域及全国住宿和餐饮业全社会固定资产投资

图 7-14 为东中西部三大区域及全国金融业全社会固定资产投资情况。西部地区金融业全社会固定资产投资 JRSGZTX 由 2003 年的 22.99 亿元增加为 2013 年的 202.7 亿元。全国金融业全社会固定资产投资 JRSGZTQ 由 2003 年的 90.14 亿元增加为 2013 年的 1241.95 亿元。其中,东部地区金融业全社会固定资产投资 JRSGZTD、中部地区金融业全社会固定资产投资 JRSGZTZ 分别由 2003 年的 44.37 亿元、22.78 亿元增加到 2013 年的 717.67 亿元、321.58 亿元。可见,近十年来,尽管西部地区金融业全社会固定资产投资大幅增加,但一直低于中部地区,更远低于东部地区。

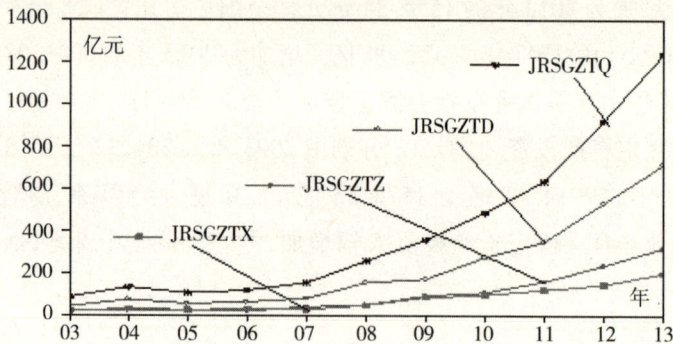

图 7 - 14　东中西部三大区域及全国金融业全社会固定资产投资

（3）交通运输基础设施落后。西部地区由于整体经济相对落后,资金相对匮乏,且西部地区集中了我国绝大部分的高原、山脉和盆地,地势险峻复杂,落差大,导致交通运输基础设施投资不足,整体水平相对落后。如果我们将铁路营业里程与土地面积之比定义为铁路营业密度的话,那么,东中西部三大区域及全国铁路营业密度情况如图 7 - 15 所示。西部地区铁路营业密度 TLMX 由1979 年的 27.34 公里/万平方公里增加为 2013 年的 57.45 公里/万平方公里。全国铁路营业密度 TLMQ 由 1979 年的 55.06 公里/万平方公里增加为 2013 年的 107.32 公里/万平方公里。其中,东部地区铁路营业密度 TLMD、中部地区铁路营业密度 TLMZ 分别由 1979 年的 127.15 公里/万平方公里、123.36 公里/万平方公里增加到 2013 年的 282.57 公里/万平方公里、201.21 公里/万平方公里。可见,近三十年来,尽管西部地区铁路营业密度大幅增加,但仍然远远低于东部和中部地区。

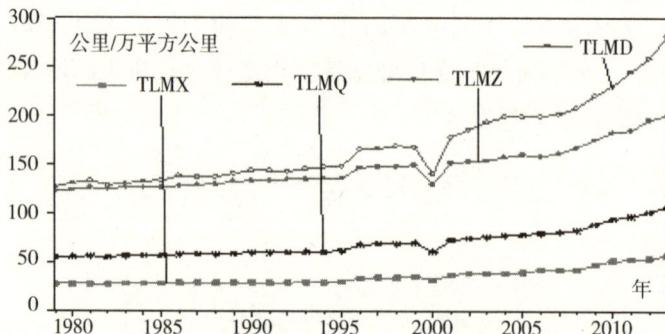

图 7 - 15　东中西部三大区域及全国铁路营业密度(公里/万平方公里)

如果我们将内河航道里程与土地面积之比定义为内河航道密度的话,那么,东中西部三大区域及全国内河航道密度情况如图 7 - 16 所示。西部地区内河航道密度 MHMX 由 1980 年的 24 公里/万平方公里增加为 2013 年的 47.71 公里/万平方公里。全国内河航道密度 MHMQ 由 1980 年的 110.34 公里/万平方公里增加为 2013 年的 130.84 公里/万平方公里。其中,东部地区内河航道密度 NHMD、中部地区内河航道密度 MHMZ 分别由 1980 年的 511.44 公里/万平方公里、210.79 公里/万平方公里增加到 2013 年的 503.91 公里/万平方公里、235.94 公里/万平方公里。可见,近三十年来,尽管西部地区内河航道密度有所增加,但仍然远远低于东部和中部地区。

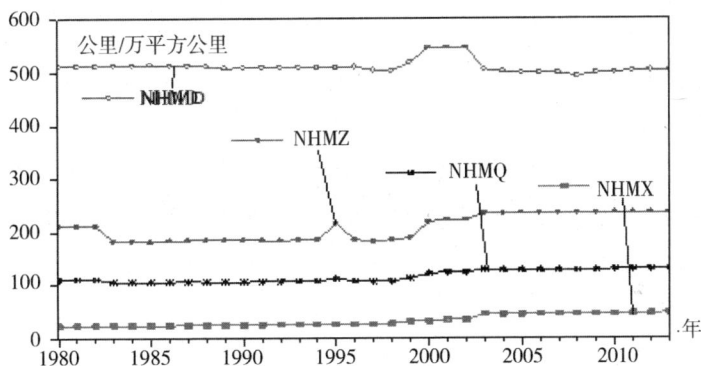

图 7 - 16　东中西部三大区域及全国内河航道密度

如果我们将公路里程与土地面积之比定义为公路密度的话,那么,东中西部三大区域及全国公路密度情况如图 7 - 17 所示。西部地区公路密度 GLMX 由 1979 年的 502.37 公里/万平方公里增加为 2013 年的 2526.85 公里/万平方公里。全国公路密度 GLMQ 由 1979 年的 926.41 公里/万平方公里增加为 2013 年的 4534.43 公里/万平方公里。其中,东部地区公路密度 GLMD、中部地区公路密度 GLMZ 分别由 1979 年的 2473.39 公里/万平方公里、1688.72 公里/万平方公里增加到 2013 年的 11181.12 公里/万平方公里、8574.17 公里/万平方公里。可见,近三十多年来,尽管西部地区公路密度大幅增加,但仍然远远低于东部和中部地区。

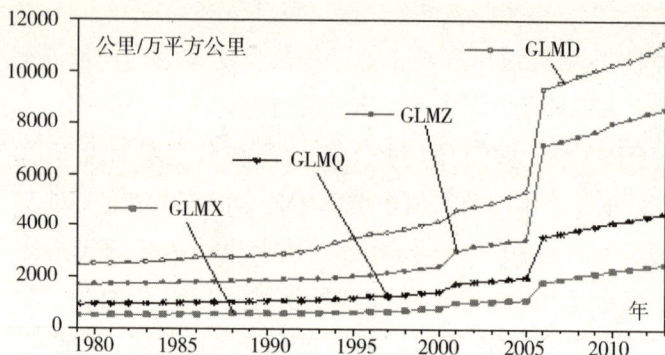

图 7 -17 东中西部三大区域及全国公路密度

西部绿色低碳服务业发展的最大瓶颈之一就是传统服务业所占比重过大。有条件的西部地区,特别是大城市,在发展绿色低碳服务业的过程中,应力争发展技术含量高、关联性大的现代服务行业,譬如现代物流业、信息服务业、旅游、会展业等。与此同时,要积极运用现代经营方式、服务技术和管理手段改造提高传统服务业,全面提升企业素质、管理水平和经济效益。也就是说,既要加快发展资金技术密集型现代服务业,又要大力发展劳动密集型传统服务业,并优化和提升传统服务业素质,改善服务业的结构,提高服务业的整体素质。

7.3 西部地区服务业低碳高效化发展的途径及措施

西部地区由于受生产力水平及产业基础薄弱的限制,其服务业的发展比其他地区起步要晚很多,发展相对滞后,要发展低碳高效的服务业,将比其他地区付出更大的代价。因此,西部地区必须选择符合自身实际的发展模式,有低碳技术的支撑和相关机制的保障,才能真正实现服务业的绿色低碳高效化发展。本节重点论述西部地区服务业低碳高效化发展的模式选择、关键技术及保障机制。

7.3.1 适合西部服务业低碳高效化发展的模式选择

西部地区在今后的发展中,如果在服务业大力开展生态化的服务取向,尽量消除或弱化不利于服务业发展的体制因素和政策因素,其服务业所占比值将会有较大提高,增长速度也可能高于 GDP 的增长速度,从而不仅在经济发展上能得到长足的提升,在环境保护、生态治理方面也能得到更好地发展。西部地区由于先天的产业基础设施陈旧,生产力水平低下,服务业的发展较为落后,面对与东中部发达地区的巨大差距,服务业的低碳高效发展显得尤为重要。如何根据西部地区的现实情况选择服务业的发展模式是关系到未来西部地区发展的关键问题。本节在对西部地区服务业发展情况进行充分调研的基础上,提出以下适合西部地区服务业低碳高效化发展的模式:

(1)以生产者服务业为主导产业的服务业低碳高效化发展模式。西部地区经济社会发展面临既要"赶"又要"转"的双重任务,西部地区服务业的发展不能再走传统的先发展传统服务业再发展现代服务业的老路子,而应当在新一轮全国产业布局的总体安排下,通过扶持服务业中的关键产业来推动地区产业整体的增长和优化。生产者服务业是现代服务业中的主导产业。生产者服务业与农业、工业以及服务业自身具有极强的关联性,较强的产业辐射能力使得生产者服务业的发展能对区域的产业结构、劳动力就业、科技创新等产生深远影响。西部地区生产者服务业的发展现状使得其必须有侧重地推动几个关键产业的发展。根据比较优势原则,金融业、以广告业和咨询业为代表的商业服务业处于产业链的关键环节,并在西部地区具有一定的发展规模,应当成为今后西部地区服务业发展的主导产业。

(2)以打造优势产业增长极为手段的服务业低碳高效化发展模式。西部地区素来具有地域辽阔、资源丰富的特点,许多地区都有自己的优势服务产业,各个地区可以在整合这些产业的优势资源的基础上构建出相应的服务业增长极,通过重点扶持服务业增长极的发展来推动服务业的绿色低碳高效化,推动地区经济发展。例如,贵州旅游资源丰富,生态环境良好,可重点围绕打造"旅游升级版"和发展大数据、大健康等产业,推动服务业绿色低碳高效化;云南和广西地处边境,拥有丰富的旅游资源和对外贸易条件,是我国在新世纪着力打造的经济自由贸易区,可以利用其区位优势发展商贸服务业、金融业等,推动服务业的绿色低碳高效化转型;西藏、青海、内蒙古、宁夏都具有丰富的旅游资源和少数民族文化,特别是西藏的佛教文化资源对全国乃至世界各地的佛教信徒或学者都具有较大的影响力,可以通过开发当地文化、旅游资源来构建服务业增长极,推动当地经济的发展。

（3）以产业园集群发展方式为主的服务业低碳高效化发展模式。西部地区服务业具有自发性、分散性的特点。大多数服务业产业链较短，与其他产业的联系较弱，生产方式粗放，缺乏竞争。通过产业集群，可以在统一规划下实现基础设施的共享。既可以为服务业发展提供便利可靠的物质条件，又可以减少总体的资金投入。通过产业集群，可以加强各行业之间的联系，促进产业融合。现代服务业需要全方位满足城市生活的需要，因此现代服务业的发展越来越依赖于行业之间的协作。通过产业集群，可以促进行业间的竞争。由于西部地区服务业中的市场垄断、行政垄断因素较强，服务业中的许多行业都被少数有实力有背景的大企业所控制，其服务并不迎合市场需求，使得服务业的服务水平低，造成经济资源的浪费，而服务业在空间上的集群，可以激活行业竞争，推动企业降低成本，实现集约生产。因此，产业集群发展可以推动服务业的低碳高效化。

（4）构建可持续生态产业链的服务业低碳高效化发展模式。虽然西部地区生态环境优美、劳动力资源充足且成本较低，可以通过发展旅游业、会展业、酒店业等优势服务业来促进当地经济的绿色高效发展，但是，这些优势服务业在发展过程中也存在高碳低效的问题。这主要体现在这些服务业与其他产业之间关联度低、缺乏低碳可持续发展理念指导两个方面。低碳可持续发展理念的缺乏也导致了这些服务业生产过程中的高碳低效，比如酒店业不采取节约用水、用电的措施，不对酒店住宿用品采取循环利用的措施，旅游业过度开发利用自然资源而不注重其可持续性等，都会对生态环境产生不可逆转的影响。而生态产业链一般是指依据生态学原理对一种以上产业的链接所进行的设计并开创为一种新型的产业系统的系统创新活动。因此，为了实现可持续发展，推动服务业的低碳高效化，西部地区应着力构建其优势产业间的生态产业链。

综上所述，西部地区应选择符合自身实际的服务业低碳高效化发展的模式，应该把生产者服务业作为主导产业，发挥其带动作用与辐射功能，带动整个地区服务业的低碳高效化发展。立足围绕优势服务产业，整合优势资源构建服务业增长极，通过重点扶持服务业增长极的发展来推动服务业的绿色低碳高效化。通过发展产业园区形成产业集群，增强企业之间的交流与合作，促进行业竞争，为服务业低碳高效化发展提供平台和空间。同时，要着力构建优势产业间的生态产业链，有效推动服务业的绿色低碳高效化。

7.3.2　支撑西部服务业低碳高效化发展的关键技术

低碳高效服务业是随着低碳经济的兴起而产生的,与国内外蓬勃发展的低碳经济实践相比,西部地区的低碳高效服务业尚处于发展初期。要实现低碳高效服务业的发展,必须要依靠关键技术的支撑与运用,只有先进发达地区的低碳高效服务业发展技术,才能促使西部地区服务业落后的局面得到快速改善。支撑西部地区服务业低碳高效化发展的关键技术主要有以下几个方面:

(1)新型清洁能源技术。服务业中的交通运输业、餐饮住宿业、物流仓储业对能源有较大的依赖,西部地区能源资源较丰富,能源利用结构以不可再生的化石能源为主,因此这些产业成为西部地区服务业中高碳排放的主要来源。清洁能源的开放和利用对于西部地区的低碳化有重要作用。西部地区自然环境脆弱、资金不足,需要因地制宜地开发当地的清洁能源。西部地区是我国自然资源的集聚地,不同省份在不同程度上拥有太阳能、风能、地热能;并且西部地区农村、牧区地域面积广,可以相应地发展沼气、生物能源。因此,我们应当加大对西部地区清洁能源研发的投入,建设一支有能力的能源研发队伍,深入西部各地区、各产业因地制宜、有重点、有针对性地开发相应的资源,促进与国际先进技术的合作,为清洁能源开发建立新的技术体系。

(2)网络通信信息技术。西部地区服务业存在技术密集度低的问题。传统的交通运输、仓储企业要改变简单提供运输和仓储服务的方式,不断拓展和延伸物流服务领域,逐步向现代物流企业转化就必须利用信息通信技术来构建现代物流网,通过信息网络的构建实现仓储、物流、配送的智能一体化。批发零售贸易业要改变传统的经营方式和组织形式,扩大其销售能力和销售范围,就必须运用大数据库分析市场需求,通过连锁、配送、代理等现代流通方式提升运营效率。采用计算机、网络技术等现代科学技术手段,积极与世界先进水平接轨,提高竞争力,实现服务业的现代化是西部地区传统服务业实现跨越式发展的必由之路。事实上,现代服务业中的金融、保险、咨询等服务都离不开相应的技术设施和管理技术的支持。因此,信息技术是推动西部地区服务业高效的关键技术。

(3)新型环保材料技术。西部地区服务业在提供服务的过程中也需要物质材料的支撑。比如餐饮零售业需要为消费者提供可携带的一次性餐具、袋子,仓储业、物流业要为货物的运送提供包装材料等,这些一次性物品、包装材料的使用会带来大量的固体废弃物,其焚烧处理增加碳排放,而开发可降解可循环利用的新材料则可以减少固体废弃物的产生,减轻其对环境的污染;房地产、建筑业的生产会使用大量的建筑材料,这些建筑材料的使用会给环境带来废水、废气、废渣以及固体废弃物,只有通过在建筑物中使用环保材料如环保油漆等才能减少对生态环境的污染,同时也可为人们提供一个舒适、健康的生活环境。教育和文化产业对于纸张有非常大的依赖性,但是纸张是以树浆为原料生产出来的。因此,开发新的环保材料对于服务业的绿色低碳高效化有非常重要的现实意义。

(4)集约循环利用技术。绿色低碳高效服务业并不仅仅是要实现生产排放量的降低,而是要在服务业产品的整个生产过程中实现清洁能源利用、原材料节约使用、末端零排放的循环高效生产。因此,要在服务业的生产过程中引入集约循环利用技术,通过生产程序的简洁高效化、绿色低碳化提升服务业生产的质量。以餐饮服务业为例,要成功地发展绿色餐饮经营,首先要保证食品的种养、生产加工、配送、餐桌消费、消费环境整个过程都是节约、生态、无污染的。其次,在经营管理过程中要实现对水、电、天然气等能源资源的节约使用,因此要开发出相应的智能管理系统来对水、电的使用进行控制。在酒店业、会展业的装修,会场布置的过程中均要求使用环保的和可再生的材料,减少废气、噪声等对环境的污染,加强对废弃物的科学处理和循环利用。因此,必须创新管理模式,提高从业者专业素质,实现专业化生产。

综上所述,西部地区服务业低碳高效化发展离不开相应的关键技术。其中,新型清洁能源技术有助于实现新型能源如风能、太阳能、水能等在西部地区推广应用;网络通信信息技术可以改变西部地区交通运输、仓储企业提供运输和仓储服务的方式;新型环保材料技术可以减少西部地区餐饮业、建筑业等传统服务业对固体废弃物的排放;集约循环利用技术则可以简化生产服务业过程中的生产步骤,降低服务的供给周期,提高服务业的生产效率。只有当绿色低碳技术在服务业的实践活动中得到充分、有效的应用,西部地区绿色低碳高效服务业才可能实现真正的发展。

7.3.3 推动西部服务业低碳高效化发展的保障机制

发展低碳高效服务业是服务业适应绿色消费需求的战略选择。西部地区的服务业目前存在技术效率低、无有效集聚、改革步伐缓慢等诸多问题。因此,整合西部地区服务业发展的技术路线、经济途径和发展模式,是发展低碳高效服务业的根本所在。而发展低碳高效的服务业必须要有一定的保障机制,一方面西部地区的服务业起步较晚,缺少正确的发展路线去引导服务业向着低碳高效化发展;另一方面低碳高效的服务业在推进的时候需要大量的技术指导、财政支持、政策保障。面对西部地区发展低碳高效服务业的推进难度,西部地区各级政府必须加大对服务业的帮扶力度,只有政府的支持才能让服务业的低碳高效化发展更有信心和动力,而西部地区的金融机构也要加强对服务业低碳高效发展的资金投入,解决服务业的发展在资金链上的难题。推动西部服务业低碳高效化发展的保障机制主要有以下几点:

(1)推动西部服务业低碳高效化发展的政策保障机制。西部地区推动绿色低碳高效服务业的发展需要政府的支撑。政府应当制定一系列切实可行的政策法规进行引导。企业的绿色低碳高效化需要大量的转型成本,企业为了眼前的经济利益会缺乏改革动力,因此,政府应当对企业的能耗、污染进行限额控制,通过提供财政补贴、税收减免等方式来鼓励低耗高效产业的发展,限制高能耗产业的生产,取缔低效高耗产业的生产。政府应当总体规划、集中建设推动现代服务业产业园区、现代产业集聚区的建设。基础设施的完善可以为产业发展提供物质支撑,吸引人口、劳动力、技术人才在空间上集聚,但单纯的"造城运动"不符合经济发展规律,浪费较大,政府应当在充分调研、综合考察的基础上发挥区域优势,因地制宜的开发有特色的产业集聚区。政府还应当减少服务业中的行政垄断,推动服务业的市场化、开放化。

(2)推动西部服务业低碳高效化发展的资金保障机制。西部地区服务业低碳高效化的资金保障主要来自于两个方面:政府和金融企业。政府的资金主要来自于政府财政收入和政府融资平台收入(包括债券、项目融资),而金融企业的资金来源于公众和企业。要为西部地区绿色低碳高效服务业的发展提供充足、灵活的资金保障,需要政府和金融企业发挥有效的作用。在推动服务业绿色低碳高效化发展的过程中应当充分利用银行的作用,针对绿色高效服务业提供专项贷款,通过创新金融工具如基金为相应服务业产业发展提供支撑。应鼓励引导小额贷款公司、担保公司的发展,这些公司对于支持民营服务企业的发展、推动服务业市场化具有重要作用。同时西部地区还可以利用外资、FDI 来实现资金筹集。总的来说,要在政府资金的引导下,构建以银行为中心的多层次金融体系,为西部地区低碳高效服务业发展提供资金保障。

（3）推动西部服务业低碳高效化发展的技术保障机制。西部地区发展绿色低碳高效服务业，需要在培育自身研发能力的基础上积极引进、利用外部技术。清洁能源技术的开发已受到各国各地区的重视，西部地区应当在自身发展能力的基础上积极利用外部技术，将外部技术进行适应性改造，使之适合西部地区清洁能源的开发利用。西部地区的优势产业如旅游业、会展业等可以通过购买先进的管理系统或引进成熟公司的先进管理团队来实现发展，虽然这样的技术引进方式会对本土的服务业产生冲击，但这是推动西部地区服务业市场化、高效化的必经过程。西部地区应当因地制宜地进行新型环保材料、生产循环利用技术的研发。西部地区在整体人才储备不足、研发能力较弱的情况下，应当集中优势资源，调动具有高新技术能力的国有企业的研发积极性，并积极探索将其研发成果推广应用到各行各业的模式。

（4）推动西部服务业低碳高效化发展的人才保障机制。西部地区人才缺乏是制约其发展的关键因素。在西部地区，传统服务业如酒店餐饮、旅游等行业已初具规模，需要大量的应用型人才。西部地区应当重视职业教育、在职教育的发展，要加强此类教育与市场、与企业的联系，使其培养的学生能满足市场对劳动力专业素质的需求。同时，要重视基础教育的建设。在西部地区，特别是西部民族地区，初高中生的辍学率很高，这主要是由这些地区人民的受教育能力有限且受教育意识不强导致的，这部分人辍学后大部分成为农业部门或城市基础建设部门的从业者，这严重缩小了西部地区的人才储备量。再有，要重点发展西部地区的高等教育。西部地区的跨越式发展急需高素质创新人才，这是职业教育、基础教育所不能提供的，而且高素质人才是最难引进和实现本地化的，因此必须重视高等教育的发展。

综上所述，西部地区服务业低碳高效化发展需要相应的保障机制。政府可以通过制定政策法规，规划园区建设，减少行政垄断等，积极引导企业行为向低碳高效化发展。要在政府资金的引导下，构建以银行为中心的多层次金融体系，为西部地区低碳高效服务业发展提供资金保障。要在培育自身研发能力的基础上积极引进、利用外部技术，集中优势资源，调动具有高新技术能力的国有企业的研发积极性，并积极探索将其研发成果推广应用到各行各业的模式。要在重视基础教育的同时，大力发展高等教育和职业教育，为西部服务业低碳高效发展提供人才保障。

7.4　本章小结

　　本章研究西部地区服务业绿色低碳高效化问题。服务业发展的不同阶段由于生产力水平的差异与生产关系的复杂程度不同,经济效益与生态效益各不相同。现代服务业是低碳高效经济的重要组成部分,可以通过技术创新、专业化生产、产业升级、产业融合等途径实现服务业的低碳高效化。绿色低碳高效服务业作为服务业的高级化形态,集中表现在服务型企业的清洁、高效、循环生产,其发展有利于推动产业结构优化升级,改善自然生态环境,提高人民生活水平。当前,绿色低碳高效已成为现代服务业发展的必然趋势。西部地区是我国经济发展较落后的地区,城镇化水平低,工业发展处于初期阶段,与之相适应的服务业发展起步慢,发展相对滞后,加上服务业产业结构不合理,高碳低效的异质性特征明显。西部地区旅游资源丰富,在发展低碳高效服务业方面有成本优势和政策优势,但也面临人员整体素质偏低、产业基础薄弱、交通设施落后等不利因素。结合自身实际,西部地区可以选择以生产者服务业为主导产业,以打造优势产业增长极为手段,以产业园集群发展方式为主,构建可持续生态产业链的服务业低碳高效化发展模式。与之相对应的关键技术包括新型清洁能源技术、网络通信信息技术、新型环保材料技术、集约循环利用技术等。同时,为实现服务业的绿色低碳高效化,西部地区各级政府必须建立相应的政策、资金、技术、人才保障机制。

第8章 西部产业生产组织的低碳高效化改造

产业生产组织是指为了实现生产目标和提高生产效率,对产业生产要素和生产过程的不同阶段和不同环节进行合理安排,使生产企业内部和关联企业之间通过一定的产业关系相互联接,所形成的时间上连续和空间上合理的协调系统。对产业生产组织进行绿色低碳化和生态高效化改造,是西部地区产业结构在微观层面实现高效化和生态化的重要内容。

8.1 产业价值链与产业生态链的融合与改造

在西部地区的产业生产组织中,关联企业之间主要是通过两类产业关系相互联系,一类是产业价值链关系,一类是产业生态链关系。由价值链关系相互联接的企业集合构成了产业价值链,由生态链关系相互联接的企业集合构成了产业生态链。西部地区的产业价值链与产业生态链往往是彼此独立相互分离的,对两者进行有机整合和深度融合,可以有效推进西部地区产业结构的高效化和生态化①。

8.1.1 产业价值链的价值创造和产业效率特征

产业价值链是为追求价值的创造和价值的增值,产业部门或企业之间基于一定的技术经济和产业价值关联,依据特定逻辑顺序和时空布局形成的,具有

---

① 郁义鸿:《产业链类型与产业链效率基准》,《中国工业经济》2005 年第 11 期,第 35 – 42 页。

相互衔接关系的企业集合①。价值链的概念最早来自于波特对企业价值链的研究。他认为企业的价值创造过程主要由基本性活动(含生产、营销、运输和售后服务等)和支持性活动(原材料供应、技术、人力资源和财务等)两部分完成。价值链就是这些活动构成的价值创造行为链条,在产业层面的价值创造行为链条就是产业价值链。每个企业都处在产业价值链中的某一环节,一个企业要赢得和维持竞争优势不仅取决于其内部价值链,而且还取决于在一个更大的价值系统(即产业价值链)中。产业价值链代表了产业层面上企业价值融合的更加庞大的价值系统,产业价值链具有价值创造和产业效率高等方面的特征。

(1)产业价值链的价值创造和价值增值特征。产业价值链作为产业链的价值组织形式和价值流动链条,其最主要的一个最突出特征就是价值创造和价值增值。产业链的价值活动囊括了产业链中企业所有的价值活动,但这些活动并不是简单的大杂烩,而是在产业链的价值组织形式下发现和创造价值。在产业价值链尚未形成之前,各企业的价值链是相互独立的,彼此间的价值联结是松散的。经过产业价值链整合之后,企业被捆绑到一个产业价值链系统内,通过企业间价值链的创新联结来创造出新的价值。在联接相关产品或服务(从原材料的提供,到产品的生产,直至市场的销售等)各环节的产业链条上,成员企业通过物质、信息、知识、资金等方面的价值链接,形成有形价值链环,在价值链内随着链条的延伸和拓展,形成价值的流动和价值的增值②。

(2)产业价值链的产业效率和经济效益特征。大规模的产业价值链往往都是由数量庞大的具有专业化分工合作的企业构成,在同一价值环节上往往会有众多的同质企业相互竞争。随着产业价值链的不断完善和强化,各环节上每一个企业的个体运作效率对整体产业链条运作的效率的影响越来越大,产业价值链体系利益分配机制将对链条上的众多成员企业进行选择和淘汰,这种选择淘汰机制会不断激发成员企业的竞争意识和创新动力,每个成员企业都希望通过不断创新、改进工艺、精炼业务来强化自己的核心竞争力,提高自身环节的运作效率。由此形成了各成员企业都以自己最具竞争力的核心业务和核心能力嵌入到产业价值链的相应环节进行运作,使产业价值链的每一个环节都得到优

---

① 陈柳钦:《论产业价值链》,《兰州商学院学报》2007 年第 4 期,第 57 - 63 页。
② 李平、狄辉:《产业价值链模块化重构的价值决定研究》,《中国工业经济》2006 年第 9 期,第 71 - 77 页。

化,从而使整个产业价值链条呈现出很高的产业效率和经济效益①。

(3)产业价值链的自聚集性和集群效应特征。产业价值链在价值创造活动中表现出的价值增值优势吸引着周边的相关企业,使外围企业及相关机构向价值链靠拢以分享其溢出效应,相关企业具有嵌入到价值链的愿望,从而产生了自聚集性。产业价值链不仅吸引企业纵向集聚,向上延伸到原材料和配套服务的供应商,向下延伸到产品的营销网络和客户,也吸引企业横向聚集,水平扩展到具有互补关系或合作竞争关系的生产商和相关企业,还能将大学、研究机构、政府、中介机构、金融机构等融入到价值链的增值环节中。大量企业和相关部门向产业价值链聚集形成产业集群,由于集群环境下各类资源可以共享,降低了企业的生产成本,有利于企业的技术创新,从而形成集群效应,使企业能够创造更多价值和获得更多利润,也使整个价值链系统的经济效益得以提高②。

(4)产业价值链的自扩展性和链式效应特征。产业价值链是在核心龙头企业主导下,通过产业链的延伸带动一批配套企业发展的。随着配套企业的不断壮大,裂变出新的龙头企业,又带动其他配套企业聚集和发展,形成新的产业链群体,使整个价值链集群不断扩展。随着产业价值链专业化分工协作的深化,其链式效应也引发了价值链条的扩展。专业化分工协作使各价值增值环节得以链接和连续,同时也使之产生了链式效应。价值链企业间存在着广泛复杂和密切的经济技术联系,一个企业的产出往往是另一个企业的投入。当某个环节的企业通过技术创新首先取得了优势地位使其产品更新换代时,就会通过链式效应促使上下游企业进行改革与创新,生产符合其技术要求的原材料或零部件,或提供更高的技术支持和服务,从而推动整个产业价值链的技术进步③。

产业价值链以产业为基础,在原材料投入、产品生产、产品销售的过程中不断增值,以满足用户需求而实现价值所形成的价值链条。首先,产业价值链通过对相关企业的产品生产、销售环节进行链接,促使企业间价值链创新联结来创造出新的价值。其次,产业价值链代表了产业层面上企业价值融合的更加庞大的价值系统,通过产业价值链的优胜劣汰机制,通过价值链的自聚集性和集

---

① 王岩、盛洪昌:《关于产业链效率的经济分析》,《中国城市经济》2011年第29期,第53－
55页。

② 陈柳钦:《产业价值链:集群效应和链式效应》,《理论探索》2007年第2期,第78－81页。

③ 韩士元、陈柳钦:《论产业价值链的集群效应和链式效应》,《财会月刊(理论版)》2007年
第9期,第83－85页。

群效应特征,使得每个进入价值链的企业包含在更大的价值活动群中,实现整个产业链的价值增值。最后,产业价值链的形成与发展是一个动态的过程,随着专业化分工的不断加强,企业之间在产品、技术、劳动力、信息之间沟通与合作不断密切,推动价值链上不断分支出二级、三级枝权,吸引更多的主导企业、辅助性企业加入到价值链条上来,以创造更大的价值。

8.1.2　产业生态链的绿色低碳和生态效率特征

产业生态链是为追求资源的高效利用及环境生态的和谐,模仿自然生态系统,按照生产者、消费者和分解者关系,以物质能量等资源为纽带,由具有市场、技术或资源关联性的相关产业(或企业)串联形成的,能量物质资源循环流动的产业链条①。该产业链条通过"原料→产品→废物→原料"的循环过程,将上一个产业(或企业)的产出(包括产生的副产品和排出的废弃物)作为下一个产业(或企业)的投入(包括所需的原材料和其他的投入物),实现资源在区域范围内循环流动和综合利用。产业生态链以清洁生产和循环利用为手段,通过专业化分工与社会化协作,进行产业物质能量的副产品交换,尽可能地减少各类废弃物质向自然生态系统的排放,从而保持产业环境的友好和生态可持续性。产业生态链的绿色低碳和生态效益特征主要表现在以下方面:

(1)产业生态链的节约资源和降低消耗特征。产业生态链由一系列分工不同的企业组织而成,是一个综合了生产、销售、运送、分解和循环等项活动,以实现资源和能源等在区域范围内的循环流动的集合体。即企业模仿自然生态系统中的生产者、消费者和分解者,以资源为纽带形成的具有产业衔接关系的,能实现资源在区域范围内的循环流动的工厂或企业联盟,它是企业之间为进行循环经济和生态化生产而形成的企业关系的总和。物质和能量沿不同的环节,逐级流动,原料、能源、废物和各种环节要素之间形成立体环流结构,资源和能量在其中反复循环利用获得最大限度的利用,使废物资源实现再增值。产业生态链促使一系列企业尝试相互利用对方的副产品,而不是把这些副产品当作废物来处理,从而实现了节约资源和降低消耗的目的。

(2)产业生态链的资源高效和绿色低碳特征。产业生态链以资源稀缺性为前提,以实现经济效益、环境效益和社会效益综合利用为发展目标,资源流动的

① 熊向峰:《创建良好的产业生态链是关键》,《通信世界 B》2006 年第 37 期,第 5 页。

结果是形成了产品链(目标产品)和废弃物链(额外产品),减少了污染物排放,提高了资源效率。产业生态链以发展循环经济为核心,在生产环节减少资源消耗,提高资源综合利用率。在消费环节节约资源,减少废弃物排放,提高资源与产品的循环利用和废弃物资源化水平。通过节能减排和清洁生产技术改造等,积极提升传统产业的生态化水平,促进产业结构的优化,形成产业生态链,从而有效地提高资源综合利用率。使企业、产业集群实现资源的综合利用、循环使用,与此同时,产业生态链上的资源有效利用减少了固体废弃物的排放,又极大地推动了产业的绿色低碳化发展。

(3)产业生态链的废物利用和最小剩余特征。产业链上的众多企业在同一地域上集聚,从而加大了企业之间的物质、能量和信息的流动,极大地提高了资源利用效率。产业生态链内部通过企业之间的专业化分工与协作,上游企业的废弃物或副产品可以通过贸易的方式成为下游企业的原材料,从而形成了类似于生态食物链的"工业食物链",实现了资源共生,从而延长了物质资源在系统内的流动链条,形成了产业生态链结构。如果企业生产不止产生一种废物,废物销售对象也不止一家企业,那么就会形成一个错综复杂的资源共生网,产业生态链中企业之间由于副产品的交换形成新的部门或新的企业,这些企业或部门主要提供废弃物处理,并进行资源化再生利用的过程。从而将原来的废弃物变废为宝,在减少产业生态链中废弃物的同时实现了经济效益的增值。

(4)产业生态链的最小排放和环境友好特征。产业剩余物是指产业生产过程中产生的,直接排放到环境中对环境造成一定影响的物质,也即所谓的产业废弃物。在构建产业生态链时,尤为注重产业的上下游关联性。通过对相关企业原料、产品、排放物等方面的考察,将那些能与"上下游"企业形成产业生态链的企业放在一起。通过各不同生产部门和自然生态系统之间的物质能量代谢、空间格局及人类生态关系的优化,形成优势互补、自然生态链与人工产业链相结合的复合生态系统,发挥整体效应,实现内部资源、能源高效利用,外部有害物质零排放或最小排放,从而最大限度地减少整个区域的产业剩余物,最大可能地降低生产过程对生态环境的不利影响,从而使产业生态链表现出产业剩余物最小化的明显优势和环境友好的特征。

综上所述,产业生态链与一般意义上的传统产业链有许多不同之处。产业生态链所追求的目标是节约资源、降低消耗、资源高效、绿色低碳、废物利用、最小剩余、最小排放和环境友好,力图实现经济效益、环境效益和社会效益三者的共赢。在产业生态链上,上游企业流动给下游企业的是生产过程中的废弃物或副产品,它们往往不属于同一行业。产业生态链可以使资源和副产品尽可能在区域系统内部被消化吸收,从而产生极少的废弃物或者不产生废弃物①。因此,有计划地构建循环经济的产业生态链,在一定的区域内形成产业共生关系,形成副产品交换组合,可以从根本上缓解资源约束矛盾,减轻环境压力,从而达到较高的生态效益。产业生态链所创造的环境生态效益不仅能够提高当前地区的环境质量,从长期来看也更加有利于当地经济效益的增加。

8.1.3　价值链与生态链的有机融合与改造

西部地区的现状是大部分地区仍属于经济欠发达地区,而西部地区的发展目标是实现跨越式可持续发展。但近年来高能耗、高污染、低效率的粗放型经济发展模式对生态环境造成了严重的破坏,严重制约了西部地区的跨越式可持续发展。过去,产业的发展不注重经济发展和生态环境的和谐统一,这种观念已经不能满足西部地区多元化发展的需要。西部地区产业生产组织的低碳高效化改造必须坚持二者的有机统一和融合改造的道路,二者不能单独作为发展的目标。一方面,产业生态链的某些环节创造着价值,形成价值流动链条;另一方面,产业价值链上的某些企业在创造价值的同时,也在担当生产者、消费者和分解者的角色。两者统一在产业集群内部,相互交叉、互相重叠、互相融合才能最终促进生态效益与经济效益的同步发展②。

（1）产业生态链与产业价值链的相互交叉。产业生态链是一个综合了生产、销售、运送、分解和循环等项活动的企业链状集合,企业处于生态链的某个环节上,在物质交流的过程中也伴随着价值的流动。产业价值链上的企业处在价值增值的某个环节上,其在创造价值的过程中,伴随对物质的加工处理活动。而这些活动的很多环节(比如生产、销售)既可能是价值链的节点,又可能是生态链的节点。因此,在产业集群中,某些企业既可能处于某条产业生态链的某个环节上,同时又可能正处在某条产业价值链不可缺少的环节上。在某个特定的地区所有企业通过价值链与生态链相互链接,构成复杂的共生网络。这些企

---

① 李云燕:《产业生态系统的构建途径与管理方法》,《生态环境》2008 年第 4 期,第 1707 - 1714 页。

② 尹琦、肖正扬:《生态产业链的概念与应用》,《环境科学》2002 年第 6 期,第 114 - 118 页。

业在共生网络中对物质进行生态化处理的同时也实现着价值增值。此时,产业生态链与产业价值链存在着相互交叉。

(2)产业生态链与产业价值链的相互重叠。在产业集群中,在某些产业价值链上的某些链段本身就具有产业生态食物链特征,同样,某些产业生态链的某些链段本身就可以实现价值的增值,也就是说,某些产业价值链与某些产业生态链在某些链段上出现了相互重叠的现象。在产业生态链中,副产品没有被作为污染环境的"废物",而成为价值创造的源泉,得到了充分的利用,从而为产业价值链提供互补性的活动,并实现价值增值。由于这种重叠的存在,集群企业会通过不断地寻找与其他企业生态和经济价值活动的整合,使各类资源和剩余物的排放配置到相关的价值创造活动中,实现其价值的增值。通过不同环节上各具优势的企业合作,来实现资源的循环,从而在原来的产业价值链与生态链上创造更大的价值,实现更大的效益。

(3)产业价值链与产业生态链的相互融合。价值链在经济活动中无处不在,上下游关联的企业之间存在行业价值链,企业内部各业务单元之间也存在着价值链联结。价值链上的每一项价值活动都会对企业最终能够实现多大的价值造成影响。价值链当中存在着类似于自然界生态系统的输入输出关系,而生态链中也存在着产业价值链中的投入产出关系。在竞争的时代,价值链上没有任何环节是不可替代的,参与者的价值取决于它对整个生态环境,尤其是最终用户的影响力。因此,可以通过对产业价值链的生态化改造,引入工艺改进、新的替代过程、替代原料、补链工艺等,使集群内不同产业和行业模仿食物链网的形式进行纵向和横向的耦合,形成集"生产、流通、消费、回收、环保"为一体的产业价值链,实现产业价值链与产业生态链相互融合。

(4)对价值链与生态链的深度融合与改造。循环产业集群是新时期西部地区经济发展的最佳产业组织模式,作为产业集群发展的最高阶段,循环产业集群的形成更有其特殊性。一方面,它需要内部的自组织机制来不断聚集强化价值链,形成多链条的完整产业价值链;另一方面,也需要外部的他组织机制来整合和搭建生态链,形成多渠道的连续产业生态链。同时,还要通过纵向闭合、横向耦合等系统整合方式,在集群内建立起多层次、立体型、多通路的物质、能量和价值流动网络,以实现集群内的物质和能量的层级利用和循环流动以及价值的增值。因此,只有在"无形之手"和"有形之手"的有机协调下,在"自组织"和"他组织"的共同作用下,才能使产业价值链与产业生态链发生交叉与融合,形成多渠道多层次的产业循环生态网络。

在新的历史时期,西部地区跨越式快速发展和可持续和谐发展的目标要求经济发展必须同时注重经济效益和生态效益,不能走以牺牲环境谋发展的旧路。随着经济的发展,人们对生态效益的重视程度不断增加,可能导致产业自觉地从牺牲生态环境来换取经济发展的方式转变为以牺牲经济效益最大化来换取生态环境的改善。面对落后的生产结构组织模式,西部地区的产业价值链与生态链的建设还处于初步阶段,在新时期要想实现经济效益和生态效益的统一,必须明确产业发展的趋势必然是生产既有利于生态效益提高又能够提供足够高的经济利润的产品,因此必须对传统的产业组织模式进行改革和创新。利用循环产业集群这一特殊产业组织模式,可以将产业生态链和产业价值链进行有机融合并进行深度改造,从而实现经济效益和生态效益的双赢。

8.2　产业集群与循环经济的有机融合与改造

不同的产业组织模式,具有不同的经济效益和生态效益。产业集群是目前生产效率最高、经济效益最好的产业组织模式之一,但它可能存在生态效益不足的缺点;循环经济是目前资源效率最高、生态效益最好的产业组织模式,但可能造成经济效益不佳。因此,只有将产业集群模式与循环经济模式进行有机的深度融合,才能达到产业组织整体效益的最大化,从而实现区域产业结构进一步的低碳高效优化。

8.2.1　产业集群组织模式的产业效率特征

产业集群是指集中于一定区域内特定产业中的具有分工合作关系的不同规模等级的企业以及与其发展有关的各种机构、组织等众多行为主体,通过纵横交错的网络关系紧密联系在一起而形成的空间集聚体,代表着介于市场和等级制之间的一种新的空间经济组织形式①。从空间协作上看,集群企业的弹性生产模式和专业化分工协作优势,能大大提高生产效率。尤其是主导产业集群网络能对区域经济产生强大的带动作用。从组织结构上看,产业集群内企业之

---

① 刘鑫:《论中国产业集群的构建与发展》,吉林大学硕士论文,2004 年。

间的关系不是从上而下的科层结构,也不是零散的组织,而是介于这两者之间的中间性组织结构。这种柔性的中间性产业组织模式能够发挥出强大的功能,是以往任何一种产业组织形式所无法比拟的①。

(1)产业集群的要素聚集与规模效率特征。产业集群具有要素聚集的特征,这体现在产业集群既能对劳动力、资金、技术以及原材料等资源要素产生吸引和聚集作用,又能够对这些要素进行有效配置。①要素竞争实力强。同类产业集聚吸引相关要素在空间上形成同步集聚,要素的集聚和竞争导致要素价格下降,企业因此能以更低的价格获取更具竞争优势的要素。②要素交易成本低。产业集聚的同时也发出了相关要素集聚的信号,因此吸引相关要素集聚,降低了要素交易成本。比如金融行业的集聚有利于资金和人才在空间上趋附从而减少由于产业分散、信息不对称导致的要素配给成本上升。③要素规模效率高。产业集聚有利于产业在市场、技术、信息、服务等方面实现良性竞争,优胜劣汰的市场机制又极大地促进了产业集群内部规模效率的提高。

(2)产业集群的专业分工与协作效率特征。分工协作效应一方面有利于集群企业间分工的进一步深化,另一方面可以促进群内企业之间及前后向合作关系的形成,减少由于信息不对称造成的生产能力空耗,从而在获取专业化效率的同时提高产业集群整体的生产效率。①深化企业分工。产业集聚带来的首要利处是促进企业间基于自身竞争优势而形成劳动专业化分工。劳动分工的深化使得企业生产效率提高,资源得到有效利用,产业链条得以延伸。②激发有效创新。产业集聚地内专业分工明确的大中小型企业可以专注于自身产品的技术创新;协作机制可以引导中小型企业在相对完善的市场信息条件下实现有效技术创新,从而缩短技术开发、创新、应用的周期,减少无效创新。③优化协作层次。产业集聚分工会促进产业集聚地内形成以大企业为中心、大中小企业共同协作的多层次协作分工协作体系。

(3)产业集群的知识溢出与创新效率特征。知识技术的外部性使得其在产生和发展的过程中会产生溢出效应。知识和技术溢出会扩大其利用范围,从而提高整个产业集群的经济效率。①溢出效应不断增强。产业集群缩短了关联企业之间的空间距离,企业间频密的接触,使一些隐性知识和技术在群内溢出

---

① 徐康宁:《开放经济中的产业集群与竞争力》,《中国工业经济》2001 年第 11 期,第 22 - 27 页。

和传播,而集群内部企业可以免费享用此类溢出知识与技术,从而促进集群整体的技术升级。②企业协作更加密切。企业间柔性组织使产业链上下游之间更容易形成一个相互学习的整体,促使企业不断加强与效率高、效益好的企业学习与互动,促进更多有创新价值的活动发生,从而提升了创新能力与创新效率。③创新效率持续上升。企业集聚通过促进企业间竞争而减少地区性企业垄断现象的发生,知识溢出使得企业不断增加自我核心竞争力的建设,从而推动企业积极创新。

(4)产业集群的合作竞争与协同效率特征。竞争机制是市场经济获得产出效率的根本性手段。产业集群是促进产业合作竞争的重要途径。良性引导下的集群企业可以通过合作竞争发挥竞争协同效率,实现规模经济、范围经济。①提高企业竞争效率。产业集群实现了大量同质、相关联的企业在空间上的集聚,集群内企业处于竞争的状态,从而有利于提高生产效率,降低生产成本,促进技术创新。②扩大资源共享机制。产业集群通过为集群内企业提供基础设施、信息网络共享平台,降低了集群内企业的生产成本,提高了其资源利用的便利性,从而有利于提高产业集群整体在市场上的竞争力。③增强协同合作机制。集群企业通过产业链构成相互联系的纽带,通过物流、信息流等形成了各种社会关系网络,此类社会关系网络具有市场反应灵活和风险不扩散的优势,促进了企业间的协同合作。

西部地区要实现经济的迅速崛起,加速推进工业化进程,必须以产业集群为载体加速产业聚集,为提升本地综合竞争力打下坚实的基础。产业集群的发展使区域按劳动分工理论形成专业化产业区,有利于提高西部地区的产业效率和竞争优势。集群通过绝对优势、比较优势、要素禀赋或规模经济形成专业化产业区,即大量企业集中于一个主要产业,以纵向合作和横向竞争关系构成产业链,以生产经营性企业为主,同时包括关联类、依附类、生产性企业和非生产性基础设施,通过资源共享和生产高效,降低生产成本,提高经济效益,从而提升西部地区的产业竞争力。总之,产业集群具有成本节约、技术创新、交易便利、应对市场、整体品牌等优势,从而大大提高了产业集群内部的产业生产效率、产业技术效率和产业创新效率。因此产业集群及其形成的企业网络具有较高的产业经济效益。

8.2.2　循环经济组织模式的绿色低碳特征

循环经济是物质闭环流动型(Closing Materials Cycle)经济的简称。循环经济的核心是物质的循环,发展循环经济,就是要使各种物质循环利用起来,以提高资源效率和环境绩效。其原则是资源使用的减量化、再利用、资源化再循环。其生产的基本特征是低消耗、低排放、高效率①。循环经济以"减量化、再利用、再循环、资源化和无害化"为原则,以"资源利用—绿色生产—再生资源"循环流动为特征。它要求每一个生产环节都要节约资源,提高资源和能源的利用率,从而在相同的产出水平下资源和能源消耗更低;其次还要求生产流程中物质和产品的多层次利用和能量的梯级利用;再次对企业的副产品进行再吸收,成为其他企业的原料,也减少了资源的消耗,因此具有较高的资源利用效率②。

(1)循环经济减少消耗和节约资源的特征。循环经济模式是新技术支撑下的"资源利用—绿色生产—再生资源"循环流动模式,其首要原则是减少资源能源的投入。新兴技术是循环经济节约资源和减少消耗的关键支撑。在循环经济模式的各个环节,新兴技术都可以发挥其减少消耗和节约资源的功效。①源头控制投入。对源头物质投入实现减量化,从而可以产生更少的废弃物。新兴技术的出现减少了经济活动对于资源环境的依赖性,企业可以逐步实现以更少的投入得到更高产出的生产模式。②过程投入控制。在企业内部,循环经济对生产过程中产生的废弃物进行回收和再生利用;在产业内部,循环经济根据产业布局和资源条件,延长和拓宽废弃物使用的链条。③尾端集约处理。对无法在生产过程中实现回收再利用的剩余物,企业和产业内应在尾端进行回收转化,利用材料分离、纯化技术实现尾端剩余物的集约转化、无害化处理。

(2)循环经济资源循环和高效利用的特征。循环经济主张废弃物的再生循环利用,即将废弃物本身看做是一种载能的物质,通过能量的多重挖掘利用实现生产的集约化。①资源高效利用。粗放型增长模式下,技术研发应用成本过高,而循环经济要求走集约型的生产道路,通过技术、组织、制度变革来推动资源利用效率的提高,从而减少环境压力。②资源重复利用。如果废弃物经过简单加工处理、再次利用能节约生产这些产品所消耗的能源,那么可以将其看做是实现低碳经济的一种新途径。产品循环利用比重新生产产品要节约能源,更少碳排放,因此循环经济在广义上是从根本上实现低碳经济的总体发展模式。

---

① 骆泽敬:《消费资本化理论与绿色消费模式的构建》,《商业时代》2007 年第 23 期,第 25 - 26 页。

② 王国印:《论循环经济的本质与政策启示》,《中国软科学》2012 年第 1 期,第 26 - 38 页。

③资源多重利用。资源的使用价值不是单一的,循环经济发展模式要求在生产的各个环节重视资源的转换价值,提高资源的使用价值。

(3)循环经济废物转化和剩余最小的特征。经济生产过程中粗放型生产方式会给社会发展带来经济增长滞缓和环境压力增大的双重矛盾。循环经济以经济与自然环境协调发展为原则,具有最小化剩余物的优势。①潜在剩余物预防。产业剩余物最小化以降低产业生产对环境侵害压力为前提。在生产投入的初期,就会通过技术创新和工艺改进,在生产过中将潜在生产剩余物数量和有害性降到最小。②循环剩余控制。在产品生产的过程中会伴随剩余物的产生,循环经济组织模式要求将生产过程中产生的剩余物尽可能地实现就地分解转化,从而使产业剩余物总量趋近最小化。③既成剩余物处置。对于无法实现初期预测,并在生产过程中实行控制转化的剩余物,应通过资源回收、再利用和无害化处置对既成剩余物进行物理上的变性,使企业剩余物带给环境的危害最低。

(4)循环经济绿色低碳和生态和谐的特征。经济发展转型应以实现资源的高效利用,经济与生态环境的和谐发展为目标,循环经济组织模式具有集约、生态、高效的特征,是实现生态化生产的重要手段。①投入减量化。减量化优先生产即是生产所有的产品都要消耗物质材料,所有的物质材料的生产都要消耗能源,目前的能源消费主要以化石能源为主,节约任何一个产品都是广义的节能,同时也就是广义的绿色低碳。②生产生态化。循环经济发展模式将生态环境因素纳入到经济发展的过程中来,构建一体化的产业生态复合体,使向环境中排放的废弃物最少、对环境的危害或破坏最小。③产出高效化。循环经济强调整个社会物质的循环应用,提倡在生产、流通、消费全过程的资源节约和充分利用,通过资源多次重复利用来提高资源的利用效率。

循环经济的建立为传统经济向可持续发展的新经济转型提供了战略性的理论范式。循环经济是一种"资源→产品→消费→再生资源"的物质反复循环流动的闭环式经济,是环境友好型经济,是发展观的改变,倡导的是一种建立在物质不断循环利用基础上的经济发展模式,在区域内部构建以能量、信息、物质为载体的循环网络,要求在生产到消费的各个领域倡导新的经济规范和行为准则。与产业生态理论相比较,循环经济则是从国民经济的高度将资源环境保护引入经济运行机制,是对生态理论的拓展,使之具有更大的适应范围。发展循环经济,是由三高一低到三低一高转变经济发展方式,可以最大限度地节约资源,减少污染排放量,解决长期以来存在的人与自然、经济与环境之间的矛盾,达到经济发展与环境保护的双赢。

8.2.3　产业集群与循环经济的有机融合与改造

产业集群作为一种高效、稳定、快速的产业组织模式,具有较高的生产效率和经济效益以及较强的创新能力和竞争优势,在带动区域经济快速增长方面的作用非常突出;而循环经济具有较高的资源利用效率和环境生态效益,使产业剩余物的排放得到减少,进而使经济发展对自然生态环境的破坏得以降低,从而实现区域经济的绿色发展。然而,两者固有的缺陷与不足,使两者都不能独立地承担起西部生态脆弱地区必须绿色快速发展的重任,都不是区域快速绿色发展的最佳产业组织模式[1]。必须对循环经济模式和产业集群模式优缺点进行整合,让其达到有机融合,从而使循环产业集群实现产业经济效益与资源环境效益的和谐统一,能够有效地解决西部地区产业发展的效率、资源和环境问题。

(1)通过两者的深度有机融合来保证产业组织的稳定性和有效性。结构僵化性是循环经济模式不可避免的缺陷,所以必须以产业集群模式的组织灵活性来克服,从而保证产业系统运行的稳定性和有效性。①以产业集群模式增加灵活性。产业集群结构对外界变化具有极强的自我调整与适应能力,其结构的灵活性正好可以弥补单纯的循环生产由于过于僵化而造成的灵活性不足。②以产业集群模式增强互通性。产业集群内具有及时的信息传递与共享机制,而单纯循环模式最大的缺陷就在于一旦形成循环链条,就会形成封闭的信息传递模式,产业集群可以弥补这方面的缺陷,及时的信息传递与共享使生产效率更高。③以产业集群系统增强稳定性。产业集群系统是通过合作竞争形成的耦合系统,相比于循环经济具备更好的先天稳定基础,两者的深度融合可实现产业集群系统的弹性稳定性。

(2)通过两者的深度有机融合来保证产业组织的高效率和竞争性。循环经济模式竞争性方面的不足要以产业集群模式的竞合高效性来加以克服,从而保证产业系统的高效率和竞争优势。①激发企业活力。由于单纯循环经济中的企业一般分布于产业链的不同环节而缺乏竞争活力,而集群企业包括产业内企

---

① 蔡绍洪、向秋兰、姚旻等:《循环产业集群与西部欠发达地区经济的跨越式和谐发展》,《经济纵横》2008 年第 1 期,第 55 - 57 页。

业的横向集聚和纵向集聚,同类企业之间的激烈竞争能够有效弥补这方面的不足。②促进企业创新。集群内企业具有同质性,企业在利润的促使下会通过创新来增加自己的市场竞争力。而创新需要以竞争合作为基础,产业集群的竞合性为创新创造了条件,推动创新孵化。③提升经济效益。由于单纯循环的经济效益不够,从而导致整体竞争力较弱,而集群企业的竞合博弈与协同竞争能够有效弥补这方面的不足,通过合作竞争来强化整体的竞争力。

(3)通过两者的深度有机融合来保证产业组织的集约性和持续性。循环经济模式下资源循环高效利用的生产理念有利于克服产业集群模式下资源利用率不高的缺陷。两者深度有机结合有利于保证产业系统的低消耗和持续性。①提高资源利用率。传统产业集群模式的生产方式粗犷,资源利用较低,而循环经济模式对资源的层级利用、循环利用、综合利用等,可以有效弥补这一缺陷,提高整个产业系统的资源利用率。②减少资源消耗量。传统资源型产业集群存在资源高消耗的问题,循环经济模式对资源循环综合利用和对资源产品的转化与深加工,可以有效减少资源的消耗。③资源使用持续性。通过循环经济对产业集群的融合,使各种资源在产业集群内得到循环利用、分级利用、综合利用和高效利用,从而减少了资源的消耗和浪费,提高资源使用持续性。

(4)通过两者的深度有机融合来保证产业组织的绿色性和生态性。循环经济模式的环境友好低排放能克服产业集群模式在环境污染方面的缺陷,从而保证产业系统的低排放和低污染。①转变资源利用方式。循环集聚型经济是一种资金技术密集型经济,它在促进行业竞争,促进行业生产效率提高,实现经济持续增长的同时要求减少经济发展对环境的依赖与对资源的索取,两者有机融合是推动绿色创新型技术孵化形成的必由之路。②减少生产物质剩余。在集群生产中采用资源分级利用和循环利用工艺,在提高资源利用率和节约资源的同时,可以大大减少整个生产过程最后剩余物质的产生量。③避免了生态环境污染。在整个集群生产过程都采用清洁生产技术,对必须向外排放的不能再继续循环使用的极少废弃物进行无害化处理,从而避免废物排放给生态环境带来的污染和危害。

循环产业集群很好地将产业集群和循环经济的优点相融合,从而弥补了各自发展的缺点。循环产业集群模式是将产业集群与循环经济结合起来,形成优势互补的有机统一体。一方面,它能够弥补产业集群和循环经济单独运行的不足。集群生产的外部经济和产业关联性可以释放集群经济效益,能够弥补单一循环生产中的经济效益不高问题;循环生产也能够通过资源利用最大化和废物排放最小化来解决产业集群出现的资源浪费、环境污染问题。另一方面,集群生产和循环利用能够相互促进。集群生产的网络柔性及其合作竞争的优势,刚好能弥补单一循环链条的刚性及其所缺乏的竞争活力及效率①。循环经济的闭环式物质流动和循环利用的要求能够促进集群的专业化分工,形成"食物网"结构,从而进一步节约了资源,提高了效率,保证了循环系统的稳定性。

8.3   整合各类产业链条和培育循环产业集群

就宏观层面来说,一个完整的循环经济产业结构体系应该涵盖包括农业、工业、服务业在内的整个产业。产业生态链不仅应该在同一产业内部各部门之间相互延伸,还应该在不同产业之间相互连通,只有这样才能真正达到资源和生态的高效率和高效益。西部地区只有通过整合各类产业链条,培育绿色生态的循环产业集群,才能真正实现产业结构的低碳化和高效化。

8.3.1   整合产业生态链条,构建循环利用体系

循环产业集群需要在系统内中建立多层次、立体型的循环网络来促进和实现系统内的物质和能量的层级利用和循环流动。这就需要在三个方面对系统进行结构和功能上的整合:①纵向整合。即改变经济系统中在产品生产和消费方面存在的"资源→产品→环境废物"的线性流动模式,对产品生命周期过程的各个环节进行有效的衔接,从而实现对产品的回收和循环利用。②横向整合。即通过对不同的生产环节、工艺流程之间的横向联合,形成一个物质多级分层利用的网络系统,使原来生产和消费过程中产生的废物能够在网络系统中作为资源得到充分的利用。③系统整合。即对不同层次或同一层次的产业系统,以及各个层次产业系统与其所在环境系统间的物质(产品、废物和能量)流动进行统筹和衔接,以实现物质和能量在系统间的循环和多层次利用②。

---

① 李红伟、宋殿清:《推进循环经济发展的重要领域——产业集群》,《工业技术经济》2008年第7期,第38－40页。

② 丁超勋:《低碳理念下物流产业的生态化整合路径》,《物流技术》2010年第10期,第23－25页。

（1）整合农业循环生态链条，构建农业循环利用体系。农业是立国之本，是国民经济的基础，因此在西部地区发展生态循环农业势在必行。①积极打造农业生态链条。将农业生产和农产品加工的废弃物进行资源化循环再利用，实现生产要素的产业间大循环，打造一条贯穿全社会的生态循环链条，实现农业循环经济快速增长。②大力推广新型农业技术。应遵循减量化、再利用、再循环的原则，积极搭建农业科技推广创新服务平台，探索资源利用节约化、生产过程洁净化、产业链条生态化的新型农业技术①。③快速调整农业产业结构。构建生态农业产业链条，推广健康养殖方式，提倡新型农民新型生活，促进循环生态农业发展和农民增收，在农村大力推广生态型家庭经济，引导农民树立绿色生产和绿色消费模式的循环经济理念，力促人与环境的和谐发展。

（2）整合工业循环生态链条，构建工业循环利用体系②。工业是西部地区经济实现快速和可持续性发展的关键，然而西部地区原有的以传统加工为主的主导产业已经不能适应新的经济发展形势。①优化主导产业生态链条。根据主导产业发展需求，优先安排能"消化"上游企业"废料"作为原材料的项目或企业进入循环生态链条，同时筛选和引进生态工业技术，通过副产品、能源和废弃物相互交换，延长产品链和能源梯级利用。②完善生态产业链条关联。应不断开拓物质循环新通道，使生态经济产业链不断得到强化、网状化，实现由传统的重污染行业到绿色产业的战略转变。③加速形成互利共生网络。通过模拟自然系统建立产业系统中"生产者—消费者—分解者"的循环途径，形成互利共生网络，高效分享资源，从而实现资源和能源消耗的最小化，废物产生的最小化。

（3）整合服务业循环生态链条，构建服务业循环利用体系③。服务业的兴旺发达是现代经济的重要特征，也是西部地区技术进步的重要体现。大力发展服务业，是实现西部地区经济又好又快发展的大计。①加速传统服务业转型升级。整合服务业循环生态链条必须转变服务业发展方式和消费方式，提高服务

①　马其芳、黄贤金、彭补拙等：《区域农业循环经济发展评价及其实证研究》，《自然资源学报》2005 年第 6 期，第 891 - 899 页。

②　刘方涛：《对长三角地区工业循环经济发展的测评》，《经济纵横》2012 年第 7 期，第 90 - 93 页。

③　王小平：《中国服务业循环经济评价分析与发展对策》，《中国流通经济》2012 年第 12 期，第 106 - 111 页。

资源利用率和降低废弃物排放为主线,使用循环经济理念和手段,以现代经营方式和信息技术改造提升传统服务业。②重点发展循环现代服务业。优先考虑现代服务业在西部地区的发展,重点支持发展绿色物流、生态旅游、低碳信贷、绿色流通和绿色商务等循环型现代服务业。③积极树立绿色服务业理念。不断推进服务主体绿色化、服务过程清洁化,促进服务业与工业、农业的融合发展,充分发挥服务业在引导人们树立绿色循环低碳理念,转变消费模式方面的积极作用。

(4)跨业整合产业生态链条,构建跨产业循环利用体系。纵向延伸产业链条,横向融合发展,上下游产业深入对接,逐步构建起集聚发展、互为支撑的循环体系,才能实现经济社会的绿色、低碳、循环发展。①加速构建循环型农业体系。在农业领域推动资源利用节约化、生产过程清洁化、产业链接循环化、废物处理资源化,形成农林牧渔多业共生的循环型农业生产方式。②加速构建循环型工业体系。在工业领域全面推行循环型生产方式,促进清洁生产、源头减量,实现能源梯级利用、水资源循环利用、废物交换利用、土地节约集约利用。③加速构建循环型服务业体系。充分发挥服务业在引导树立绿色低碳循环消费理念、转变消费模式方面的作用,推动再生资源利用产业化绿色化,实施绿色建筑行动和绿色交通行动,加快建设循环服务业①。

在西部地区整合产业生态链条,构建延伸产业链条和实现系统优化管理,构建多产品、多链条的产业生态链条,建立灵活多样、面向功能的产业生态链条系统结构与体制,以保障循环产业集群的稳定运行。可以随时根据资源、系统、市场和外部环境的随机波动调整产品、产业结构和工艺流程,进一步增加系统柔性和多样性,减少对原料和产品市场制约作用的影响,提高产业生态链条系统的稳定性,使系统持续地保持高效性。重新整合农业、工业、服务业产业链条,在目前生态产业的基础上,积极培育新的经济增长点,使各产业生态链条系统呈现复杂网络形态。同时加强各产业之间的跨产业生态链条的构建,通过延伸产业生态链条加强各产业内、产业间的方式与方法,加强各产业之间在信息、资源、能量之间的交流与合作,以构建循环利用体系。

---

① 秦文展:《西部地区构建覆盖全社会资源循环利用体系的对策》,《安徽农业科学》2012 年第 28 期,第 13948 - 13949、13954 页。

8.3.2　融合价值生态链条,编织产业共生网络

循环产业集群内部既存在产业价值链,也存在着产业生态链。产业价值链通过产业内企业间合作、竞争、创新等活动创造价值,实现价值增值;产业生态链通过建立生产者、消费者、分解者的食物链关系,实现物质、能量的流动和循环,从而推动生态效益建设。当产业价值链和产业生态链上的企业集聚在某一地域中,向上延伸到原材料和零部件及配套服务的供应商,向下延伸到产品的营销网络直至废弃物的资源化再利用,横向扩张到互补产品的生产商及通过技能、技术或共同投入联系起来的相关企业,最终形成产业共生网络。在农业、工业和服务业中分别融合产业价值链与生态链以编制产业共生网络,对各个产业的发展具有重要意义。以此为基础,编制横跨三大产业的产业共生网络,能够促进整个社会的经济协调有序地发展,实现经济效益与生态效益的同步发展。

（1）融合农业价值生态链条,编织农业循环共生网络。传统的农业循环经济价值链较短,与其他产业的融合程度较低,不能适应现代快速、持续、高效、安全、优质的农业发展需要。①创新农业生产模式。通过立体种植、立体养殖等新型农业生产模式,使产业结构层次深化、产业链尽量延伸,编织出农业循环共生网络。②优化农业生产流程。把加工业、生物质产业纳入到农业循环经济产业路径中来,增加系统内部产业之间的耦合性,使农业循环经济的各组分以最优化的方式链接,形成一个经济、高效、环保的农业循环经济产业流程。③打造农业循环链条。通过加入生产环、增益环、复合环、产品加工环等一系列加强和稳固生态链的措施,把废弃物转化为核心的再循环生产物质资料,促进了循环产业集群内部农业的经济效益的发展,更加有利于价值链的延伸与拓展①。

（2）融合工业价值生态链条,编织工业循环共生网络②。西部地区正处于经济快速增长期,工业作为经济发展的强大推动力,应当加快价值链与生态链的融合及与其他产业的深度融合。①构建工业最优循环网络。以原有生产开发过程为基础,引入先进的生产工艺、新的替代过程、替代原料、补链工艺等构建超结构模型,构建工业系统的原料、产品、副产物及废物处理的最优循环网络。②整合工业生态价值链条。整合设计以循环经济理论为指导,以实现物质

---

① 李荣生:《农业循环经济发展模式》,《小城镇建设》2007 年第 12 期,第 31 – 38 页。

② 吴志军:《生态工业园工业共生网络治理研究》,《当代财经》2006 年第 9 期,第 84 – 88 页。

与能量利用最优化为目的的价值链,根据生态学原理,从企业内部、企业之间和社会三个不同的层次来构建稳定的工业价值链与生态链。③优化工业生态价值链条。以循环产业集群模式整合企业间的信息不对称问题,最后优化得出最优的产业生态价值链,在提高资源的利用率、保护当地生态环境的同时,创造出最大的价值增值。

(3)融合服务价值生态链条,编织服务循环共生网络①。西部地区的服务业市场化程度低、专业化程度低,价值生态链条的深度融合可以快速推动西部地区服务业的绿色发展和循环发展。①构建服务业生态价值网络。通过循环经济理念,将市场化发育程度低,市场体系尚未真正形成,网点布局混杂零散的产业进行合理配置,形成完整的生态价值网络。②打造高效循环服务产业链。引入更多的循环经济咨询企业、服务企业来参与价值链与生态链的整合,这些企业以技术、服务、管理经验等为基础,构建园区内循环经济价值与生态网络起驱动作用的高效产业链。③构建服务业稳定复杂价值链条。服务业内部行业的发展往往是互补的,通过跨行业整合价值链,提高行业之间在信息、物质、能量之间的交换与共享效率,以编制更加复杂稳定高效的共生网络。

(4)融合各业价值生态链条,编织多业循环共生网络。推动西部地区经济转型优化升级,必须坚持各次产业深度融合,实施链条化,打造产业集群,加快主导产业优化升级、集群发展。①跨业整合价值生态链。通过循环产业集群构建产业生态系统,将整个集群置于一个类似于自然系统的循环中,从而使每一个产业链上的节点的关系不再局限于单纯的价值链或者是单纯的生态链关系,实现了价值生态链的整合。②紧密关联生态价值链。通过循环产业集群使不同产业间的关联性加强,让原来看似没联系的产业价值链和产业生态链之间紧密联接,打通产业与行业之间的壁垒,让价值生态链跨业构建与发展。③促进生态链多业循环。构建业间物质和能量循环系统,促使原料、能源、废物和各种环节要素之间形成立体环流结构,使得集群内部资源和能量在其中反复循环利用。

在产业间融合价值生态链条,编织产业共生网络是构建循环共生网络的基础,目的在于促进物质减量和提高经济增长。编制产业共生网络促进物质循环

---

① 刘国秋、黄小勇、贾扬蕾等:《循环共生经济下包装物逆向物流回收模式研究》,《企业经济》2014 年第 4 期,第 23 – 27 页。

利用,加快了资源流动速度,延长了资源使用寿命。此外,网络间的信息交流可以从源头控制资源的投入,减少了不必要的浪费。随着共生网络规模的扩大,网络中农业、工业、服务业的专业化分工加强,形成规模经济,降低生产成本。与普通规模经济不同,产业共生网络的规模经济不仅仅指经济规模大的企业,一些小企业也因为所结成的共生整体形成规模经济。① 通过融合农业价值链、工业价值链、服务业价值链,对特定地域空间内产业系统、自然系统与社会系统之间进行耦合优化,打通产业间流通壁垒,编织多业循环共生网络,从而达到充分利用资源,消除环境破坏,协调自然、社会与经济的持续发展②。

8.3.3　培育循环产业集群,提升产业组织优势

循环产业集群模式是将循环经济与产业集群两种模式进行有机融合,形成了两者优势互补的有机统一体。这种融合不是在产业集群内简单地推行循环经济,而是将循环理念融合到每一个集群层面和网络环节,使集群生产和循环利用能够进行相互促进、优势互补。一方面集群生产的网络柔性及其合作竞争的优势,刚好能弥补单一循环链条的刚性及其缺乏的竞争活力及效率。循环利用的要求促进了集群的专业化分工,集群内复杂"食物链网"的形成,在节约资源和提高效率的同时,还保证了循环系统的稳定性。另一方面"循环产业集群"既具备了传统"产业集群"的效率和竞争优势,又具有单纯"循环经济"的资源和环境优势,实现了两者的优势互补及经济效益和生态效益的有机统一。与其他产业组织模式相比,循环产业集群的组织优势主要体现在以下方面:

(1)循环集群的生产效率和经济效益优势。循环产业集群具有较高的生产效率和经济效益,可带动西部生态脆弱地区实现快速发展。①高效的分工协作体系。集群企业间的良好协作与专业化分工,促使企业对劳动力进行充分利用,不断加强深化分工协作,使每个生产环节的资源得到优化配置,极大提高了生产效率。②优质的投入产出比例。循环集群内部物质的闭路循环和能量的多级利用,在提高资源利用的同时,也形成了原料投入的成本优势,循环产业集群要求所有投入物质尽最大可能地在每个生产环节和整个生产过程中消化,大

---

① 张文龙、余锦龙:《基于产业共生网络的区域产业生态化路径选择》,《社会科学家》2008年第12期,第47－50页。

② 邓伟根、王贵明:《产业生态学导论》,中国社会科学出版社2006年版,第15页。

大降低了最终剩余物的处理成本。③极大地降低企业成本。企业可充分利用本地资源,节约原材料的采购费用,集群企业形成的竞合共生关系,既有相对稳定的互信,又能减少协调费用,从而降低了交易成本。

(2)循环集群的聚集效应和产业竞争优势。循环产业集群的聚集效应,可以使企业形成柔性专业化集聚,通过彼此的分工与合作,结成稠密的柔性网络组织,共同应对快速变化的外部市场环境。①聚集效应促进创新。由于企业之间不断的竞合博弈,使创新活动不断涌现,生产效率不断提高。在经济全球化背景下,现代交通通信技术的进步,克服了地理空间的限制,使各类生产要素的全球性流动增强。②产业协同促进竞争。循环产业集群由于其在资源共享、绿色低碳、经营效益等方面的优势,会吸引更多的企业进驻以联合面对群外企业的激烈竞争,企业更加注重协同合作抵抗外部竞争。③循环集群提高效益。循环集群的聚集效应使得企业实现资源、能量、信息的快速交换与共享,产业之间通过高效价值生态网共生关系能够不断改善与提高集群整体的经济效益与生态效益。

(3)循环集群的资源节约和高效利用优势。循环产业集群从各个生产源头开始就采取资源投入的减量化方案,在生产的各个环节直至整个生产过程都采取资源循环利用和高效利用的策略。①技术创新实现资源节约。循环集群内部通过技术创新,改进生产工艺,增加物料再循环,从初始生产源头到各个生产环节再到整个生产过程,采用先进的生产技术来提高资源的一次利用率,通过多重密集的循环网络来提高资源的循环利用率。②层级利用降低成本。由于产业价值链与产业生态链的循环嵌套和多重耦合,使每个生产环节所产生的相对剩余物质和副产品减少,从而保证了各类资源都得到层级利用。③高效利用节约资源。通过循环集群的方式对资源充分利用,可有效缓解产业发展对资源需求的压力,资源节约和高效利用优势,使循环产业集群成为资源节约型的产业组织模式。

(4)循环集群的最小剩余和生态环境优势。循环产业集群在每个生产环节和各个不同层次,都采用物质循环利用的方案,追求各个生产环节的"零排放",要求所投入的各类物质都尽最大可能地在整个生产过程中消化。①高效的网络利用链条。通过各类产业生态链形成的"食物链"和"食物网",构成了企业互利共生的组织网络,增加了物质的循环渠道、延长了物质的流动链条,减少了各个生产环节废弃物的产生与排放。②完善的最小剩余方法。循环产业集群所产生的不能再继续循环利用的最终剩余物质极少,从而极大地提高了资源的利用效率,降低对资源的依赖程度,使得循环集群的三废排出量最小。③巨大的生态环境优势。循环产业集群需要向环境排放的废弃物质极少,即使是废弃物也是在当地自然生态系统的自净承载能力限度以内,不会给生态环境造成负面影响。

综上所述,在西部地区培育循环产业集群,提升产业组织优势不仅有利于提高生产效率和经济效益优势、聚集效应和产业竞争优势,还能够促进资源节约和高效利用、资源使用最小剩余和生态环境建设。正是由于循环集群不仅吸收了循环经济与产业集群的优势,还克服了上述两种发展模式的劣势,形成了一种更新、更全面、更有效的发展模式。循环产业集群的作用首先表现在生产效率方面,通过深化分工协作,提高劳动力的效率,从而带动整个地区的经济效益与竞争实力;其次,循环产业的集聚效应促使企业加强合作与协同,有利于加强集群的核心竞争力;最后循环产业通过产业价值链与产业生态链的深度融合,在提升资源利用效率降低生态污染的同时延长与扩张产业链条,提高经济效益。通过培育循环产业集群,改造西部地区传统落后的产业生产组织,是新时期西部地区实现快速发展的重要途径。

8.4　本章小结

西部地区产业组织的主要特征是工业产业集中度较低,企业规模结构趋于小型化,专业化水平较低,因此,西部地区产业生产组织的低碳高效化改造势在必行,简单地通过调整企业规模结构,分类改造小型企业,促进分工与专业协作等并不能实现新时期西部地区产业的跨越式赶超发展。在低碳化发展的今天,绿色低碳化改造才是西部地区生产组织结构优化的重点。本章首先分析了产业价值链具有创造价值和提高效率的特征,又分析了产业生态链具有绿色低碳和较高的生态效率的特征,提出将这两种链条进行有机融合并进行改造,能够提升产业的综合效率。接着本章分析了产业集群组织模式具有较高的经济效益的特点,另一种组织模式循环经济具有较高生态效益的特点,将这两种产业组织模式进行有机融合,并进行改造,形成一种新的组织模式循环产业集群,能有效发货产业集群和循环经济的优势,是未来产业发展的新思路。循环产业集群是融合了产业集群和循环经济的优势,有效克服它们的劣势的新型的产业组织模式,它具有良好的经济效益和环境效益。最后,本章提出要整合各类产业链条,培育循环产业集群,通过整合产业生态链条,构建循环利用体系;融合价值生态链条,编织产业共生网络;培育循环产业集群,提升产业组织优势等三个方面对西部地区产业生产组织进行低碳高效化改造。

第 9 章　基于产业组织生态化的产业结构低碳高效优化对策

本章针对西部地区资源型产业比重较大,呈现出高碳低效特征这一状况,从产业组织模式生态化的视角,探讨西部地区产业结构低碳高效优化的对策。从重整资源型产业组织价值链,提高资源型产业经济效益;重整资源型产业组织生态链,扩大资源型产业生态效益;整合产业价值链与生态链,构建循环产业集群模式等三个方面提出对策建议。

9.1　重整产业组织的价值链,提高资源型产业经济效益

资源型产业是以资源开发利用为基础和依托的产业。在西部地区资源型产业发展的生产要素构成中,自然资源占据主体核心地位。但是西部地区的资源型产业普遍效益低下,对当地的经济发展起不到带动作用,必须重新整合资源型产业组织价值链,提高资源型产业的经济效益。

9.1.1　重整资源投入体系,提高资源利用效率

从西部地区经济发展历程来看,其工业化从矿产资源开发起步,形成了具有浓厚资源型色彩的经济体系和经济增长机制。尤其是以能源矿产资源开发为基础的资源型产业,在区域经济中长期居于主导和支柱产业地位。西部许多省区的工业增加值和工业增长主要来源于资源型产业,其产业体系、贸易体系、财政体系、投资体系乃至城市化大多都是以资源开发为中心,对资源型产业的依赖程度较高。由于资源型产业是资本密集型产业,研发资金投入大、风险高,

继续引进技术受到很多限制,使西部地区资源型产业的资源综合利用率和价值增值不高,只能依靠国家的扶持和市场垄断地位维持发展,无法培育产业的自我生存和发展能力。在新的发展时期,西部地区必须采取有效对策来重整资源投入产出体系,以提高资源的利用价值和增值效益。

(1)实施投入综合集成,集约利用各类资源。西部地区应以节约资源和提高资源利用率为原则,根据本地资源型产业的发展实际,重新整合与构建各类资源的集成利用体系,实现资源的集约利用和高效利用,提高各类资源的利用率。按照产业生态学和系统工程学原理,仿照自然生态过程的物质循环利用方式,对本地整个产业系统内各个企业产生的产品、原料、副产品、废弃物等的总体情况和具体流向进行系统分析和统筹考虑,对区域内产业生产要素和资源利用体系进行优化组合,对各企业和各生产环节的资源利用进行综合集成,整合产业价值链与产业生态链,在企业内、企业间以及产业内、产业间,构建各类物质资源的多重往复循环通道和回路,使各类能源资源在产业系统内得到分级分类分层利用和循环使用,实现对各类物质资源的综合利用、循环利用、集约利用和高效利用。

(2)开展资源综合利用,促进各类资源节约。引导西部地区企业节约资源、防止浪费,提高资源综合利用效率。①自然资源的开采利用政策。制定激励企业实行综合开采和综合利用自然资源的相关政策,支持企业提高综合开采利用技术或引进先进的综合开采利用设备。②再生资源的回收利用政策。制定再生资源回收利用的相关激励政策,建立资源回收体系,完善资源回收机制,鼓励或资助回收部门或企业进行资源回收利用。③先进能源的替代使用政策。制定促进新能源(如风能、地热能、太阳能和海洋能等)开发和应用的相应政策,提高新型先进能源的替代使用率,缓解能源压力。④资源环境的评估定价政策。通过制定相应的资源定价政策,对资源环境的价值进行正确评估,对资源环境的占用及对环境的污染量进行定价;调整资源型产品与最终产品的比价关系,完善自然资源与再生资源的价格形成机制。

(3)开展生态环境补偿,实施环境污染赔偿。制定调整生态环境利益相关者间环境利益和经济利益分配的相关政策,通过一定的市场机制引导全社会对生态环境进行保护。①建立生态补偿机制。按照谁污染谁赔偿、谁受益谁补偿的原则,建立起公平有效的生态补偿机制,从政策、资金、技术等方面和多个层面进行生态补偿。②制定污染赔偿政策。对污染排放企业征收排污费和污染税,并按其有害物的单位含量计价逐年增加征收额,对环境造成严重污染和破坏的企业,加大对其赔偿处罚的额度。③规范补偿征收管理。制定合理的补偿金征收标准,规范征收程序,通过科学的征收渠道、征收标准和征收方式规范补偿金的征收管理,将补偿金集中于专用账户,专门用于污染治理和环境保护。④实施有偿占用制度。建立环境资源与生态占用的有偿使用制度,通过阶梯价格和市场交易制度,引导企业自发融入循环集群,减少环境资源消耗与生态占用。

(4)积极开展绿色生产,鼓励资源循环利用。对资源型生产企业实行绿色生产与循环利用相结合的政策,引导资源型产业循环发展。①落实绿色生产方法。通过向企业之间以及企业内部灌输绿色生产的观念,最大限度保证良好的生产环境,减少废气物品的排放。②实施绿色财政补贴。对污染防控设备提供一定比例的补贴,优先考虑具有良好环境绩效的企业,对采用绿色化低碳化生产程度高的企业进行绿色补贴。③引导资源循环利用。通过加强企业之间生产信心的流动,推进信息公开透明化发展,建立起资源型产业上下游良好的交流关系,对资源实行层级利用,最大限度地减少资源的浪费。④提高资源产品附加值。西部地区资源型产业的生产必须从粗加工往精加工发展,对资源的粗加工造成资源的极大浪费,通过改进生产工艺,加强对资源的精加工,提高资源的附加值,创造出更大的利润。

资源型产业是西部地区具有支撑作用的基础性产业,对西部地区其他产业的发展具有重要的基础性支撑作用。虽然资源型产业属于对环境影响较大,高碳性特征较突出的产业。但是,要使西部地区在短期内实现跨越式的快速发展,绝不可能完全抛弃资源型产业这个西部地区长期奠定起来的产业基础。因此,针对西部地区资源型产业的资源利用率不够高和资源价值增值度不够大的情况,在新一轮的产业结构调整中,必须以系统工程学理念来整合和重构其资源的投入产出及综合利用体系,使西部地区资源型产业从源头上改变以往对资源的粗犷落后开发利用流程;以产业生态学原理整合产业价值链与产业生态链,提高生产过程的资源利用率和产业资源的价值增值率,才有可能真正实现西部地区资源型产业与资源环境的良好循环和持续发展。

9.1.2 重整生产协作体系,提升产业整体效益

西部地区产业普遍存在生产加工流程落后的现状,特别是资源依赖型经

济,由于仅依靠对当地资源的简单开采和简单加工就能获得收益,容易产生一种惰性,从而缺乏在技术、管理与制度方面的创新动力,缺乏在其他产品和技术领域获得成功的欲望。更为严重的是,由于资源型产业在西部地区产业发展中所特有的优势地位,使这一部门成为西部地区各种经济要素的汇聚之所,从而阻碍了其他行业的快速发展。加之西部地区向东部地区输出的主要是低附加值的资源型初级产品,使得西部地区资源型产业难以实现资本与技术的递进性积累与进步,导致其他产业也难以培育和发展,并对区域经济的结构升级和持续发展产生不利影响。因此很有必要对西部地区资源型产业的生产加工流程进行升级改造,重整和优化产业协作配套体系,以提升资源型产业的整体效益。

(1)科学规划产业协作,引导产业集群发展。西部地区应根据本地的资源特点和产业发展实际,对本地的各类产业的发展进行科学规划,完善各类产业之间的相互协作关系,推进本地各产业的专业化分工协作,引导各类产业(企业)围绕本地的资源优势,集群协作发展,形成具有特色的产业集群。可以从以下几个方面来推进和引导:①围绕龙头企业的纵向延伸。紧紧围绕龙头企业或关键种企业进行产业链的纵向延伸,形成一批专业化配套企业、专业配套园区、专业配套村镇等。②围绕主导产品的横向拓展。紧紧围绕具有当地资源优势和特色的主导产品进行产业链条的横向拓展,形成该产品的技术优势、规模优势、区域品牌优势。③围绕产业配套的补充完善。紧紧围绕产业配套进行分工协作产业链条的补充完善,不断壮大产业链,形成全方位的具有内在紧密联系的协作网络。

(2)引导企业优势互补,强化各类企业协作。引导各类企业围绕自身的优势和特色形成自己的专业核心竞争力,并以自身最具竞争优势的专业核心能力去参与专业化协作。主要从以下几个方面开展:①大小企业之间的协作。大企业将部分生产环节、车间、零部件、初级产品,交给有专业能力的中小企业来做。大企业制定质量标准,小企业提供合格产品,双方按市场化原则协作,实现了优势互补。②生产企业之间的协作。通过生产企业之间的紧密联系,使产业链条挂钩,形成横向的技术协作和专业分工,既可解决企业"同位"竞争,又能形成比较完整的产业体系。③前后企业之间的协作。如原材料企业根据加工企业的需求,统一采购原辅材料,直接供应给生产企业。既减少了原材料企业采购的盲目性,又为生产企业减少了原材料供应环节,降低了采购成本,提高了双方经济效益①。

（3）改进生产工艺流程，延长产业价值链条。针对西部地区产业结构趋同，生产加工流程与工艺落后，产业间的配套协作能力较低下，导致的分工链条不完善，产业链条不完整，产业价值链较短，产品附加值较低的状况，必须强化对资源型产业的技术引进和工艺创新，利用先进技术和工艺来改造生产工艺和流程。通过政策手段来重构产业配套体系，强化各类企业之间的配套协作，不断延伸资源型产业的价值链和生态链，不断加大资源型产品的加工深度和加工精度，向资源型产业的价值链高端扩展，不断提高资源型产品的附加值，不断提高资源型产业的价值增值率。同时，还应建立产业分工协作网络，强化产业链之间的协同，利用"外包"来降低采购、生产、运输和营销成本，提高经营规模效应和资源配置效率，通过上下游产业间的互动与外溢来促进产业关联的形成与发展。

（4）加强科技要素投入，营造优良创新平台。对西部地区资源型产业加大技术投入与强化科技创新可从以下几个方面入手：①创造良好的技术创新环境。建立本地协同创新中心，构建共享性技术研发机构，营造良好的激励创新氛围和便捷的创新环境，为企业创新活动提供技术支持和信息服务。②构建高效的合作创新网络。完善产学研合作体系，通过有效机制，引导大企业（大集团）工程（技术）中心、行业公共技术平台、高校重点实验室、科研院所等联网合作。③采集外部的技术创新资源。建立有效机制，引导外部的各类技术创新资源向产业集聚，引进、吸收最新的创新成果、创新技术、创新经验，提高产业的技术创新能力。④完善高效的自主创新机制。引进外部先进技术和创新成果，对创新技术成果进行深度消化吸收，只有建立起完善高效的自主创新机制才能取得最佳效果。

总之，要根据西部地区产业的发展实际，重新调整与整合资源型产业的协作配套体系。通过产业总体布局规划，形成空间结构合理、比较优势突出的产业分工；构建结构优化、布局合理、各具特色、协调发展的现代产业体系；推进资源型产业与生产性服务业、先进制造业、高新技术产业等领域的合作；围绕产业链条的延伸、扩展和互补，促进形成若干重大的高效产业链条；加强区域融合、产业融合和要素融合，建设一批具有强集聚辐射效应的产业协作园区；实现资

---

① 马涛：《中国纺织产业升级政策研究》，天津工业大学博士论文，2012年。

源布局合理化,要素流动自由化,产业优势互补化,技术工艺先进化,管理运行信息化,生产加工高效化,产业链条高端化;推动各重点产业领域和区域的深度合作与有效衔接,形成参与全国乃至全球分工的产业链条和产业集群,从而提升西部地区整个产业体系的效率和效益。

9.1.3 重整产品销售体系,提升产品价值增值

西部地区重工业发展超前,轻工业以及重工业内部加工工业发展水平低,无法通过上、下游产业之间的互动和外溢机制来促进区内产业关联群的形成与发展。这样导致的直接后果是企业在产品生产销售过程中增加了许多物流成本,使得企业生产出的产品在价格上缺乏竞争力。再加上西部地区的重工业产品附加值偏低,使得企业的利润率处在较低水平,造成企业的生产完全被市场所控制,对企业的发展与产品的销售带来极大的负面效应。近年来随着科学技术的发展,一些传统的销售购买模式正逐渐被电子商务所取代,企业的供销已经不再依赖于销售人员的外出主动式营销,当下市场使用较多的绿色低碳化销售模式是直销、代销、经销、网络销售、目录销售、电话销售等。如何改进产品销售模式,促进产品的高附加值将是西部地区新时期经济建设与低碳建设的关键所在。

(1)改变产品营销模式,构建新型营销体系。西部地区资源型产业的营销模式较为单一,没能够把自己的产品通过一系列现代化手段营销出去。构建西部地区新型营销体系主要包括以下几点:①加强企业间营销。在区域内上下游企业之间同样存在买卖的需求,通过增加企业之间供求信息的交流,首先满足区内企业的生产需要。②建立区域营销中心。区域营销中心的建立,不仅可以统筹区域内企业的供求信息,为企业带来最有效及时的营销商机,还能够积极引导企业生产,增强资源的合理配置。③引入新型营销方式。新型营销模式以网络、报纸、媒体为载体,向社会充分地推出自己的产品信息,资源型企业通过新型营销模式,可积极参与到全国甚至全球的营销竞争中去。④推进品牌营销战略。品牌是一个企业的外在形象的代表,通过树立起西部地区优质资源型产业产品的品牌概念,扩大企业参与市场营销的竞争力。

(2)实施产品绿色补贴,开展产品绿色购销。在西部地区制定绿色采购及其相关的补贴政策,优先购买对环境负面影响较小的环境标志产品,促进企业改善环境行为,引导社会绿色消费。①制定绿色采购目录。根据环境标志产品

认证等制度,选择优先采购涉及的领域,分行业、分产品制定和建立绿色采购标准体系,制定绿色采购的物品目录清单。②实施绿色采购补贴。对企业在生产过程中的污染防控设备提供一定比例的采购补贴,优先考虑具有良好环境绩效的企业。③建立绿色采购网络。通过权威完备的绿色产品信息发布网络平台,提供国内外环境设计和绿色产品等领域的最新成果,将这些成果快速推广到企业的日常生产中去。④实行绿色采购评价。对政府绿色采购制度及绿色采购过程进行跟踪、反馈和绩效评价,杜绝政府采购中的一切猫腻行为,保证政府绿色采购制度的有效性和可持续。

(3)加快产品类型转化,提高产业营销利润。西部地区应该重视产品的附加值建设,在产品原有价值的基础上,通过创新生产使得企业的利润率快速提高、生产模式向绿色低碳化发展。①加快产品类型转化。西部地区的生产近年来还是以对资源的粗加工为主,应该改变粗加工模式,加强对资源的精加工,挖掘资源的附加值。②鼓励企业经营转型。西部地区的企业还是以劳动力密集型为主,而劳动力密集型的企业往往在科技创新,技术投入上占有极大劣势,因此要鼓励企业向技术密集型模式发展。③加大招商引资力度。西部地区在发展自身产业的同时,扩大宣传自身的区位发展优势,鼓励技术创新能力强的企业落户西部,通过招商引资带动当地企业的绿色低碳化发展。④加大主导产业扶持。优先选择和定向扶植关联度大、产业链长、经济效益高,且无污染或低污染的产业,拓展一批相当规模的资源、能源消耗低,附加值高的第三产业。

(4)完善产品交易平台,构建现代物流体系。西部地区的产业发展遇到的另一个瓶颈就是销路问题,在新时期的西部必须改变以往的销售模式,建立起智能的电子商务物流系统,扩大产品的销路。①建立产品交易平台。通过资源整合与联合重组,建立产品和副产品交易市场,重点培育一批区域性、全国性、国际性产品交易中心。②构建现代物流平台。推广采用与国际接轨的物流技术标准体系,鼓励企业采用"联合采购、集中管理、统一配送、分散经营生产"的物流管理模式。③创办特色专业市场。围绕特色产业创办具有地方产业特色的专业化市场,强化专业市场与特色产业的配套,通过市场建设加速产业集中,为绿色低碳化发展提供稳定的市场空间。④构建多重信息网络。调动全社会力量,通过各种中介组织和机构,建立起面向市场、面向全国和面向全球的科技信息网络,促进企业的供求信息扩散到全球。

综上所述,产品的附加值建设以及产品的销售路径问题将会直接决定西部地区产业发展的经济效益与生态效益。在新时期,我们应该摒弃落后的销售模式,建立起新型销售模式,通过各种现代化营销模式,加入到更大的市场竞争中去。与此同时,我们还应该更加注重产品的质量与品质,通过扩展产业价值链、技术投入、资金扶持等方式增强产品的附加值,转换西部地区资源型产业的发展模式,变粗加工为精加工,积极鼓励企业的创新,通过一系列政府政策引导企业合理生产、绿色发展。最后,在生产中强调绿色低碳化的同时,也要在销售的过程中实现绿色低碳化,以信息技术为载体,大力发展电子商务、网站式经营等业务,促进西部地区产业生产的整体绿色低碳化发展。

9.2 重整产业组织的生态链,扩大资源型产业生态效益

资源型产业在西部地区占据了相当大的产业份额,由于其发展过度依赖陈旧的生产工艺和设备,资源型产业的生态效益较差,在生产过程中普遍存在污染,对当地的生态环境构成了严重威胁。因此在新一轮的产业结构调整中,必须通过调整和重构产业生产组织结构和产业生态链条,扩大资源型产业的生态环境效益。

9.2.1 生产组织生态化重构,提高产业生产生态效益

产业生产组织是指产业内为实现企业与环境相互适应、协调发展,获取经济效益而结成的生产组织形态。西部地区资源型产业内部存在着从事专业化分工的企业,作为系统中的基本元素,它们不是孤立的,而是存在着生产、经营、合作等各种各样的联系,以此构成了产业生产组织结构。而西部地区资源型产业近年来出现的环境污染严重、发展滞缓、经济效益低下等问题大多是产业生产组织不合理所造成的。因此,对生产组织的重组和调整采取何种形式以及何种联系方式,对相应的生产组织元素进行怎样的有机组合,是决定产业生产组织效率的关键。对产业生产组织进行生态化重构,不仅可以提高产业的生产效率和经济效益,而且还可以大大提高产业的资源效率和生态效益。西部地区可以从以下几个方面着手对产业生产组织进行生态化重构,以提高产业生产的生态效益。

(1)原料环节的低碳化重构,提高资源环境的生态效益。在西部地区的资

源型产业中,原材料的开采是对生态环境造成危害最大的过程之一,对原材料的开采过程生态化将是提高整个西部地区环境生态效益的重中之重。①科学选址当地资源。科学地对所贮藏资源的地区进行考察,系统地分析当地的土地情况、生态情况,科学地论证是否能够在此区域进行原料的开采。②合理开采资源储备。对其资源的开采必须是有限度的,资源是终究会被开采光的,我们在开采的同时必须注重资源的可持续发展,不能只图眼前一时之利。③开采过程强调低碳。西部地区资源开发采用的是粗犷式、不计后果式的开采方式,带来的后果是开采区漫天尘土,废水、废气、废渣随处可见,因此在现阶段开采中必须强调边开采边治理的措施。④开采完毕后保护生态。现阶段西部地区资源开采完毕后,应采取诸如植树造林、增加植被的方法加速当地的生态自我修复。

(2)生产过程的绿色化重构,提高生产过程的生态效益。西部地区资源型企业在生产的过程中已经开始逐渐重视生态化的措施,但其工艺、技术、方法与发达地区还存在着极大的差距。在生产过程中应做到以下几点:①构建清洁生产宏观机制。强化企业实施清洁生产的积极性和主动性,激励员工开展清洁生产,最终实现企业在生产中节能降耗、减污增效,达到企业经济效益和资源环境效益的统一[1]。②加强清洁生产组织培训。加强内部员工的宣传教育工作,以提高员工对清洁生产重要性的认识。特别是做好管理人员和生产一线员工的清洁生产培训,以保证清洁生产的思想和技术到位。③建立企业清洁生产制度。通过建立有关清洁生产部门的具体规章制度,使清洁生产的管理规范化、制度化。④加强清洁生产过程控制。企业通过科学制定符合企业实际情况的清洁生产运行规划,对企业的清洁生产做出统筹安排,以达到清洁生产审核标准。

(3)产业链条的循环化重构,提高产业循环的生态效益。西部地区资源型产业之间关联度低,信息交流不够充分,使得前后向关联的企业之间极易形成产业链条的脱节,必须重构产业链条,提高产业循环的生态效益。①引入补链企业。针对西部地区资源型产业上下游企业之间出现的断层,通过投资优惠、政策扶持、财政支持等方式吸引补链企业的进入。②构建可循环产业链。增进产业组织内部企业之间的交流合作,形成基于企业投入产出的产业链条,并不

---

① 邱跃华:《科学发展观视域下我国产业生态化发展研究》,湖南大学博士论文,2013 年。

断增进产业链条的强度。③引导资源循环利用。以循环产业链为载体,引导资源、信息、能量在产业链上循环流动,通过层级利用、往复利用和循环利用等方式提高资源使用效率。④提升产业循环生态效应。通过对资源的循环层级利用减少资源的浪费,在提高企业的经济效益基础之上,杜绝企业在使用过程中的污染问题,提升当地的生态效益。

(4)产业集群的生态化重构,提高产业聚集的生态效益。产业集群的生态化重构是提高企业生产绿色低碳化的最佳方式,西部地区的资源型产业发展多数还是依赖单打独斗,没有真正联合起来创造更大的经济价值和生态效益。①做好产业集群规划。政府要根据集群内部的生态及经济资源禀赋,制定利于整个集群工业共生网络建设和发展的前瞻性、科学性的总体规划方案。②推进产业集群生态化重构。集群内企业通过技术、工艺、人才的引进加快企业的生态化进程,从而在集群内加速生态化重构。③保证产业集群健康有序运行。政府应该合理利用行政管理职能、法律及经济手段,克服个体企业的环境外部性倾向,保障集群的健康稳定运行。④提高产业聚集生态效益。在集群企业内部与企业之间推进低碳生产,建立适当的奖惩机制,鼓励整个集群的生产绿色低碳化,提升产业聚集的生态效益。

西部地区的产业生产组织生态化重构,应该是为提升产业生产生态效益所进行的各种人力、设备、材料等生产资源的配置。西部地区资源型产业在生产过程的各个阶段、各个工序,在时间上、空间上存在着众多衔接不协调的问题,造成了极大的生产资源浪费,严重阻碍了绿色生态化的发展。在新时期的生产中,资源型产业内部企业应在总体布局,车间设备布置,工艺流程和工艺参数上积极创新,引入生态化的管理与生产方式,使得企业在发展过程中经济效益与生态效益同步提升。最后,还应该大力推广劳动生产组织的生态化,不断调整和改善劳动者之间的分工与协作形式,充分发挥其技能与专长,不断提高劳动生产率,减少资源的浪费,从而加快西部地区资源型产业生产组织的生态化重构,形成对整个地区其他产业的优势带动效应,最终促进整个地区经济效益与生态效益同步提高的良好局面。

9.2.2 市场组织生态化重构,提高产业市场生态效益

产业市场组织是指产业各部门(企业)之间市场关系的具体表现形式。企业市场关系的主要表现方式及特征包括卖方之间、买方之间、买卖双方之间、市

场内已有的买卖方与正在进入或可能进入市场的买卖方之间在数量、规模、份额、利益分配等方面的关系与特征,以及由此决定的竞争形式。在西部地区资源型产业现实产业市场中,市场主体之间主要表现为不同程度的竞争、垄断、竞合等类型的关系。不同产业市场组织的过程、性质和功能具有不同的市场效率,西部地区资源型产业市场组织由于缺乏科学的引导与创新,普遍存在低效、不经济的现象。通过对西部地区资源型产业市场组织进行生态化重构,不仅可以提高市场的经济效益,还可以大大提高市场的生态效益。西部地区应要求企业在市场组织创新过程中最大限度地利用资源,减少浪费,降低污染,以提高产业市场的生态效益。

(1)产品市场的生态化重构,提高产品市场的生态效益。西部地区资源型产业的产品一般以粗加工的矿产为主,在市场化进程中污染严重,必须对其产品市场进行生态化改造。①推广产品交换市场生态化。西部地区资源型企业在生产过程中往往处于生产线上的上下游位置,通过推广集群设厂、网上交易、电子商务平台等加强产品交易过程生态化。②加强产品生产市场生态化。西部地区资源型产业在生产过程中往往采用的是先生产再治理的方式,现阶段必须创新生产方法,实现在生产的过程中消灭污染。③提高产品消费市场生态化。资源型产业的一般产成品为矿产、石油、天然气等,应通过科技创新加强资源利用效率,减少产品消费过程中的污染。④扩大产品转型市场生态化。西部地区依赖资源型产业市场提高经济水平和生态水平是非常困难的,必须推进生产产品转型,鼓励企业转型,加强第三产业产品的生产。

(2)产业市场的生态化重构,提高产业市场的生态效益。西部地区产业市场主要由那些购买货物和劳务,并用来生产其他货物和劳务,以出售、出租给其他人的个人或组织构成。①优化原材料采购。通过精选低碳环保的生产原材料,加强对招收劳动力的培训,提升劳动力的节能环保意识,以达到在生产过程中实现生态化。②加强产成品监控。西部地区各级政府应该要求企业加强对资源型产业最终产成品环保标准的监控,逐步淘汰在生产过程中污染严重,对当地资源带来危害的企业。③促进产业交易透明。西部地区资源型产业交易公开透明化程度较低,民众不能起到监督的作用,必须加强产业市场买卖的透明度,才能促进资源充分利用,提高市场生态化效益。④完善产品问责制度。通过制定一系列售后责任制度,对企业出售、出租产品中不经济现象进行追责,强化企业生产生态化产品意识。

(3)流通市场的生态化重构,提高流通市场的生态效益。西部资源型产业流通市场是进行一系列商品交易买卖的市场。对流通市场进行生态化改造可极大提高流通市场的生态化进程。①完善供给信息管理。买卖市场的需求是派生的,受制于最终消费者的影响,需求波动不一。通过加强供给信息的管理,避免出现供求信息不对称的情况,减少在生产加工中的不确定性。②严格遵守交货时间。流通市场对供求变化反应非常灵敏,如出现不能按期交货,或者货到了卖不出去,会造成极大的货品资金占用成本。③完善流通市场职能。流通市场不仅要起信息、产品、劳动力、资本交流的作用,还应通过其平台产品优胜劣汰机制对企业生态化生产进行引导。④优化中间商市场机制。流通市场也存在着竞争与合作,必须杜绝恶性竞争引起的外部不经济现象,通过优化竞争市场,加强合作,促进生态化发展。

(4)资本市场的生态化重构,提高资本市场的生态效益。资源型产业的资本市场主要包括各种资金借贷、金融投资、政府注资等活动的场所,资本市场的投资导向对生态化效益有着极大的影响。①加大环保企业投资。增加对生产活动中污染较小,积极创新的环保型企业的投资力度,政府财团在投资资源型产业企业时优先考虑生态化程度高的企业。②完善资本市场体制。建立健全资本市场在投资过程中的各项法律依据以及投资标准,约束对污染高产值低的企业的投资强度。③推进资本奖惩措施。通过制定相应标准,对高污染外部性强的企业征收环境治理税费,对生产中绿色低碳高效的企业进行节能补贴的奖励。④引导资金合理流动。资本市场通过风险控制、经济评估、生态评估的方法手段引导资金流向生态化程度高、积极创新、未来发展潜能大、市场广阔的企业。

综上所述,通过对产品市场、产业市场、流通市场、资本市场的生态化重构,提高资源型产业的生态效益,加强西部地区的绿色低碳化建设,西部地区资源型产业在新时期的生产中唯有通过以上重构方式,才能真正实现产业市场的生态化。在此过程中,西部地区必须重视科技创新在生态化中的推动作用。西部地区资源型产业还应该加强与发达地区之间的产业交流与合作,通过不断学习最先进的生态化生产方法,重视培养产业组织中高素质的劳动力人才,从而改变落后的产业组织模式,推动产业市场的生态化效益。最后,西部地区资源型产业还需要依赖资本市场的生态化投资,必须强化资本市场对整个地区产业组织生态化的引导作用,通过激励措施、优胜劣汰机制逐步推进整个地区的生态化进程。唯有这样,才能提升西部地区产业市场的生态效益。

9.2.3　管理组织生态化重构,提高产业管理生态效益

产业管理组织是指为行使产业管理职能,将产业发展所需要素按照一定结构结成管理关系整体,及其所展开的协调活动和过程。产业管理组织通过协调、控制等管理手段使产业中的人力、物力、财力、信息等得到有效利用,以实现产业的既定目标。产业管理组织结构的基本元素是产业中各种具有管理功能的机构,包括企业内部具有管理功能的组织以及控制协调企业间关系的管理组织。这些管理组织的功能是在时间上主动调节系统的结构和行为,使得产业与其环境连续地处于相互适应状态,由此获得系统的生存和发展,提高产业效益。对产业管理组织的生态化重构,可以在提高管理的经济效益的同时,极大地提高管理的生态效益。西部地区的管理组织模式较为落后,应从以下几个方面着手对产业管理组织进行生态化重构,以提高产业管理的生态效益①。

(1)产权管理的生态化重构,提高产权管理的生态效益。在西部地区建立以企业法人财产权为核心的现代企业产权制度,是今后国有工业企业的基本经济构架,同时也是提高产权管理生态效益的核心内容。①建立现代企业制度。通过一系列利益驱动机制和科学管理在新形势下推动现代企业制度的建立,现代企业制度的建立有利于推进更加生态化的组织与管理。②明确产权责任范围。政府与资源型企业应共同加强对生产过程中外部性行为的管理与监督,明确企业责任权益范围,对污染物排放严重的企业进行经济或行政上的管制。③提高管理人员素质。西部地区应强化对管理人员的培训与学习,提高管理人员产权决策时的生态化理念。④落实政企分离管理。西部地区多数企业拥有政府的投资与管理,导致企业决策权力受到政府部门制约较大,应落实政企分离的管理模式,提高企业决策的时效性与独立性。

(2)结构管理的生态化重构,提高结构管理的生态效益。结构管理一方面同企业的产权结构相关,体现了所有者的权利,另一方面同管理过程相关,体现了组织保证和管理功能。①改变计划经济结构管理。西部地区应针对计划经济时期部门林立、层级多重、结构臃肿等问题精简管理部门、缩短决策周期,引

---

① 向秋兰、蔡绍洪:《产业组织三重结构与经济增长》,《云南财经大学学报》2010 年第 3 期,第 29－34 页。

入先进结构管理组织模式。②变通僵化结构管理组织。僵化的结构组织必然带来竞争力减弱,西部地区应灵活变通僵化的结构管理组织,加强部门、层级、企业之间的结构分析与评估,淘汰落后的结构管理组织。③重整结构管理工作流程。西部地区应借鉴韩默"改造企业"中的工作流程原理,在适度分工原则、扁平化原则、权责利原则下对结构管理重新进行整合。④建立低碳结构管理机制。西部地区各企业部门应建立起低碳化管理战略,对传统的结构管理实施持续拓展以及深层次的低碳化延伸。

(3)生产管理的生态化重构,提高生产管理的生态效益。西部地区资源型产业在生产管理中进行生产改组、技术改造、优化品种结构等,是企业适应低碳化生产必须进行的重大行动。①建立现代生产管理集团。改变传统分散生产的专业化程度低、规模经济效益差的生产管理方式,对其彻底地改组和改造,形成企业管理集团统筹管理。②转变传统生产管理理念。企业应转变生产管理观念,适应市场需要多变的形势,注重生产管理的适度分工,将生产管理同产权重构、资产重组结合起来。③注重生产管理低碳化思路。企业应实施闭环式的生产管理模式,对物料转化过程进行管理控制,引进能够替代原有技术的低碳排放技术,充分利用资源,减少环境污染。④加强生产管理联动机制。不断优化生产管理的业务流、信息流和内部组织机构,通过建立生产管理联动的战略联盟合作伙伴关系,提高生产管理生态效益。

(4)制度管理的生态化重构,提高制度管理的生态效益。完善制度管理环节生态化。西部地区在追求制度管理环节生态化时应该循序渐进,为推进生态环保工作奠定良好的基础。①制定生态化制度标准。西部地区能源环境部门和财政部门可以联手出台试行办法,建立统一制度管理指标体系,统一的污染物排放量标准,统一的能源消耗量标准。②税收制度管理生态化。西部地区已相继开征了数十种生态税,如水污染税、垃圾税、噪音税等,几乎覆盖了所有的污染领域,通过税收制度的法制化,约束企业的生态化生产。③审计制度管理生态化。审计制度企业的各个环保指标是否达到规定的标准,从当地政府行政管理入手,作为审计制度生态化的雏形,然后再推广到企业审计。④财务制度管理生态化。企业对每日、每周、每月的财务数据进行生态化处理,逐步实现财务数据的数字化,不再依靠传统的纸质载体。

综上所述,通过产权管理的生态化重构、结构管理的生态化重构、生产管理的生态化重构和制度管理的生态化重构来实现企业整体管理组织的生态化,企业管理组织的生态化建设不仅有利于提高企业的社会形象,更重要的是树立起企业在整个社会绿色低碳化过程中的先锋示范作用,为企业的进一步发展提供了强有力的保障。西部地区资源型企业实施管理组织重构在新时期应达到以下目标:一是物质资源利用的最大化,二是废弃物排放的最小化,三是适应市场需求的产品绿色化。这就要求西部地区企业通过集约型的科学管理,使企业所需要的各种物质资源最有效、最充分地得到利用,使单位资源的产出达到最大最优。通过以上措施、目标与方法重构管理组织模式,最终使企业管理组织实现低碳高效,提高产业管理生态效益。

9.3　整合产业价值链与生态链,构建资源循环产业集群

西部地区资源型产业只有形成高效、有序、稳定的生态型产业集群,才有可能真正实现跨越式快速发展和可持续绿色发展。循环产业集群作为综合效益(包括经济效益和生态效益)最佳的生态型产业集群,是产业价值网络与产业生态网络的高度融合体。因此,必须对资源型产业的价值链与生态链进行有机整合,使产业价值网络与产业生态网络实现深度融合。

9.3.1　重整价值链与生态链,实现经济生态有机统一

产业价值链是产业价值流动和价值增值的链条,它是联接相关产品或服务(从原材料的提供,到产品的生产,直至市场的销售等)各环节的产业链条,该链条上的成员通过物质、信息、知识、资金等方面的价值链接,随着链条的延伸和拓展,形成价值的流动和价值的增值,追求产业效率和经济效益是其主要特征。产业生态链是产业物质和能量的循环流动链条,它是按照自然生态原理,联接生产环节"产物"(包括产品、副产品和废弃物等)与"食物"(包括资源、原料、投入品等)的产业链条,将一个企业的"产物"作为下一个企业的"食物",该链条上的成员通过物质、能量、信息等方面的生态链接,形成循环的生态链环。在生态链内随着链条的延伸和拓展,形成物质能量的循环流动和多重利用,追求资源效率和生态效益是其主要特征。西部地区可以通过以下途径,在提高资源型产业的经济效益和生态效益的同时,实现经济效益和生态效益的有机统一。

(1)重新整合产业价值链条,提高资源产业经济效益。产业价值链是产业

系统中产生经济效益的最重要的产业链条,它是按照价值创造过程的价值形成规律、传递顺序及增值环节,以价值流动为纽带形成的具有产业价值衔接关系的企业串联体。这种产业链是通过对"资源开采、分级供应、设计研发、原料采购、订单处理、加工制造、配件生产、产品组装、仓储运输、批发经营、终端零售、售后服务"等一系列价值增值环节的组织整合,形成价值创造和价值增值活动及业务流程之间的连接。若以高效敏捷的原则和科学有效的方法来重构产业价值链条,使各链环上企业都以自身最具优势的核心能力在价值链上进行资源整合,并向价值链高端发展,就可以通过企业间最优的专业分工协作以及价值链最强的聚集链式效应,使价值创造活动在链条中快速传递,使价值增值活动更具效率,从而使西部地区资源型产业的生产效率和经济效益得到大幅提高。

(2)重新整合产业生态链条,提高资源产业生态效益。产业生态链是循环产业集群中形成资源环境效益的最重要的产业链条,它是集群范围内企业模仿自然生态系统中的生产者、消费者和分解者关系,以物质资源为纽带形成的具有产业生态衔接关系的企业串联体。这种产业链是通过"原料→产品→废物→原料"的循环过程,将上一个企业(或产业)排出的废弃物作为下一个企业(或产业)的原料,在具有市场、技术或资源关联的企业(或产业)之间形成生态链条。若以物质尽用的原则和生态循环的规律来重构产业生态链,让企业(或产业)间生态链接形成的生态链段,通过首尾相接形成多个闭合的生态链环,就能够使各类物质和能量在各环节要素之间形成立体环流,通过物质和能量在其中反复循环使其获得最大限度的利用,实现各类物质资源再利用以及各类废物资源的再增值,从而使西部地区资源型产业的资源效率和生态效益得到大幅提高。

(3)有机整合价值链与生态链,实现经济生态有机统一。产业价值链的第一目标追求的是产业经济效益,其生产效率和经济效益较好,而资源效率和生态效益则往往较差;产业生态链的第一目标追求的是产业生态效益,其资源效率和生态效益较好,而生产效率和经济效益则往往不够。因此,必须对产业价值链和产业生态链进行有机整合。价值链在产业活动中无处不在,上下游关联的企业之间存在行业价值链,企业内部各业务单元之间也存在着价值链联结。价值链当中存在着类似于自然生态系统中的输入输出关系,而生态链中也存在着产业经济系统中的投入产出关系。可以通过引入改进工艺、替代过程、替代原料、补链技术等对产业价值链进行生态化改造,模仿食物链网对产业链的纵向和横向进行有机整合,使产业价值链与产业生态链相互融合,形成集"生产、流通、消费、回收、环保"为一体的产业价值生态链网,以实现经济效益与生态效益的有机统一。

(4)深度融合生态链与价值链,保证产业系统高效稳定。产业生态链的资源环境效益较好,但有时其经济利润效益则不够佳,由此形成的产业生态系统往往不够稳定。例如在产业生态链的某些环节上,由于资源转化技术和资源转化成本等方面的原因,使得生态链段之间的衔接较为困难,特别是在一些有害废弃物处理及物资源转化环节上的运行成本较高,使得这一环节的生产企业没有多少利润,有时甚至会出现亏损。企业作为理性的经济个体,自然不会长期坚守在这一生产环节,由于企业的择机转行与离开,会使原来完整的产业生态链条在这一环节中断,从而导致产业生态链条失去稳定性。而产业价值链的第一目标追求的是产业经济效益,其生产效率较高,经营效益较好,价值链上的企业能够获得更多的价值增值,许多企业都有嵌入其上融入其中的愿望,产业价值链的增值效应和聚集效应使其具有较高的稳定性。因此,只有产业生态链与产业价值链实现深度融合,才能保证产业生态系统的高效与稳定。

西部地区资源型产业组织模式只有形成高效、稳定、有序的生态型模式,才有可能真正实现跨越式快速发展和可持续绿色发展,要使资源型产业在经济效益和生态效益上达到最佳水平、产业价值网络与产业生态网络高度融合,就必须对资源型产业组织的价值链与生态链进行有机整合,借助价值链的经济效益与生态链的生态效益,重整产业组织价值链与生态链,实现经济生态的有机统一。产业价值链的目标是经济效益最大化,产业生态链的目标是生态效益最大化,通过在产业组织中引入替代工艺、替代原料、补链技术等对产业价值链进行生态化改造,模仿食物链对产业链的纵向和横向进行有机整合,形成复杂的产业网链结构,使得价值链与生态链达到充分融合,保证产业组织系统能够高效稳定地运行,才能真正促进西部地区资源型产业经济效益与生态效益的最优发展。

9.3.2　借助自组织与他组织,构建产业价值生态网

产业价值链追求的是价值的创造和价值的增值,其经济效益性较为突出,内部自组织机制较容易形成和发挥作用,产业价值链条一旦形成,就会产生一定的价值活动优势,形成一定的产业场和聚集势,对其他的周边相关企业产生

吸引,形成自聚集、自繁衍、自拓展、自强化等方面的自组织功能。产业生态链追求的是资源的利用和资源的效率,虽然其生态效益性较强,但其经济效益性则相对较弱,在企业逐利行为影响下,其自组织能力也相对较弱。因此,可以通过相关的政策引导,借助于产业系统的自组织机制,通过产业价值链的自组织功能来培育生产效率和经济效益更高的产业价值网络;同时,还必须通过相关的政策推动,借助于外界环境的他组织力量,通过政府及其他社会组织的他组织作用来构建资源效率和生态效益更好的产业生态网络。西部地区可以通过以下一些途径和手段来培育和构建产业价值网和产业生态网。

(1)借助内部自组织的功能,延伸和拓展产业价值链。在产业系统中,产业价值链在价值创造活动中表现出的价值增值优势吸引着周边的相关企业,使外围企业及相关机构向价值链靠拢以分享其溢出效应,许多相关企业都具有嵌入价值链中获取高额利润的冲动和愿望。因此,产业价值链对企业间的纵向协作和横向合作发挥着重要的作用,它不仅能够吸引企业纵向集聚,向上延伸到原材料和配套服务的供应商,向下延伸到产品的营销网络和客户,也能够吸引企业横向聚集,水平拓展到具有互补关系或合作竞争关系的生产商和相关企业,还能将大学、研究机构、政府、中介机构、金融机构等融入到价值链的增值环节中。因此,西部地区应该充分借助产业价值链的自聚集功能,引导相关企业以其最具竞争优势的核心资源和能力嵌入到产业价值链中,不断延伸和拓展产业价值链。推动产业链不断向价值链曲线的高端拓展和延伸,以获取更高的价值增值。

(2)借助内部自组织的功能,培育和构建产业价值网。产业价值链在核心龙头企业主导下,会通过产业链的延伸带动一批配套企业发展。随着配套企业的不断壮大会出现裂变,裂变出来的新龙头企业,又带动其他配套企业聚集和发展,形成新的产业链群体,使整个价值链集群不断扩展。随着产业价值链专业化分工协作的深化,其链式效应也引发了价值链条的扩展。分工使链上企业各展所长,提高了产业生产效率,扩大了价值增值流量,协作使各价值增值环节得以链接和连续。随着产业价值链分工协作的细化,企业只专心于某一环节的产品或服务,使其质量效率和竞争能力得到强化,便出现了自繁殖、自扩展功能。因此,西部地区应该充分借助产业价值链的自扩展功能,引导产业价值链通过分工的内向发展,产生和创造新的专业,通过分工的外向发展,改进和深化新的技术。培育产业价值链集群,构建产业价值网络。

(3)借助外部他组织的作用,修补和强化产业生态链。产业生态链的经济属性远低于生态属性,其自组织能力相对较弱,往往不能自行发育形成连续完整的生态链条。在传统产业系统中的产业生态链条,往往都呈现出不连续的间断状态,不能形成闭合的物质循环链,致使废弃物不能够被完全消化和吸收,从而导致生态环境的污染和损害。要建立完整连续的产业生态链,仅依靠内部自组织的力量是远远不够的,还必须借助于外部的他组织作用。西部地区应该充分发挥政府及相关机构的组织协调功能,针对产业物质流向,分析物质循环(特别是废弃物循环)的各种通路,找出弱链和断链环节,采取政策引导、财税倾斜、专项补贴、重点投资等手段,引进或植入补链企业;采纳新的环保工艺、新的替代过程和新的替代原料,修补和强化原有的物质生态链段;采用协调整合的方式,接通各个间断分离的产业生态链段,形成连续完整的产业生态链条。

(4)借助外部他组织的作用,构建和完善产业生态网。在产业系统中,单一的生态循环链条缺乏稳定性,其生态效益也不会很高。在自然生态系统中,生物物种和食物链条越多、种群结构和链网结构越复杂,系统就越稳定。因此,要使产业生态链能够高效稳定运行,就必须增加产业生态链条的多元性和复杂性,使之形成复杂的产业生态循环共生网络。对此,必须借助外部他组织的作用,增加产业种群及其生态链网的多元性和复杂性。政府应充当第三方协调人的作用,引导企业建立共同的生态经营目标,形成共同的生态社会责任;引导各行业协会、中介机构等致力于各种资源化和无害化技术信息的传播与扩散,为企业转变生产方式提供各种服务;协调各企业从自身环境效益和废弃物消化处理的角度出发,与上下游各类相关企业建立起多层次、多渠道、多途径的稳定合作关系,保证原料来源与废物处理的多通路,以形成稳定高效的产业生态网链。

西部地区资源型产业应充分利用自组织与他组织的功能强化产业价值网络和产业生态网络。可以通过产业价值链自组织的自聚功能,引导相关辅助补链企业如污水处理、废气处理、废渣处理等企业在地理位置上的聚集,为生产规模较大的主导企业提供生态化的服务,在延伸整个区域内部产业价值链的同时提高区域生产的生态环境效益。资源型产业同样可以借助政策引导、财税倾斜、专项补贴、重点投资等外部他组织的作用,如政府部门的投资可增强企业对治理污染排放的积极性,市场低碳化产品的高附加值竞争力能够促使企业在生产中进行技术创新与科技创新,以此来修补和强化整个区域产业生态链,从而形成闭合的物质循环链。通过强化系统内部自组织与外部他组织机制共同作用的机制,引导相关企业建立起多层次、多渠道、多途径的产业链合作关系,稳固产业价值网络与生态网络。

9.3.3 融合价值网与生态网,形成高效的循环集群

作为一种绿色高效的生态型产业组织模式,循环产业集群是能够使西部地区实现跨越式快速发展和可持续绿色发展的最佳产业组织模式。然而,循环集群并不是产业集群和循环经济的简单叠加(循环集群与产业集群和循环经济间的结构差异如图 9-1 所示),而是产业价值网络与产业生态网络深度融合的产物。要真正形成绿色、高效、稳定,综合效益(包括经济效益和生态效益)最佳的循环集群,就必须使产业价值网络与产业生态网络实现深度融合。只有使价值链与生态链在不同领域、不同产业、不同部门、不同层面、不同渠道之间实现有效衔接,使物质、能量、信息等高效循环和稳定流动,才有可能从根本上形成物质资源利用和产出的最大化以及总体剩余物质和排放的最小化,实现最佳的综合效益。西部地区可以通过以下深度融合来构建循环产业集群。

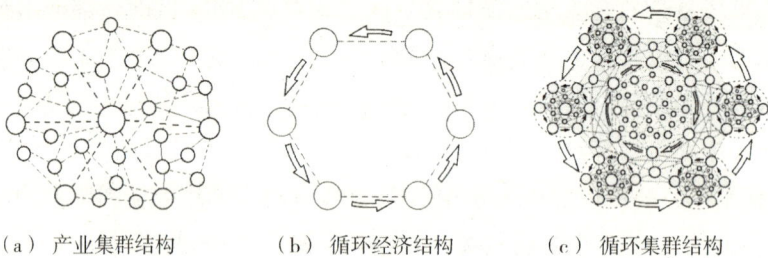

(a)产业集群结构　　(b)循环经济结构　　(c)循环集群结构

图 9-1　循环集群与产业集群和循环经济的结构差异

(1)通过生态技术集成创新,带动产业网络深度融合。绿色生态技术的集成创新,能够对产业价值链与产业生态链在不同产业、不同层面、不同渠道之间的有效衔接和稳定耦合提供技术支持与保障,从而带动产业价值网与产业生态网实现深度融合。西部地区可以针对产业系统中各企业生产类型和物料流向特征,对所需的生态集成技术进行研发和创新,从而推进产业价值网络与产业生态网络的深度融合。融合所需的生态集成技术包括:物质集成利用技术(包括废物回收、循环利用、重复利用和资源替代等方面的集成技术);能源集成利用技术(包括热电联产、梯级利用、能源回收、能源替代等方面的集成技术);无

害集成利用技术(包括对各类剩余废弃物的分解、资源化、无害化处理等方面的集成技术);信息集成利用技术(包括各环节生产者、消费者、分解者的物质流向信息、各种资源管理信息等方面的集成技术)等。

(2)通过对关键种企业培育,促进产业网络深度融合。按照生态学的关键种理论,在资源型产业中遴选出能源和资源消耗较大,废物和副产品排放较多,对生态环境影响较大,且带动和牵制着其他企业或行业发展的"关键种"企业进行重点培育,可以有效地促进产业价值网络与产业生态网络的深度融合。因为产业生态系统中的关键种企业往往同时具有价值链结点和生态链结点的特征,既是价值链的关键环节,也是生态链的关键环节,是两者的高度融合体。因此,西部地区应该大力培育关键种企业,深入分析其价值传递及物质代谢,并对之进行综合的产业链设计。以关键种企业为核心构建主导产业链,围绕其主产品形成的价值链,实现价值传递和价值增值;以关键种企业的副产品和废物为突破点,有针对性地引入补链企业构建产业生态链,把主导产业链产生的副产品和废物作为补链企业的原材料,实现资源的梯级利用和生态循环。

(3)通过内部的自组织机制,拉动产业网络深度融合。在产业系统中存在着一定的自组织机制,无论是产业价值网络还是产业生态网络,都具有一定的自组织功能,这对两类产业网络的深度融合,并最终形成高效稳定的循环集群具有重要的拉动作用。在编织产业网络的各种产业链条中,有些产业链段本身既属于产业生态链也属于产业价值链,该链段的双重属性使之具有自聚集、自繁衍、自扩展、自增强等自组织功能,在其延伸扩展形成的产业网络中,企业间不再是简单的生态链和价值链的链状关系,而呈现出复杂的网络联系。因此,西部地区可以通过创造有利的产业环境和条件,充分调动产业系统内部的自组织机制,使集群企业之间在自组织机制的作用下形成有效的竞争与合作状态,通过竞争合作使产业价值链和产业生态链相互渗透,使产业价值网与产业生态网达到协同,从而实现产业生态网络与产业价值网的深度融合。

(4)通过外部的他组织力量,推动产业网络深度融合。通过政府的相关产业融合政策,直接推动产业网络的深度融合。通过他社会力量的持续作用,营造出有利于融合的产业生态环境,协调网络企业的相互关系,整合不同网络间的产业链条,推动不同产业网络的深度融合。通过培育相应的产业环境,鼓励各企业从产品生产、产业合作、区域协调等层次上进行物质、能量、信息的交换,推进主产品网络与副产品网络融合,推进原材料网络与废弃物网络融合。通过生态产业的政策激励措施,对相关产业链条进行纵向、横向和综合的整合,以实现资源的共享和物质能量的多级利用,为产业生态系统的物质流、能量流、信息流等形成网状运动创造必要条件。通过对产业网络的协调与监控,平衡网络间的各种利益关系,减少因网络冲突导致的网络阻塞,惩罚不良企业的投机败德行为,维护产业网络稳定安全,为产业网络的深度融合和高效稳定提供保障。

综上所述,西部地区资源型产业必须认清现阶段的产业发展现状,积极通过生态技术集成创新、对关键种企业培育、内部的自组织机制、外部的他组织机制来推动产业网络深度融合。首先要强化创新的作用,通过外部引入、内部研究的方法推广一系列能源集成、物质集成、信息集成利用技术,实现无害化生产;其次,要明确关键种企业培育作用,利用其产业规模大、产业链带动作用强、生产技术先进等特征带动整个区域内产业的发展,以关键种企业为创新绿色低碳化生产的试点,在整个区域逐步推进生态化生产;最后,应强化自组织与他组织联合的力量,充分调动一切力量,在产业网络的各个层面推动物质、能量、信息的融合与交换,推动产业价值网络与生态网络的充分融合。最终在西部地区建立起高效的循环集群模式,实现西部地区资源型产业价值增值与生态维护的和谐发展。

9.4 本章小结

通过对西部地区资源型企业的调研分析以及查阅西部地区各省市每年的统计公报,我们不难发现资源型产业在现阶段仍是西部地区重点发展的产业,不管是在经济总量中的比重,还是在未来发展中的潜力,资源型产业仍将担负起推动西部地区整体经济发展水平的重任。随着人们的环保意识的加强以及全国低碳化的不断推进,西部地区的资源型产业必须摒弃原有的落后的发展方式,应该以一种新的从生产到管理再到市场层面的模式去适应新时期社会低碳化的发展要求。因此,本章对新时期西部地区支柱性产业即资源型产业的低碳高效发展提出了相应的优化对策。从资源型产业的产业组织出发,从生产组织、市场组织、管理组织三个层面入手,围绕价值链与生态链的融合展开论述,最终得出了通过整合产业价值链与生态链的方法来构建起西部地区资源型循环产业集群,通过产业集群的方式提高资源、能量和信息相互之间交流与融通的深度,以集群发展的模式实现经济效益与生态效益的同步发展。本章所提出的优化对策结合了西部地区的特殊区域情况,借鉴了发达地区与国家同类产业的发展模式,是真正符合西部地区的实际发展现状与发展要求的,为西部地区资源型产业在新时期的发展提供了强有力的政策理论依据。

第 10 章　促进西部产业结构低碳高效优化的产业政策

产业政策是政府为了实现一定的经济和社会目标而对产业的形成和发展进行干预的各种政策的总和。西部地区产业结构的低碳高效优化和西部地区产业经济的绿色快速发展需要一套完整的政策体系来支撑,通过相关产业政策的有效引导和正向激励,才能更好地促进西部地区产业结构向低碳高效方向发展。

10.1　促进西部产业结构低碳高效优化的产业结构政策

西部地区应依据产业结构演进的一般规律和变化趋势,结合本地区产业结构的发展现状,以科学发展观为指导,制定出能够引导产业向低碳高效方向发展的产业结构政策,促进产业结构向合理化、高度化、高效化、生态化方向发展,以实现西部地区经济增长和资源配置效率的改善。

10.1.1　促进战略性新兴产业快速发展的相关政策

战略性新兴产业是经济发展的重要推动力,具有知识技术密集、物质资源消耗少、潜力大、成长快、爆发力强和附加值高等特点。进入 21 世纪以来,世界各国的战略性新兴产业在发展经济、创造财富、提供就业机会等方面都发挥了巨大潜力。然而战略新兴产业由于其发展的特殊性导致收益虽然相对较高,但其发展所需的资金投入较大,发展周期相对较长。而我国西部地区的战略性新兴产业则更加具有特殊性,由于其发展时间较短且主要是以特色产业为基础,所以其发展路径和模式应从自身实际情况考虑。因此为促进西部地区战略性新兴产业快速发展,在制定政策时必须充分考虑产业结构优化的要求、经济转型的要求,以及可持续发展道路的可行路径。

(1)促进新型电子信息技术产业快速发展的政策。快速促进新一代信息技术产业的发展,要加快建设宽带、融合、安全、泛在的下一代国家信息基础设施,推动信息化和工业化深度融合,推进经济社会各领域信息化。①强化网络融合作用。推动新一代移动通信和下一代互联网核心设备和智能终端的研发及产业化,加快推进三网融合,促进物联网、云计算、大数据的研发和示范应用。②确定主导技术产业。着力发展集成电路、新型显示、高端软件、高端服务器等核心基础产业,提升软件服务、网络增值服务等信息服务能力,大力发展数字虚拟等技术,加快重要基础设施智能化改造①。③设立专项扶持资金。对具有重大示范、推广作用的重大工程、项目给予一定数额的资金扶持,落实税收优惠政策,加大金融信贷支持力度,放宽相关产业的准入,大力培养新信息产业人才。

(2)促进新型生物制药技术产业快速发展的政策。西部地区可利用其丰富的珍贵动植物资源发展新型生物制药。①大力发展创新药物。用于重大疾病防治的生物技术药物、新型疫苗和诊断试剂、化学药物、现代中药等创新药物大品种,充分利用当地资源发展地方特色的新型生物制药产业,提升生物医药产业水平。②加速推动制药产业。通过医疗设备、医用材料等生物医学工程产品的研发和产业化,促进规模化发展,推进生物制造关键技术开发、示范与应用,形成若干个产业集聚度高、核心竞争力强、专业化分工特色显著的生物产业基地。③加大财税支持力度。政府通过建立财政性资金优先采购自主创新生物产品制度,实施税收优惠政策等加大对生物技术研发与产业化的投入,积极拓宽融资渠道,引导社会资金投向生物产业,支持生物企业利用资本市场融资。

(3)促进新型高端装备制造产业快速发展的政策。加快高端装备制造产业发展步伐,将有利于西部地区更好地改造传统重工业的发展模式,参与到更广大市场的竞争。①重点发展航空装备。通过以干支线飞机和通用飞机为主的航空装备,做大做强航空产业,积极推进空间基础设施建设,促进卫星及其应用产业发展,依托客运专线和城市轨道交通等重点工程建设,大力发展轨道交通

---

① 曾丹:《区域传统产业转型决策理论及模型研究——基于战略性新兴产业培育视角》,中南大学硕士论文,2011 年。

装备。②积极探索海洋资源。通过面向海洋资源开发,大力发展海洋工程装备,强化基础配套能力,积极发展以数字化、柔性化及系统集成技术为核心的智能制造装备。③扶持高端制造产业。通过实施用地优惠、厂房租赁、政府优先采购等政策,实施财税优惠政策,如融资租赁补助、企业税收奖励、鼓励支持企业上市等,加大创新扶持力度,如搭建创新平台、支持成果产业化、鼓励新品开发、发明专利奖励和支持标准转化等①。

(4)促进新型能源和新材料产业快速发展的政策。新能源产业和新材料产业科学技术含量高,将会极大地带动其他产业的技术创新发展。①积极研发核能产业。通过新一代核能技术和先进反应堆,发展核能产业。加快太阳能热利用技术推广应用,开拓多元化的太阳能光伏光热发电市场。提高风电技术装备水平,有序推进风电规模化发展,加快适应新能源发展的智能电网及运行体系建设。②创新研发功能材料。因地制宜开发利用生物质能,大力发展稀土功能材料、高性能膜材料、特种玻璃、功能陶瓷、半导体照明材料等新型功能材料。③积极发展结构材料。通过高品质特殊钢、新型合金材料、工程塑料等先进结构材料,提升碳纤维、芳纶、超高分子量聚乙烯纤维等高性能纤维及其复合材料发展水平,开展纳米、超导、智能等共性基础材料研究。

综上所述,我国广大西部地区应该站在产业结构调整、经济快速发展的战略高度,根据本地区社会发展目标,制定和完善战略性新兴产业的发展规划,提高创新在发展中的作用与地位,根据市场来引导企业配置资源,防止过度扩大规模及重复投入造成产能过剩,构建良好的市场竞争环境和激励机制,促进战略性新兴产业的快速发展。而且我国西部地区经济、技术发展相对缓慢,受历史原因、产业布局、区域政策等综合因素的限制,一直以来处于能源消耗高、资源效率低下的粗放型经济增长方式,这种增长方式已经越来越不适应现代经济的发展要求,影响了广大西部地区的产业升级和经济发展。为达到这一目标,我们需多管齐下,根据发展需要,同时采用行政、经济、宣传等多种政策手段,形成一套全方位立体的促进西部地区战略性新兴产业发展的政策体系。

10.1.2 促进传统优势产业低碳高效改造的相关政策

"低碳经济"最早见诸于英国政府 2003 年发表的能源白皮书《我们的未来:

---

① 刘娟:《高管团队构成特征及与企业绩效关系:战略性新兴产业与传统产业比较视角》,中南大学硕士论文,2013 年。

创建低碳经济》,其内涵是指人文发展和碳生产力(单位碳排放的经济产出)同时达到一定水平下的经济形态,旨在实现控制温室气体排放的全球共同愿景。相关研究表明,发达国家的碳排放量主要集中在生活消费环节,发展中国家的碳排放量主要集中在传统重工业的生产环节,所以西部地区的企业更应该成为发展低碳经济的主力军。我国能源多半储藏在西部地区,对资源禀赋的过度依赖是西部地区高碳型经济结构形成的主要原因。西部地区以高碳产业为主导的经济结构和发展特点凸显了西部地区发展低碳经济的紧迫性。所以为实现西部地区传统优势产业由"高碳"向"低碳"的改造,实现西部地区经济效益与生态效益的同步提升,一套自上而下完善的政策体系的构建必不可少。

(1)促进传统优势产业能源结构优化的相关政策。促进传统优势产业能源结构优化,坚决控制能源消费总量增长,特别是煤炭和石油高碳能源的增长。①优化调整能源使用结构。首先要严格控制能源总量的过度扩张,尤其是煤炭和石油的消费,最大程度地使高碳能源的消费比重降低。推动能源多元化发展。②加快促进再生能源替代。逐渐降低对化石能源的依靠,去开发一些新能源以及可再生能源,将能源供应体系升级,实现经济、环境和资源协调可持续的发展。③建立合理能源消费模式。大力推动节能减排、提高能源利用效率。通过采用一些手段(诸如市场、价格等)来引导社会的消费需求,约束能源消费的过度扩大,加强节约型能源体系的建设,最大程度上实行节能减排,使得能源的利用率提高①。

(2)促进传统优势产业进行节能降耗的相关政策。促进传统优势产业进行节能降耗,汰旧换新,提高能效。①创新方法,优胜劣汰。用技术革新、科技进步、改进工艺、挖潜增效的手段更新淘汰旧的、高耗能的设备,达到节能的目的,提高能源的综合利用。②加强维护,减少损耗。通过采用更先进科学的维护设备和技术,减少用能设备损耗,降低用能设备的维护成本,从而有效地减少企业的能源消耗支出,加装节能器,减少能耗。错峰用电,减少费用,合理调整用电时间,积极利用峰谷电价差,将部分或全部的高峰用电时间,转移到低谷时段。③技术创新,科学管理。利用计算机远程监控,科学用能,利用计算机远程监控技术,监控用能设备的用能时间、用能状况,分析判断用能设备的运行状况,合

---

① 冯文春:《基于 TOPSIS 的高校图书馆教师创新能力评价研究》,《价值工程》2011 年第 11
期,第 2 - 3 页。

理地调度能源负荷,使用能设备长期处于最佳的用能状态。

（3）促进传统优势产业开展清洁生产的相关政策。清洁生产是指将综合预防的环境保护策略持续应用于生产过程和产品中,以减少对人类和环境的危害。①推广清洁生产工艺。对生产过程与产品采取整体预防的环境策略,通过技术创新减少或者消除产品在生产过程中对人类及环境的可能危害,同时充分满足员工生产环境需要,使社会生态效益最大化①。②实施产品绿色设计。企业实行清洁生产,在产品设计过程中,一要考虑环境保护,减少资源消耗,实现可持续发展战略,二要考虑商业利益,降低成本、减少潜在的责任风险,提高竞争力。③实施生产过程控制。企业在清洁生产过程要采用少废、无废的生产工艺技术和高效生产设备,在生产过程中设置环境污染的警戒标准,尽量少用、不用有毒有害的原料,减少生产过程中的各种危险因素和有毒有害的中间产品,全程实时对企业清洁生产过程进行控制②。

（4）促进传统优势产业技术改造升级的相关政策。技术改造升级是推动工业转型升级的关键手段,是我国工业发展中形成的一项重要制度,也是推动西部地区工业持续快速健康发展的一条行之有效的宝贵经验。①建立优胜劣汰机制。为实现技术进步,提高生产效率,推进节能减排,促进安全生产,政府应鼓励企业采用新技术、新工艺、新设备、新材料对现有设施、工艺条件及生产服务等进行改造提升,淘汰落后产能,实现内涵式发展的投资活动。②转变技术改造重心。技术改造升级工作的重心将由设备更新为主发展到对生产全过程和产品结构调整的总体改造;由单个企业的改造发展到整个产业链的配套改造。③延伸技术改造领域。由单纯的生产制造环节改造发展到向研发、设计、营销、服务等领域延伸;由对分散布点企业的改造发展到促进工业专业化、规模化、集聚化;由对企业个体的支持发展到对公共技术服务平台的支持③。

我们应该清醒地认识到,促进西部地区传统优势产业低碳高效改造不是反能源危机的短期措施,而是西部地区传统优势产业发展的一项长期战略,是西部地区传统优势产业发展的永恒主题。加强公共服务平台建设,整合相关资源,面向重点行业。在切实用好现行相关扶持政策的基础上,还要优化能源使

---

①　葛振波:《基于能值分析的住宅开发生态效率研究》,东南大学硕士论文,2011年。

②　丁洪贵:《清洁生产在化工行业中的应用》,《化工时刊》2014年第4期,第60－62页。

③　冯水:《Y企业生产过程项目化管理方式研究》,山东大学硕士论文,2012年。

用结构,鼓励企业节能降耗,实现清洁生产。特别是当前西部地区传统优势产业发展正面临着由大变强、转型升级和科学发展的新任务,必须认识技术改造升级是关键时期解决关键问题的关键手段。牢牢把握新时期产业改造升级的核心技术,引导西部地区传统优势产业改变落后的生产工艺与生产模式,加大对科学创新技术的人力、财力投入,以逐步实现从传统产业由高碳低效向低碳高效化的跨越式发展。

10.1.3 促进产业间资源循环利用的相关政策

产业间资源循环利用是指根据资源的成分、特性和赋存形式对自然资源综合开发、能源原材料充分加工利用和废弃物回收再生利用,通过产业各环节的反复回用,发挥资源的多种功能,使其转化为社会所需物品的生产经营行为。资源循环利用的相关政策对于西部地区产业发展包含了两层基本含义:第一,资源短缺和市场需求是资源综合利用的根本引导力量。第二,资源循环利用的根本推动力是科技进步。通过技术创新与突破,强化产业间的交流与合作关心,不断开拓出新的资源领域及资源循环利用的使用方式。充分利用西部地区的资源优势推动资源综合循环利用的广度与深度。面对现阶段西部地区资源利用不充分的现状,通过相关政策来促进产业间资源的循环利用对于西部这类资源大区来说意义十分重大①。

(1)促进静脉产业体系快速形成和发展的政策。静脉产业其实质是运用循环经济理念,以保障环境安全为前提,以节约资源、保护环境为目的。①技术创新政策。运用先进的技术,将生产和消费过程中产生的废物转化为可重新利用的资源和产品,实现各类废物的再利用和资源化产业,包括废物转化为再生资源及将再生资源加工为产品两个过程。②完善立法政策。发展静脉产业,首先需要完善的法律法规体系做保障,建立健全政策机制,构建产业评价标准,创新技术研究机制,建设静脉产业园区,实施政府绿色采购,加强宣传教育培训。③政府支持政策。建立促进静脉产业发展的政策机制,制定税收减免、财政补贴、优惠利率贷款、技术研发专项经费等优惠政策,加大对静脉产业的支持,充分发挥政府的政策引导作用,对重大开发建设项目,政府提供直接投资或资金补助、

---

① 陈德敏:《资源循环利用论——中国资源循环利用的技术经济分析》,重庆大学博士论文,2004 年。

贷款贴息等政策支持①。

（2）促进资源循环产业生态链相互联通的政策。循环产业形成一种类似自然生态系统生物链的结构，极大促进产业资源共享及利用。①组件循环生态链。在循环经济区域范围内的企业通过模仿自然生态系统中的生产者、消费者和分解者，从而构建以废弃物资源为纽带具有产业衔接关系的循环产业生态链群体。②强化产业关联度。在构建产业生态链时，要注重产业的上下游关联性，政府通过加大对产业布局落户的引导与规划，合理安排上下游企业的位置分布与区域设置，鼓励企业之间强化生产、技术、人才、能源之间的层级流动。③完善循环生态链。对于那些生态链上某些生态位缺失的环节，政府应出面通过招商引资或拨款建立"补链"来使产业生态链连续和完整，由于共同的经营目标，可促进企业之间建立长期的共生合作关系。

（3）鼓励企业进行废物回收和资源转化的政策。废弃物的大量产生不仅严重污染当地的生态环境，还会增加许多生产成本。①明确废物回收原则。通过因地制宜、鼓励利用、多种途径、讲求实效、重点突破、逐步推广的方法，明确经济效益与环境效益、社会效益相统一的原则，明确资源投入层级利用、循环利用的原则。②提高资源转化水平。企业应加大对于生产工艺的科学技术投入，增强对资源的回收利用转化能力，通过产业集群的方式把生产相关产品的企业联结起来，以循环利用、层级利用的方式增加整个地区对于资源的转化能力。③鼓励回收转化资源。政府对资源回收与转化类企业实行优惠税收政策，鼓励和扶持企业积极开展资源综合利用，各地区、各有关部门对企业资源综合利用项目应重点扶持，优先立项，银行根据信贷政策，在安排贷款上给予积极支持。

（4）鼓励产业企业间相互利用再生资源的政策。资源的再生与回收利用不仅能够极大缓解产业的发展对于资源需求的压力，还能最大限度地提高资源利用效率。①完善再生资源利用立法。用法律规制相互利用再生资源的各项政策和对策措施及其实施保障条件，使相互利用再生资源主体提高认识和觉悟的自觉行为与履行责任和义务的法律强制约束行为结合起来。②制定资源宏观调控政策。通过改革相互利用再生资源的管理体制，增强相互利用再生资源宏观管理的调控力度，实施产业间相互利用再生资源的财税金融政策，加大公共财政对资源回收利用的支持力度。③给予再生资源利用企业优惠。政府与金

---

① 李玲：《苏州高新区生态工业园发展研究》，华东师范大学硕士论文，2004 年。

融机构在信贷等方面对企业再生资源利用给予必要支持,对经济效益差、但社会效益显著的不易回收的再生资源,在政策上鼓励企业回收和利用。

随着改革开放的进程不断深入推进,尤其是西部大开发战略实施以来,我国西部地区的产业发展状况得到了较为明显的改善,但由于对资源的大量超限度开发和不合理利用,使得环境问题也日益突显,给当地社会经济的可持续发展带来不利的影响。合理充分利用资源,降低资源利用对生态环境的污染,实现覆盖全社会资源循环利用,成为当前西部地区社会经济发展中必须面对的问题。西部地区资源丰富,但生态环境易受到资源过度开发的干扰和破坏。随着西部地区的社会经济发展,环境问题也日益突显,构建西部地区覆盖全社会产业间资源的回收与循环利用模式势在必行。应通过宣传教育、改变落后生产方式、加大国家政策扶持、完善相关制度等途径和方式,促进产业间资源循环利用①。

10.2　促进西部产业结构低碳高效优化的产业组织政策

产业组织是各企业间进行经济活动时所形成的相互联系机制及其组合形式,不同的产业组织模式会产生不同的资源利用效率和产业经济效益。西部地区可以通过制定和实施相应的产业组织政策,来引导产业生产组织,产业市场组织和产业管理组织向低碳高效方向发展,从而促进产业结构的低碳高效优化。

10.2.1　促进大企业集团低碳高效发展的相关政策

大企业集团在绿色低碳发展的过程中起着十分重要的作用,随着大企业集团的快速发展,一些大企业聚集的工业园区带来了重污染、重复设置等众多问题,因此亦需要出台专门的规划来正确引领。西部地区发展低碳经济不仅需要从国家层面来规划指引,同时也需要当地政府依据地方实情,按照中央精神,做好地方大企业集群发展的规划工作。当前,迫在眉睫的工作是要制定促进大企

---

① 秦文展:《西部地区构建覆盖全社会资源循环利用体系的对策》,《安徽农业科学》2012 年第 28 期,第 13948 - 13949 页。

业绿色低碳发展的有关规划,编制大企业集群区域的交通与物流规划等,打造一些大企业低碳发展的规划试点,并逐步推广。在推进绿色低碳高效发展的过程中,应坚持用循环发展模式改造提升传统高碳产业,鼓励和支持大企业实施低碳战略、低碳转型发展、低碳创新实践,在产业链延伸过程中要使绿色低碳成为大企业集团转型升级助推器。

(1)鼓励高效大型企业兼并低效中小企业的政策。小企业在生产过程中往往过分追求经济利润,忽视对环境造成的影响,大型企业对小企业的兼并可获得更大的规模收益效应。①推动企业兼并重组。通过加快集团化、集约化进程,以产业链为纽带,构建符合国情、布局合理、专业化协作、集中度高的产业格局,形成以大型企业为龙头、中小企业相配套的产业体系和产业集群。②鼓励企业向集团发展。在市场竞争和宏观调控相结合的基础上,通过兼并、收购、重组等方式,建立具有国际竞争力的综合性大型企业集团。③实施金融财税政策。如积极支持符合条件的企业采取上市和发行债券等多种方式筹集资金;拓宽直接融资渠道;鼓励民间资本和外资向符合产业发展方向的企业投资;对企业兼并、收购、重组予以政策支持。

(2)引导大企业集团向绿色低碳方向发展的政策。为了持续推进绿色低碳方向发展,应大力发展循环经济,推进资源能源的循环和高效利用。①引导企业低碳发展方向。通过把经济发展工作与生态环境保护工作科学结合,大力宣传低碳新能源产业的光明前景,选择低碳新能源产业作为大企业未来发展方向。②加大政府对大企业政策扶持。通过相关财政政策、投资政策、投资促进政策的支持,使大企业低碳新能源经济稳步、持续地发展,真正成为西部地区经济增长中的一大亮点。③建立优胜劣汰发展机制。通过对产业结构、工业结构、产品结构的调整,使低碳新能源、绿色产业成为大企业拉动经济增长的主要力量,要提高大企业装备水平,淘汰落后的生产工艺与设备,逐步限制并最终取缔高能耗、高污染企业的生产。

(3)引导大型企业集团向价值链高端发展的政策。只有正确引导企业向价值链高端发展,才能获得更高的经济利润。①优化产业结构模式。进一步科学规划布局、放宽市场准入、完善行业标准、创造环境条件,加快创新驱动发展,实现服务业与农业、工业等在更高水平上有机融合,推动产业结构优化调整,促进经济提质增效升级。②扩张企业产品市场。要坚持市场主导、突出重点、创新驱动、集聚发展的基本原则。大力支持骨干企业进行联合重组,发展具有系统集成、国际贸易和融资能力的大型企业集团,为大型企业向价值链高端发展和生存打开新空间。③引导企业高端发展。政府应协调推进行业联合重组,要以产业转型升级需求为导向,引导企业进一步打破"大而全"、"小而全"的格局,分离和外包非核心业务,鼓励企业向产业价值链高端发展和延伸。

(4)鼓励大企业集团开展技术和绿色创新的政策。技术是大企业集团走绿色创新道路的主导因素,是决定大企业经济效益与环境效益同步发展的重要因素。①强化企业核心技术能力。以绿色发展为统领,以加快科技成果转化、培育新的经济增长点为主线,着力优化创新环境,构建区域创新体系,整合科技资源,推进产业转型发展,提升企业核心竞争力。②积极推广应用减排技术。通过开展节能减排、循环利用等方面的技术研发和推广应用,大力推进创新引领型、升级改造型、低碳生产型、循环利用型、生态发展型等多种形式的创新发展模式。③重点突出大企业示范作用。突出大企业集团是绿色发展的主体,鼓励和引导企业积极参与绿色技术和产业的研发推广,建成一批科技含量高、经济效益好、资源消耗低、支撑作用强的大企业集团。

综上所述,大企业集团在生产过程中的主导地位十分明显,解决好大企业的绿色低碳高效化生产问题,将会极大地带动当地众多小企业的低碳发展。在大企业集团的绿色高效发展中要以低碳排放构建新的产业体系,加快改造传统产业;要根据环境承受能力和生活质量需求对传统产业进行升级改造,淘汰能耗高、资源利用率低、对环境影响大的落后产能和产品;要以高效发展引领产业结构调整。效益是衡量经济发展水平和企业发展能力的主要目标。在实现发展方式转变过程中,必须把效益贯穿始终,以高效发展引领产业结构调整。强化大企业集团的技术创新作用,推动科技创新、采用绿色环保材料、优化生产工艺,做到清洁、可持续发展,大力倡导和积极推进科研创新、绿色生产,这不仅是贯彻国家宏观政策和履行企业社会职责的要务,也是大企业集团跻身国际市场的必然需求。

10.2.2　促进中小企业"专特精绿"发展的相关政策

中小企业由于自身规模小,人、财、物等资源相对有限,既无力经营多种产品以分散风险,也无法在某一产品的大规模生产上与大企业竞争,因而,往往将有限的人力、财力和物力投向那些被大企业所忽略的细小市场,专注于某一细小产品的经营上来不断改进产品质量,提高生产效率,以求在市场竞争中站稳脚跟,进而获得更大的发展。从世界各国的类似成功经验来看,西部地区只有通过选择能使企业发挥自身优势的细分市场来进行专业化经营,走以专补缺、以小补大,专精致胜的成长之路,才能使得西部众多中小企业在激烈竞争中获得生存与发展的空间。中小企业通过专业化生产同大型企业建立起密切的协作关系,不仅在客观上有力地支持和促进了大企业发展,同时也为自身的生存与发展提供了可靠的基础①。

(1)引导中小企业向专业协作化方向发展的政策。西部地区中小企业的生产相对分散,必须把中小企业团结起来形成专业化协作模式才能更好地提高中小企业的市场竞争力。①强化核心业务。中小企业应专注核心业务,提高专业化生产、服务和协作配套的能力,为大企业、大项目和产业链提供零部件、元器件、配套产品和配套服务。②加强协作分工。创新型中小企业要形成一定规模,需要项目选择、分工协作关系等多方面因素,不能依靠企业自发选择,需要有效发挥政府作用,鼓励中小企业与大企业建立稳定的供应、生产、销售等协作关系。③改善集聚条件。通过引导中小企业集聚发展,提高集群的专业协作化水平,着眼长远,引导中小企业转变发展方式,支持中小企业以市场为导向,加大研发投入,研制适销对路的新产品,提高产品质量,创建自主品牌。

(2)引导中小企业向特色优势化方向发展的政策。中小企业利用特色资源,弘扬传统技艺和地域文化,采用独特工艺、技术、配方或原料,研制生产具有地方特色的产品。①突出企业品牌战略。通过品牌战略形成差异化竞争优势。大力实施品牌发展战略,促进产业协作配套,鼓励企业员工和工程技术人员发明创造,支持研发、设计和生产具有自主知识产权的关键核心技术和产品。②明确自主产权意识。支持中小企业依托自主知识产权做强核心业务,争创知名品牌、驰名商标和著名商标,打造具有竞争力和影响力的精品和品牌。③建立产学研模式。组织开展促进产学研合作和项目对接活动,为中小企业开发、生产协作配套产品提供服务,支持中小企业在科技研发、工业设计、现代物流等生产性服务业和软件开发、网络动漫等新兴产业上发展,培育新的经济增长点。

(3)鼓励中小企业向精细深度化方向发展的政策。积极开展精细化生产、精细化管理、精细化服务,以美誉度高、性价比好、品质精良的产品和服务在细

---

① 江军:《北京城建混凝土公司的财务管理问题研究》,首都经济贸易大学硕士论文,2008年。

分市场中占据优势。①提升管理服务水平。通过更加注重细节、立足专业、科学量化,突出利用信息技术提升管理和服务水平,提高生产效率,节能降耗,不断提升产品和服务的品质,降低成本。②强化信息技术应用。通过鼓励中小企业应用信息技术,鼓励各类信息化服务商搭建中小企业信息化服务平台,为中小企业提供电子商务、筹资融资、人才培训等信息化服务,推广适用的解决方案。③深化技术创新能力。支持中小企业在研发设计、生产制造、经营管理、市场开拓等主要业务环节有效应用信息技术,提高管理水平和经营效率,开展信息化普及培训,提高中小企业应用安全可靠软件和信息技术的能力。

(4)鼓励中小企业向绿色低碳化方向发展的政策。在"专特精深"创新型集群企业的选择上,鼓励中小企业绿色低碳化发展,以提高经济效益与环境效益。①建立优胜劣汰机制。政府可以通过政策杠杆先让与群内主导产业具有产业关联的企业进入,通过限制性政策,限制和阻止高能耗、高污染、低附加值的企业项目进入产业集聚区。②落实产业引导政策。通过环境改善,优化服务,集聚科技资源和生产要素,吸引企业聚集,提升创新型中小企业产业集群的发展水平,强调运用专项资金安排以及财税优惠等经济手段,引导中小企业加快技术改造步伐。③完善投资促进政策。为了提高企业技术、装备和工艺水平,通过建立中小企业技术改造资金,完善相关政策,积极推进中小企业节能减排和清洁生产,淘汰落后技术、工艺、设备和产品,发展循环经济,履行社会责任。

"专特精绿"创新型中小企业以创新为主要特征,是产业集群转型升级的重要方向,是中小企业增加竞争力的保障。西部地区的地方政府可通过创造扶持"专特精绿"创新型中小企业发展的政策环境,营造有利于产业集群形成的氛围,做好"专特精绿"创新型中小企业的长远布局,构建完善的服务体系,促进西部"专特精绿"创新型中小企业的发展。"专特精绿"创新型中小企业要形成一定规模,需要项目选择、分工协作关系等多方面因素,不能依靠企业自发选择,需要有效发挥政府作用。同时,"专特精绿"创新型中小企业集群是地域性的综合体组织,它能提升西部地区产业竞争力,提高民众福祉,对西部地区经济社会发展的影响深远,因此需要政府给予相关政策进行有效扶持和引导。

10.2.3　促进大中小企业聚集发展协同共生的相关政策

西部地区若要发展经济,不仅要有具有国际影响力的大型企业,也要有众多成功的中小企业来推动前进,实力与地位的悬殊反而能使大企业与中小企业之间建立起相互依赖的伙伴关系和具有战略意义的新型关系。在规模经济凸显的行业如制造业中,中小企业能为大企业提供零部件及相关服务,这也是大企业能进一步发展的必要条件。因此,在西部地区推进不同规模的企业间实现长期的优势互补,将大大增强不同类型企业的市场竞争能力。在西部地区建立良好的政策导向、园区规划、区位环境和优势产业的出色表现将会带动关联产业的集聚效应,并驱使相关产业往一个特定区域内集聚,同时扩大该产业产品的市场有效需求,产生无形资源的外溢而使其他企业受益,进而呈现产业的集群效应①。

(1)引导大中小企业聚集发展的产业聚集政策。大中小企业的聚集发展更加有利于技术、产品、能量在企业间的流动与传播,能够更好提高企业的生产效率。①增强核心企业扶持力度。企业集群中核心大企业对周边辅助式中小企业的贡献度要比辅助式中小企业对核心大企业的贡献度大得多,要加大对核心大企业的扶持力度,促进核心大企业的快速发展,带动周边卫星企业的发展。②重视品牌效应竞争力度。西部地区政府应支持已有的大中企业利用品牌优势对市场相同或相近的企业进行整合,以品牌效应促进集团发展,提高区域整体企业的竞争实力。③完善资金资本配置保障。应鼓励企业通过各种资本运营手段,吸引各类资本,增强实力,设立发展扶持基金,支持市区六大新兴产业集聚区基础设施建设和公共服务平台建设等,保障集聚区内各项生产要素及时配置。

(2)鼓励大中小企业相互协作的产业协同政策。大中小企业相互协作将会极大地提升产品的生产效率,从而提升整个区域所有企业的整体竞争实力。①构建分工协作关系。西部地区的地方政府应以"政府之手"加强各类中小企业与大企业、大集团的专业化协作关系,鼓励大中小企业之间分工协作关系。②完善配套产业支持。鼓励中小企业作为大型企业的原料基地、生产车间和加工环节基地,以大企业为中心,辐射一批中小企业着力发展配套产业,形成大企业集团集群式发展。③鼓励多种分工协作。大企业集团集群的建立,有利于重新配置资金、原材料、设备和技术,既可以实现规模生产和规模经营,又可以克服

---

① 张新年:《基于产业集群的政策创新与设计研究》,《软科学》2008 年第 1 期,第 109 – 112 页。

中小企业在最终产品上低水平竞争的弊端,在形式上,可以借鉴分包经营和特许经营等分工协作形式。

(3)激励大中小企业协同创新的产业创新政策。创新是企业发展的不竭生命力,唯有创新才能改变西部地区大中小企业落后的发展方式,提高经济和环境效益。①加大协同创新力度。进一步明确突破核心技术实现产业化的重点领域,着眼政府与市场相结合,准确把握协同创新的激励点,建立健全企业主导技术创新机制。②激励企业主动创新。提升企业技术创新主体地位,应着眼政府与市场相结合,进一步完善产业政策企业参与机制,制定产业发展政策、战略与规划,进一步建立市场决定技术项目机制和优化企业人才集聚机制。③强化人才创新作用。以企业为主体,成立跨领域跨国际产业人才创新中心,打造政产学研用一体化平台,汇聚创新驱动的新型产业人才队伍。着眼分工与协作相结合,准确把握协同创新的保障点,加快构建统筹型产业创新管理体制。

(4)促进大中小企业合作竞争的产业配套政策。良性竞争有利于产业效率的带动与产品质量的提升,大中小企业之间的合理竞争更加有利于企业的创新发展。①重视人力资源竞争。影响中小企业产品和技术升级的最重要因素是人的综合素质水平,西部地区政府应帮助中小企业培训人才,通过人才的竞争引出生产技术与创新的竞争。②落实产品良性竞争。通过在西部地区建立产品的优胜劣汰机制,逐步淘汰低碳、高污染的中小企业,强化高效、低碳企业的产品生产优势,有利于大中小企业形成低碳发展的局面。③促成企业加入竞争。通过政府的一系列配套的招商引资政策、投资政策、投资促进政策,完善区域内部基础设施的建设,吸引大量大中小企业加入到区域的产品竞争中来,鼓励企业之间的技术、创新、人才竞争。

综上所述,西部地区产业的发展需要大企业的带动作用,同时也需要大量中小企业的配套服务。通过促进大中小企业聚集发展协同共生才能真正使得西部地区的经济与生态得到绿色低碳高效化发展。首先大中小企业应实现集群聚集化发展,产业集群有利于克服单个企业资源运用上的不经济现象,供给的互补扩大了有效需求,这样的大中小企业结合市场比单个分散企业更具竞争力。其次应鼓励大中小企业之间更深层次的分工协作,通过细化分工提高企业的专业化水平与生产效率。再次,必须认识到现在企业技术创新的作用,通过技术创新提高整个地区大中小企业内部的技术应用水平。最后鼓励大中小企业之间的竞争与合作,使得企业在良性竞争中提高核心竞争力,实现大中小企业在合作竞争中得到经济效益和社会效益的双重发展。

10.3 促进西部产业结构低碳高效优化的财税金融政策

西部地区产业结构的低碳高效优化,既需要相应的市场机制进行内生调节,更需要宏观调控手段发挥引导作用。财政政策、税收政策和金融政策作为宏观调控的有效调控手段,对引导和促进西部地区产业结构向绿色低碳高效方向优化,将起到十分重要的作用。

10.3.1 促进西部产业结构绿色低碳优化的财政政策

绿色经济的核心是把环境与资源保护和可持续利用作为基本目标,具有明显的公共产品属性和显著的外部性特征,政府必须介入并给予指导。由于财政政策在经济发展方式转变中具有不可替代的绿色导向作用,因此必须高度重视财政政策作为政府干预市场、促进产业结构绿色低碳优化的重要手段。西部地区的产业绿色低碳优化财政政策必须建立在产业的发展基础之上,主要通过调节财政支出、转移支付、财政补贴、事业型收费等手段来引导微观经济主体大中小企业优化投资活动,促进区域产业间、产业内部结构的不断低碳化调整。财政政策的目的就是对绿色低碳产业集群技术创新能力的激励,引导和协调社会资源流向价值链的高端,从而实现西部区域产业结构的绿色低碳优化,实现西部地区经济效益与生态效益的同步发展。

(1)促进西部产业结构绿色低碳优化的定向投入(包括预算拨款)政策。定向投入(包括预算拨款)对实现产业绿色发展和低碳发展具有非常明显的导向和激励作用。①加大政府定向财政预算拨款。政府通过加大财政支出可以调控优势资源、加强典型示范、提供优质服务、引导现代绿色低碳产业集群沿着政府鼓励和规划的方向协调可持续发展。②加大基础设施建设专项拨款。针对西部地区的实际情况,应加大财政对基础设施建设的投入,建设便利的交通网络,提高能源的保障能力,为绿色低碳产业集群发展提供完善的基础配套设施。③设立绿色低碳专项预算拨款。政府通过设立绿色低碳专项预算拨款,优先分配资金改造落后生产模式,积极创新低碳化生产企业的改造,引导整个地区产业结构向绿色低碳化模式整改。

（2）促进西部产业结构绿色低碳优化的转移支付（包括区域、行业转移支付）政策。财政转移支付是生态补偿最直接的手段，是大中小企业推进绿色低碳化建设的重要保障。①加大生态转移支付。中央财政转移支付应增加对生态脆弱和生态保护重点地区的产业支持力度，建立生态效益受益地区反哺生态补偿的产业制度。②确定转移支付标准。通过专门建立针对西部地区整体经济落后的转移支付标准，明确西部地区各级政府配套专项资金流向，完善财政资金对落后地区继续改善生产模式企业转移支付的覆盖面。③提高转移支付强度。针对西部地区产业发展中劳动力素质不高、产出效率低下、基础设施建设滞后、公共服务水平低、地方财力不足的现实，提高财政转移支付强度，加大对欠发达地区的产业绿色低碳改造转移支付力度。

（3）促进西部产业结构绿色低碳优化的专项补贴（包括财政补贴）政策。通过设立产业结构绿色低碳优化的专项补贴，倒逼西部地区大中小企业绿色低碳发展。①转变专项补贴方式。通过加强对绿色低碳企业专项补贴，减少对高耗能企业的补贴，解决西部地区三次产业比例结构不合理，经济效益欠佳，而且存在资源利用效率低，生态效益不好等问题。②完善专项补贴制度。通过建立科学合理的补贴审核制度、标准制度、发放制度等更好发挥专项补贴的作用，消除专项补贴的负外部性，减少补贴滥用贪污等现象。③优化专项补贴对象。通过减少对生产环节的补贴，加大市场和使用环节的补贴，具体而言，政府应减少对企业在生产、设备环节的补贴，转而加大对绿色产业市场应用、使用环节的补贴，通过财政补贴的转向，引导企业向绿色低碳产业健康发展。

（4）促进西部产业结构绿色低碳优化的收费引导（包括限制性收费）政策。针对西部地区产业的收费引导政策，鼓励和引导企业绿色低碳发展，既"促"又"限"、双向优化，更好地推进企业绿色低碳生产。①完善收费引导政策。通过制定合理的收费标准、收费措施、收费方法，约束企业的高污染粗放式发展，通过建立强制性的收费政策，引导企业向绿色低碳的生产模式改进。②增加生态污染收费。把保护环境的相关政策工具与促进经济发展、改善民生的各项财政政策有机结合，加大对污染排放量大的企业收税收费，通过建立惩罚机制控制对生态环境的污染状况。③优化收费使用政策。对耗能大、污染大、效率低企业的税费合理利用，回报社会，通过合理使用所收税费，加大对环境保护的投入，加大对生态改造的资金投入。

促进西部地区产业结构绿色低碳优化的财政政策的核心是把环境与资源

保护和可持续利用作为基本目标,通过财政政策引导企业向绿色低碳化发展。由于财政政策在经济发展方式转变中具有不可替代的绿色导向作用,政府应财政政策作为政府干预市场、促进产业结构绿色低碳优化的重要手段。根据西部地区绿色产业政策的要求制定财政政策的作用机制,主要通过调节财政支出、转移支付、财政补贴、限制性收费等手段来引导大中小企业优化生产结构、以及市场活动已经各种投资决策,通过积极的财政政策促进区域产业间、产业内部形成良好的绿色低碳发展氛围,以高效的财政政策实现西部地区产业结构的绿色低碳优化。

10.3.2　促进西部产业结构低碳高效优化的税收政策

政府有责任保护子孙后代的利益,为了扭转"当代消耗的自然资源过多而留给未来的资源越来越少"的趋势,政府应该通过税收等手段来保护不可再生资源,使之免遭不计后果的、掠夺性的开采使用。为促进西部地区产业结构绿色低碳化,绿色税收体系的构建与完善必不可少①。构建西部地区绿色税收体系是一个大的工程,新一轮"价税财联动"配套改革,使资源、能源价格形成机制顺应市场经济。目前西部地区地方税体系建设等财政体制深化改革任务仍然十分艰巨。优质高效的税收政策会促使企业千万百计创新开发有利于节能降耗的工艺、技术和产品,会激励企业加强对于产业结构的低碳高效改进,会促使企业为了减少税收成本进行绿色低碳生产的技术创新。

(1)促进西部产业结构绿色低碳优化的税收优惠政策。税收成本在企业的生产成本中占据的份额越来越大,合理的税收政策能促进企业产业结构发展模式的绿色低碳化改变。①加大税收优惠力度。通过对节能减排技术投资抵免相应税收,鼓励科技创新实现可持续发展,政府通过在企业之间实行差别化的税收政策鼓励企业向绿色低碳化发展。②完善差别税收政策。对企业用于消尘、节水、治污等有利于节能减排的环保设备投资给予增值税进项税抵扣,对技改项目中我国不能生产而直接用于清洁生产的进口设备、仪器和技术资料,免征进口环节增值税。③灵活税收征收彼标准。对于以排放物为原料生产的产品,只要达到一定规模,实行增值税即征即返政策。对专门从事环境保护和污染治理的企业免征增值税,通过灵活的税收促使企业绿色低碳化发展。

① 杨杨:《和谐社会下税收公平制度选择》,西南财经大学博士论文,2008年。

（2）促进西部产业结构绿色低碳优化的税收惩罚政策。税收惩罚政策主要应用于高污染、高排放、高耗能企业，以减少这些企业的生产对于生态环境的破坏。①注重税收惩罚公平原则。更加注重效率和公平兼顾的原则，税收体系改革应当根据企业的实际情况有计划、有步骤、有针对性地实施，使企业有时间进行有利于碳减排的改造或交易，从而真正实现税收促进低碳发展的目的。②调整税收惩罚体系。在所得税上，对于企业符合条件的环境保护、节能减排项目的所得免征、减征所得税，企业用于环境保护、节能减排等设备的投资额，按一定比例抵扣税收。③落实税收惩罚政策。对重点"两高一资"（高耗能、高污染、资源性）产品征收资源环境保护税，促使企业改变高碳生产局面，实施环境税收政策，引导产业结构优化的低碳发展。

（3）促进西部产业结构绿色低碳优化的资源税收政策。资源税是国家凭借宪法赋予的对自然资源的所有权和行政权力，通过资源税收政策减少企业的生产对于资源的依赖程度。①深化资源税制改革。通过设立资源税收服务于西部地区可持续发展的目标，向资源的开发利用者征收税收，明确税收范围与税收标准，所得税收主要用于改善生态环境。②完善资源税收制度。通过落实党的十八届三中全会精神推进资源税收，把资源税"从量""从价"机制覆盖到煤矿、石油、天然气等资源中，形成以经济手段为主应对环境威胁的长效税收机制。③加大资源税收范围。资源税收不仅仅局限于传统的矿石能源资源，还应该包括大量水能、地热能征收，对于我国西部地区构建现代财政制度的地方税体系有重要意义。

（4）促进西部产业结构绿色低碳优化的环保税收政策。针对产业中污染较高企业，通过征收环保税约束企业对于生态环境的污染。①推广环保税收范围。环保税收主要针对生产三高一低的企业，通过扩大环保税收在西部地区的适用范围约束企业生产的外部性，减少企业在生产中对自然环境的肆意污染。②发展多样环保税收。我国西部地区要改善环境污染，必须大幅度增加污染防治投资。在条件允许的情况下，开征与环境保护密切相关的税种，以筹措必要的环保资金，用于生态环境的保护、人们生活环境的改善。③增强环保税收意识。环保税收不仅仅是政府向生产污染企业强加征收的税费，还应该是全民共同监督企业生产过程中污染状况的税种，建立全民监督全民征收的环保税收体系，约束与促进企业向绿色低碳化发展。

促进西部地区产业结构低碳高效优化的税收政策，其目的是为了更好地约束企业不计后果破坏环境的粗犷式发展。针对西部地区矿产资源丰富的优势，税收优惠政策应根据国家产业政策，重点鼓励矿产资源的合理开发和综合应用，鼓励企业产业结构向绿色低碳化发展。针对生产污染严重的企业，采取税收惩罚的方式收税，所得税款一方面用于约束企业高耗能生产，另一方面用于治理被污染的生态环境。由于西部地区资源富集，以资源为主的产业众多，因此资源税的征收无形中降低了企业对于资源的依赖程度，鼓励企业向着绿色低碳高效化的现代企业转型。税收的征收主要为了维持较好的环保水平，通过环保税收加大公众对于企业污染、生态环境的重视程度，以公众的监督与舆论的压力促使企业向绿色低碳化生产转型发展。

10.3.3 促进西部产业结构低碳高效优化的金融政策

当前，我国绿色金融政策体系尚未建立，而制度借鉴和制度移植是建立和完善制度的重要方式。但鉴于我国各地区的资源禀赋和发展阶段不同，为了更好地服务于西部地区经济可持续发展及经济转型，在制度层面上构建西部地区绿色金融体系，应当更关注西部地区的区域和产业特征，注重本土化和自主化。西部地区产业结构绿色低碳化的发展离不开金融体系的支持，在这一过程中，要充分尊重产业结构优化及金融体系完善的客观规律，遵循可持续发展要求，构建一个由金融制度、金融工具、金融机构、金融市场和金融监管组成的金融体系。从长期来看，我国来自于国际社会的碳减排压力必将与日俱增，因此，我国尤其是我国西部地区有关绿色金融基本制度的健全迫在眉睫。

(1)促进西部产业结构绿色低碳优化的绿色信贷金融政策。绿色信贷金融政策不仅能够缓解大量中小企业在低碳改造前期的资金压力，还能有效促进整个地区的产业结构升级。①打开绿色信贷金融市场。积极在广大西部地区发展绿色金融市场，开展绿色信贷金融业务，应在西部地区设立比较有代表性的政策性金融机构，从投融资体制上对金融发展进行扶植。②确定重点信贷扶持企业。通过建立绿色信贷基金，向西部地区商业银行融出资金，重点支持低碳、绿色环保产业项目投资，利用市场机制实现融资市场化，以此搭建绿色经济开放性金融融资担保平台。③加大环保产业信贷支持。通过信贷结构的优化，让节能环保项目享受审批绿色通道，优先放贷，适度放宽授信条件，在利率上给予优惠，以此促进西部地区企业向绿色低碳化进程发展。

(2)促进西部产业结构绿色低碳优化的碳汇交易金融政策。目前我国西部地区碳市场面临着总量控制不力,市场需求不足等现实情况,必须深化碳汇交易的金融政策。①建立碳汇交易市场。必须探索适合各省省情的碳汇交易市场交易规则,并积极打造地处西部地区,但与国际接轨的国际碳汇交易中心,并依托此中心,构建中国碳交易市场网络,推进交易所制度的完善。②扩大碳汇交易平台。通过吸引更大的碳汇交易对象,借助环境产权交易等交易平台,优化碳汇交易金融的资金投向,搭建更大平台的沟通和议价场所,鼓励企业参与到更大平台上的碳汇竞争。③加大碳汇交易宣传。政府进行积极宣传科普,让西部地区的商业银行都对碳金融等绿色低碳行业加强关注,加快建立一些专业性服务机构,如信用评级机构、资产评估机构等。

(3)促进西部产业结构绿色低碳优化的自主创新金融政策。自主创新是未来企业发展的必然趋势,决定了企业在市场竞争中能否具备绿色低碳化生产的核心竞争力。①建立自主创新扶持政策。通过互联网金融平台,政府、银行、企业、公众和多元利益群体将形成互动,使绿色信贷政策在银行等金融机构得到执行,为企业进行自主创新提供前期的启动资金。②引导企业正确自主创新。西部地区政府通过设立专项自主创新基金,用于提高企业科研管理层的创新思维,积极招收更多高素质人才参与到地区与企业的创新中来,为企业的自主创新提供技术与人才保证。③降低企业自主创新成本。通过降低企业自主创新的贷款资本金要求,延长还款期等差异化的金融政策措施来缓解企业创新难的资金问题,积极为企业的自主创新护航,与企业共担自主创新风险。

(4)促进西部产业结构绿色低碳优化的高新企业金融政策。高新企业对于地区企业的绿色低碳化生产具有极大的带动示范作用,通过对高新企业的金融扶持,更有利于提高区域整体绿色低碳化水平。①加快高新企业发展政策。根据科技产业发展的特点,发挥不同金融政策的作用,利用政策性金融政策、商业银行政策、创业风险投资政策、资本市场政策、保险政策和外汇政策等,共同促进高新产业的发展。②强化高新企业金融扶持。明确政策性银行对科技自主创新的高新企业金融支持方向,以金融政策支持高新企业快速发展,利用高新产业带动整个地区的绿色低碳化发展进程。③扩大高新企业示范作用。通过政府积极的金融政策率先实现高新企业的绿色低碳化发展,通过一系列金融鼓励政策带动中小企业向高新企业学习,从而提升区域整体的绿色低碳化进程。

综上所述,要想更好促进西部地区产业结构低碳高效优化,高效的金融政策是保障。西部地区应拓宽宏观视野,更新财政金融政策扶持理念,转换金融政策落实方式,探索金融促进发展新思路,加强西部地区产业绿色低碳优化的金融实践。首先西部地区应借鉴东部发达地区的金融政策实施经验,根据各省省情,有针对性地制定绿色信贷金融政策,以鼓励与引导企业向绿色低碳化发展。其次,在西部地区建立完善的碳汇交易市场,以市场的力量约束企业的生产,促进产业结构转型升级。再次,要在西部地区强调自主创新的意识,以金融优惠措施政策与金融投资扶持政策鼓励企业进行自主创新,保障企业自主创新的成功率。最后从加强对高新企业金融支持的政策制定入手,率先在高新企业推广绿色低碳化生产,通过高新产业的带动与示范作用逐步实现区域整体企业的绿色低碳化发展。

10.4　本章小结

目前,我国西部地区正处在以高碳产业为主的重工业化进程的关键时期。根据环境库兹涅茨曲线学说,我国的环境污染状况正处于环境库兹涅茨曲线倒U型的左侧,即处在制造业、重化工业发展迅速,对资源的耗费超过资源的再生能力,环境加速恶化阶段。环境问题将给西部地区经济发展带来巨大的负外部性,将对西部地区可持续发展带来巨大的制约。因此,本章从促进西部地区产业机构低碳高效优化的产业政策出发,把西部地区的产业细分为战略性产业、传统优势产业、大企业集团、中小企业集团,针对不同的产业类型,从促进西部地区产业低碳高效优化的产业结构政策、产业组织政策、财税金融政策入手,提出适应西部地区现阶段产业发展规律,能有效解决西部地区产业高碳化发展的产业政策,并且兼顾经济快速发展与生态环境保护。希望通过以上产业政策科学合理的运用,能发挥现实的指导作用,促进西部地区经济效益与生态效益同步发展。

第 11 章 总结与展望

本书针对西部地区新时期发展面临的绿色低碳化背景,研究了适合其快速绿色低碳发展的产业结构优化调整问题,针对西部地区的产业发展状况及产业结构存在的突出问题,提出了通过对西部地区产业结构优化调整,形成绿色低碳和生态高效的产业结构,以实现西部地区跨越式快速发展和可持续绿色发展的思路。并就西部地区产业结构的合理化、高度化、高效化、生态化问题,以及促进产业结构向绿色低碳和生态高效方向发展,提出了相应对策和政策建议。

11.1 本研究的主要内容及成果

以西部地区产业结构优化为切入点,研究和探索了西部地区在绿色低碳约束下实现高效快速发展的产业结构优化问题。通过对产业结构宏观和微观两个层面优化的系统分析,重点考察了西部地区产业结构的高效化和生态化方法和实现途径。针对西部地区的具体实际,提出了促进西部地区产业结构实现绿色低碳化和生态高效化的对策建议。

11.1.1 研究内容总结

针对西部地区的资源生态环境和产业发展状况,以及西部地区新时期发展面临的各种问题,探索产业结构状况对西部地区经济发展和生态环境的作用和影响,寻找影响西部地区产业高效快速发展和低碳绿色发展的产业结构问题,从理论和实证两个方面来剖析深层原因,探寻破解思路。在产业结构的宏观层面上探讨了产业结构优化的合理化和高度化问题,并分别从低碳农业、低碳工业、低碳服务业视角探讨了相应产业结构的绿色低碳优化思路及途径。在产业结构的微观层面上探讨了产业组织优化的高效化和生态化问题,重点从产业价值链、产业生态链、产业集群、循环经济、循环集群等层面探讨产业组织模式的生态高效优化思路及途径。根据西部地区的产业发展实际,提出相应的对策建议。本书研究的重点主要体现在以下方面:

(1)对产业系统及产业发展的相关理论进行了系统梳理和深入研究。在对绿色低碳经济、产业结构优化、产业结构生态化等相关研究及重要论述梳理及评述的基础上,对绿色经济与产业生态学的相关理论、低碳经济与可持续发展的相关理论、产业结构对生态环境影响的相关理论,以及产业结构调整优化的相关理论等进行了系统的总结和深入的研究,并根据我国西部地区的产业发展实际,对相关理论进行了补充完善。针对西部地区产业发展滞后和生态环境脆弱的实际,在产业结构优化调整中,不仅要在宏观层面上重视传统的产业结构合理化和高度化问题,更需要微观层面上重视现代的产业结构高效化和生态化问题,并将产业结构的微观基础——产业组织结构的高效化和生态化,作为实现产业结构高效化和生态化的一条重要途径。

(2)对西部地区产业发展及结构状况进行了系统考察和实证分析。通过对西部地区产业总体发展状况系统考察,以及分别对西部地区农业、工业、服务业发展情况深入分析,揭示了西部地区三次产业的发展情况,以及各产业之间和各产业内部的结构状况及结构特征等。探寻了在新的历史发展时期,西部地区要实现高效快速发展和低碳绿色发展,在产业结构方面存在的三次产业结构不够合理、褐色高碳产业比例过高、高新技术产业比例过低、产业价值链与生态链相互分离等主要问题。通过对西部地区产业结构高碳低效状况的深度剖析,及其产生原因的深入分析,借鉴国内外在产业结构绿色低碳优化方面的成功经验,结合西部地区实际提出对西部地区产业结构高碳低效状况的破解思路,及其产业结构的低碳高效化路径。

(3)从宏观和微观两个层面对西部地区产业结构的优化进行了研究。在宏观上主要是从农业、工业、服务业三次产业层面,探索促进西部地区产业结构优化的绿色低碳农业、绿色低碳工业、绿色低碳服务业发展的相关问题,分析了绿色低碳农业的节碳固碳机理、绿色低碳工业的降碳节碳原理、绿色低碳服务业的绿色低碳原理,分析了西部地区工农业及服务业发展存在的高碳低效问题以及面临的机遇及挑战,提出了相应产业绿色低碳发展的技术路线、经济途径、选择模式。在微观上主要是从产业组织结构及运行机制层面,探寻促进西部地区产业结构优化的高效化和生态化问题,通过对相关产业生产组织结构存在的褐色高碳和粗放低效等问题的深入分析,提出了通过产业价值链与产业生态链有机整合、产业集群与循环经济深度融合等方法,对西部地区产业生产组织进行绿色低碳化合生态高效化改造的思路。

(4)促进西部产业结构向绿色低碳和生态高效方向发展的对策研究。在整个产业层面上提出了跨行业整合产业生态链条,构建跨业循环利用体系;跨产业整合产业生态链条,构建多路循环共生网络;跨层面整合各类产业生态链条,构建循环产业集群等的对策建议。针对西部地区资源型产业所占比重较大,对产业结构特征和生态环境状况影响较重的特点,提出了基于产业组织生态化的产业结构低碳高效优化对策,即通过重组与整合资源型产业组织的价值链,来提升资源型产业的生产效率和经济效益;通过重组与整合资源型产业组织的生态链,来提升资源型产业的资源效率和生态效益;通过对产业价值链和产业生态链的有机整合与深度融合,来构建资源循环型产业集群。并根据西部地区产业发展的具体实际,从产业结构政策、产业组织政策、财税金融政策等方面,提出了促进西部地区产业结构绿色低碳优化和生态高效优化的政策建议。

11.1.2　取得的成果与结论

针对绿色低碳发展这一全球化的发展浪潮,党的"十八大"将生态文明建设列入了"五位一体"的小康社会建设任务之中,并提出了在 2020 年全面建成小康社会的奋斗目标这一历史要求;以及在新一轮西部大开发这一历史阶段,西部地区不仅需要跨越式地快速发展,更需要可持续绿色发展,才能与全国同步建成小康社会。本研究根据西部地区的产业发展现状和资源环境状况,围绕西部地区在新的历史发展时期要实现跨越式快速发展和可持续绿色发展所需的产业结构条件,分析西部地区产业结构存在的主要问题及调整优化思路,除了从宏观层面对西部地区产业结构的合理化和高度化问题进行了系统分析,还着重从微观层面对西部地区产业结构的高效化和生态化问题进行了深入研究,并在理论研究、实证研究、对策研究方面得出一些有价值的成果和重要结论,主要表现在以下几个方面:

(1)在理论研究方面。通过对相关文献的梳理和对相关理论的总结,理清了绿色经济、低碳经济、产业生态化、可持续发展的相关概念,以及它们之间的相互关系。研究了不同产业结构对产业经济发展的作用以及对自然资源和生态环境的影响,重点考察了产业比例、产业组织、产业布局等的结构不当对自然生态环境产生的结构性污染。在对产业结构调整优化的相关理论研究中,系统研究了产业结构的合理化、高度化、高效化和生态化等方面的问题,特别是针对西部地区产业发展滞后和生态环境脆弱,着重对产业结构的高效化和生态化问题进行了研究,指出在西部地区新的发展阶段,产业结构的调整优化不仅是产业结构的合理化和高度化问题,更重要的是产业结构的高效化和生态化问题。虽然产业结构的合理化和高度化的目的也是为了高效化,但仅从宏观层面合理化和高度化获得的高效化还不全面,还应从微观层面,即通过产业组织的优化调整来实现高效化和生态化。

(2)在实证分析方面。通过对西部地区产业总体发展状况的宏观分析,以及对西部地区农业、工业、服务业发展情况的具体分析,对西部地区三次产业的发展及构成情况有了较为全面的把握,对各产业之间的比例关系及各产业内部结构状况也有了大致的了解,在一定程度上揭示了西部地区产业结构呈现的基本特征及存在的主要问题。主要包括:三次产业的比例结构不合理、褐色高碳产业比例过高,产业生产效率低下,经济效益欠佳;产业价值链与产业生态链相分离,资源利用效率低,生态效益不好等。此外,还针对西部地区农业、工业、服务业中产业生产组织的高碳低效问题进行了剖析,并对西部产业结构存在问题的原因进行了分析,在一定程度上揭示了西部地区产业结构总体呈现高碳低效特点的根源。主要包括产业结构尤其是工业结构不合理,资源型高碳型产业比例过大;能源消费结构和消费方式不合理,主要是黑色高碳能源和褐色消费方式生产组织结构不合理,技术落后,方式粗放,从而导致生产效率低下,环境污染严重。这些分析结果为进一步提出破解思路和解决对策提供了依据。

(3)在对策研究方面。针对西部地区产业结构存在的问题及形成的原因,根据西部地区产业发展及生态环境状况的具体实际,借鉴国内外相关研究和实践的成功经验,提出了对西部地区产业结构存在高碳低效问题的破解思路,以及对产业结构进行低碳高效优化的有效途径。针对西部地区农业、工业、服务业生产组织模式中存在的高碳低效问题,从技术路线、经济途径、选择模式等方面提出了解决思路,并从产业组织层面提出了通过产业价值链与产业生态链的有机整合,产业集群与循环经济的深度融合,构建跨业资源多路循环利用体系和企业共生网络,形成绿色低碳生态高效的循环产业集群的绿色低碳化改造对策。针对西部地区资源型产业比重较大,许多支柱产业都是资源型产业,对自然生态和资源环境影响较大这一特点,提出了通过对产业价值链整合与重组来提高资源型产业的生产效率和经济效益,通过对产业生态链整合与重组来提高资源型产业的资源效率和生态效益,通过对产业价值链与产业生态链的有机整合构建低碳高效的资源循环集群等方面的产业结构低碳高效优化对策及政策建议。

11.2　本研究的创新和意义

　　本书对绿色低碳经济导向下的西部地区产业结构优化的研究,取得了一些具有理论意义和实践价值的创新成果,对于指导西部地区新一轮的产业结构调整,形成西部地区绿色低碳的可持续快速发展态势,实现与全国一道同步建成小康社会的奋斗目标,具有积极的现实指导意义。

11.2.1　本研究的主要创新点

　　本研究成果的创新点主要体现在对产业结构优化内涵深化的研究、对产业结构优化实现途径的研究、对西部地区产业结构优化路径和方法的研究、对西部地区产业结构优化的对策研究等几个方面。

　　(1)在产业结构优化的内涵深化研究方面。将绿色低碳和生态高效的思想融入到现代产业结构优化的内涵中去,在理论上将传统的产业结构优化的内涵进行了充实和扩展。从传统观点看,产业结构优化的根本目的就是为了提高产业生产效率,因此传统的产业结构优化主要指宏观结构层面合理化和高度化,即产业之间或产业内部的宏观比例关系向更为协调合理的方向变化,使资源在产业间得到更为合理的配置和更为有效的利用,使产业结构的整体质量和效率进入更为高级的状态。从现代观点看,产业结构的优化除了要追求产业生产效率的提升,还要追求资源环境效益的改善,因此现代的产业结构优化更应该强调产业结构的高效化和生态化,即通过宏观比例构成和微观关联机制的优化调整,形成绿色低碳和生态高效的产业结构,从而实现产业经济效益与资源环境效益的有机统一。因此本研究认为产业结构的优化不应只是产业结构的合理化和高度化,更应强调产业结构的高效化和生态化。这在一定程度上充实和完善了原有的产业结构优化理论。

(2)在产业结构优化的实现途径研究方面。将原来产业结构优化调整的途径,从产业比例构成的宏观层面,拓展到产业组织模式的微观层面。传统产业结构的优化,主要是表现为宏观层面上合理化和高度化,通过对产业之间和产业内部存在的不协调的比例关系和低效率的比例构成进行调整,使产业间的协调能力和关联水平得到有效提升,资源在产业间得到更为合理配置和更为有效利用,从而使产业结构的整体质量和效率进入一个更高级状态。虽然产业结构的合理化和高度化本身就是为了实现高效化,也可以在某种程度上形成低碳化。但仅仅通过宏观层面的合理化和高效化调整,来实现高效化和低碳化是远远不够的,因此,还必须从产业结构的微观层面,对产业组织模式这一产业结构的微观基础进行优化调整,才能真正实现产业结构的高效化和生态化。研究结果表明,在相同的产业比例构成下,不同的产业组织结构和模式会表现出不同的功能和效率,产业组织结构和模式的调整优化,是产业结构高效化和生态化的一条重要途径,这是对原有产业结构优化理论的重要扩展。

(3)在西部产业结构优化的路径方法方面。本书通过对西部地区的产业发展条件和产业结构状况的深入分析,揭示出西部地区产业结构从总体上来说存在着三次产业结构不够合理造成的产业效率低下,褐色高碳产业比例过高造成的环境污染严重,产业价值链与产业生态链相分离造成的资源利用率不高等方面的问题,以及由此导致的产业结构在生产效率和经济效益以及资源效率和生态效益两方面的双低下状态。指出西部地区必须加快产业转型,从调整优化产业结构入手,形成低碳高效的生态型产业结构,这其实现绿色低碳和高效快速发展的重要切入点。在借鉴国内外相关成功经验的基础上,针对西部地区的产业发展的具体实际,提出了西部地区产业结构低碳高效优化的总体思路和优化路径。以西部地区三大产业农业、工业、服务业为分析基础对象,在对其发展的趋势、面临的机遇和存在的挑战等方面进行深入分析的基础上,给出了各产业绿色低碳高效发展的技术路线、经济途径和选择模式,及其产业组织模式低碳高效化改造的思路,指出了促进西部地区产业结构优化的路径和方法。

(4)在西部产业结构优化的对策研究方面。针对西部地区产业发展的具体实际,提出了通过对产业组织模式的有机整合与生态化改造,来推进西部地区产业结构的高效化和生态化对策。通过对产业价值链的价值创造高效特征以及产业生态链的生态绿色低碳特征的深入分析,提出了通过产业价值链与产业生态链有机整合,来实现高效化与生态化有机统一的对策;通过对产业集群组织模式的产业效率特征,以及循环经济组织模式的绿色低碳特征的深入分析,提出了通过产业集群与循环经济深度融合,来形成多路循环低碳高效产业集群结构的对策。特别是针对西部地区资源型产业比重较大,产业价值链与产业生态链相互分离,对自然生态和资源环境影响较大这一特点,提出了通过对产业价值链整合与重组来提高资源型产业的生产效率和经济效益,通过对产业生态链整合与重组来提高资源型产业的资源效率和生态效益,通过对产业价值链与产业生态链的有机整合构建低碳高效的资源循环集群等促进产业结构低碳高效优化的对策建议。这些对策建议在国内同类研究中都是首次提出。

11. 2. 2　研究成果的价值及意义

针对绿色低碳经济导向下的西部地区产业结构优化问题进行的系统研究,以及所取得的系列成果,对进一步充实和完善新时期的产业结构优化理论,指导西部地区绿色低碳发展的产业政策的制定,以及指导西部地区新一轮的产业结构优化调整,促进西部地区的产业结构向绿色低碳生态高效的方向发展,使西部地区走上跨越式快速发展和可持续绿色发展的道路,形成绿色低碳和高效快速的发展态势,从而逐步缩小与东部地区的发展差距,最终实现与全国一道同步建成小康社会的奋斗目标,具有重要的理论指导价值和积极的实践现实意义。成果的价值和意义主要体现在以下几个方面。

(1)对于充实和完善现代产业结构理论体系具有理论意义。随着人类经济社会的发展,人们已越来越清醒地认识到资源环境对人类生存和发展的重要性;认识到人类经济的发展不能以资源的过度消耗和生态的持续恶化为代价;认识到必须通过产业结构的优化和转型来实现绿色低碳发展和高效快速发展。传统产业结构优化理论注重的是通过产业结构的合理化和高度化来提高产业效率,而对产业的生态效益重视不够。本研究是在传统产业结构优化理论的基础上,引入绿色化和低碳化的思想,强调现代意义上的产业结构优化,不仅仅是产业结构的合理化和高度化问题,更应该重视产业结构的高效化和生态化,只有通过高效化才能实现产业的高效快速发展,只有通过生态化才能实现产业的绿色低碳发展。并指出在产业结构宏观层面的合理化和高度化,仅仅是产业高效化和低碳化的一个方面,只有在产业结构微观层面(产业组织结构)上都实现了高效化和生态化,才能真正实现产业结构的绿色低碳和生态高效。这对进一步充实和完善现代产业结构理论体系具有重要的学术价值和积极的理论意义。

(2)对于指导和推进西部新一轮产业结构调整有参考价值。西部地区与全国其他地区相比,存在着产业经济发展滞后和自然生态环境脆弱等方面的突出问题,在新一轮西部大开发实施和全国人民共同奔小康之际,西部地区面临着跨越式快速发展和可持续绿色发展双重历史重任,只有经过经济新一轮的产业结构优化调整和低碳转型,才能将原来具有高碳低效特征的产业结构转变为具有低碳高效特征的产业结构,才能为西部地区新时期的绿色低碳和高效快速发展奠定坚实基础。在产业结构宏观层面上对比例结构进行合理化和高度化调整的基础上,本研究提出了在产业结构微观层面上,通过对产业组织结构和产业组织模式的高效化和生态化调整,来进一步优化西部地区产业结构的思路,这为低碳经济背景下的新一轮西部地区产业结构的优化调整开拓了思路和视野。本书是从西部地区产业发展的实际出发,借鉴国内外相关成功经验提出的,西部地区产业结构低碳高效化的指导思想与基本原则,总体思路和优化路径等,对于指导西部地区新一轮产业结构的优化调整具有实际的参考价值。

(3)对于推进西部产业的绿色低碳高效发展具有指导意义。鉴于西部地区特殊的自然资源环境和经济发展状况,在新的历史发展时期,西部欠发达地区必须走绿色低碳发展和高效快速发展之路,才有可能逐步缩小与其他发达地区的差距,才有可能真正实现与全国一道同步建成小康社会的奋斗目标。本研究针对西部地区各产业发展面临的生产效率低下经济效益欠佳,以及资源效率不高、生态效益不好的双重困境,提出了相应的破解思路。针对西部地区农业、工业、服务业要实现绿色低碳和高效快速发展,存在的产业生产组织结构的高碳低效障碍,通过对各产业绿色低碳发展过程中的节碳、固碳、降碳、环保等机理的分析,以及对西部地区各产业低碳高效发展所面临的机遇与优势、挑战与劣势的分析,提出了促进绿色低碳高效农业、绿色低碳高效工业、绿色低碳高效服务业快速发展的技术路线、经济途径和选择模式,给出了西部地区产业生产组织结构和组织模式进行绿色低碳高效化改造的方法和路径,这对推进西部地区相关产业的绿色低碳发展和高效快速发展具有实践指导意义。

(4)对于制定区域生态化发展的相关产业政策有参考价值。本研究是以一种新的思维构架和观察视角来审视区域的绿色低碳发展和高效快速发展问题,针对绿色低碳约束下的产业结构优化,研究视角从产业结构的宏观层面扩展到产业结构的微观层面,研究重点从只注重产业结构的生产效率和经济效益转向生产效率和经济效益与资源效率和生态效益并重,研究思路从单一产业内独自的生态化扩展到不同产业间互动的生态化。提出了以产业各环节的价值增值和价值创造以及资源的高效利用和循环利用为基础,通过对产业价值链与产业生态链进行深度的有机整合与生态化改造,实现产业链层面上经济效益与生态效益的有机统一。通过对产业集群体与产业循环链进行深度的有机融合与生态化改造,形成低碳绿色高效生态的循环产业集群,并以此为基础构建西部地区"绿色增长极",从而带动整个西部地区实现跨越式快速发展和可持续绿色发展等方面的思路。为决策者制定促进区域经济实现绿色、低碳、高效、生态化发展的相关产业政策提供理论依据和决策参考。

11.3 进一步的研究与展望

以绿色低碳这一约束背景,研究西部地区在新时期的绿色低碳发展和快速高效发展中所面临的产业结构优化问题是一个庞大的系统工程,涉及区域经济、绿色经济、低碳经济、产业结构、产业组织、产业生态、可持续发展等多个研究领域。本书的研究已初步形成了西部地区产业结构优化的理论框架,并取得了一些很有意义的研究成果,但由于时间精力和篇幅所限,本书的研究相对于整个研究视角和领域来说,还存在许多需要进一步充实和完善的地方,很多问题还有待进一步地深入研究。

11.3.1 有待深入研究的问题

本书对绿色低碳经济导向下的西部地区产业结构优化的研究,除了在产业结构合理化和高度化方面的研究外,更加侧重于对产业结构高效化和生态化的研究。然而,一个产业体系的功能和效率,不仅与它的宏观结构有关,而且与它的微观机制有关,在产业宏观结构相同的情况下,甚至其微观结构也相同的情况下,不同的微观运行机制也会产生出不同的功能和效率。本书主要侧重于对产业结构优化的宏观结构关联的研究,而对产业结构优化的微观运行机制方面的研究涉及得较少。虽然以资源型产业为例,详细讨论了对产业生产组织结构进行绿色低碳高效优化改造的方法和途径,但对其产业价值链与产业生态链进行有机整合,对其产业集群与循环经济经济进行深度融合,最终形成绿色低碳高效生态型产业结构等方面微观机制的研究,无论从广度上还是深度上来说都还远远不够。有待深入研究的问题主要包括以下几方面:

(1)对于产业结构低碳高效优化微观运行机制方面的研究。传统的产业结构优化往往只是从产业的宏观层次上考虑,在宏观层次上需要我们的政府制定一系列的政策法规去引导企业、产业改变原有的投资方式、生产结构和运行模式,从而引导产业结构向更为优化的方向发展。而对于产业结构的微观基础——产业组织结构的优化同样也是非常重要的,就产业结构的低碳高效优化而言,产业组织的高效化和生态化是产业结构优化的量变,只有在产业组织结构不断优化量变的基础上,才会实现宏观产业结构低碳高效优化的质变,而产业组织结构的优化需要有相应的微观机制来保证。本书虽然提出了产业结构的优化必须兼顾到宏观和微观两个方面,但对于产业结构低碳高效优化的微观机制,特别是在产业价值链与产业生态链实现有机融合,产业集群与循环经济实现深度融合等方面微观机制的研究还有欠缺,还有待深入系统地研究。

(2)对于结构优化中产业价值链与生态链有机整合的研究。在产业系统中,企业之间的关系往往都是产业价值链或产业生态链的关系,不同产业链关系的连接构成了不同的产业组织模式。一般而言,价值链的经济效益较好但生态效益较差,生态链的生态效益较好而经济效益不足。虽然有时某条价值链本身也属于生态链的一部分,然而在自发的情况下产业价值链与产业生态链往往是相互分离的。若单纯地追求价值链的发展,就容易造成资源的破坏、环境的污染、生态的恶化。若单纯地追求生态链的发展,也会影响当地产业的发展效率,导致发展的低效和缓慢。因此,只有将产业价值链与产业生态链进行有机整合,才能实现经济效益和生态效益的统一。然而不同领域不同产业不同行业的产业链条种类繁多,纷繁复杂,千差万别,如何按照物质代谢规律,将其中的价值链与生态链进行有机的整合是需要进一步深入研究的问题。

(3)对于某区域和行业产业结构低碳高效优化的具体研究。本研究提出的通过产业结构的高效化和生态化,为西部地区的绿色低碳发展和高效快速发展奠定基础,从而促进西部地区实现可持续绿色发展和跨越式快速发展的思路,对西部地区产业的生态化发展具有普适性意义和参考价值。然而,对于某个具体的区域和某个具体的行业来说,通过产业组织层面的高效化和生态化来促进其产业结构的低碳高效优化,在微观层面上还有许多具体问题需要进一步深入研究。例如,对某个具体区域或某类具体行业产业组织结构的低碳优化和高效优化模式选择问题;对于某个具体地区或某个具体行业产业结构优化后的具体经济效益指标和生态效益指标评价方面的问题;具体区域或行业的产业结构优化所带来的成本增加与经济增益之间的关系问题;产业结构优化过程中政府、市场、企业间的相互作用问题等等,都需要深入研究。

(4)对于促进产业结构低碳高效优化产业政策的深入研究。本书在对西部地区产业整体发展状况进行系统研究,以及对西部地区的农业、工业、服务业进行深入分析的基础之上,针对其发展现状和存在的问题,借鉴国内外相关的成功经验,从产业结构、产业组织、财税金融等方面,提出了促进西部地区产业结构绿色低碳高效生态优化的相关产业政策建议。这些产业政策建议主要还是体现在宏观层面,在宏观上对西部地区产业结构绿色低碳高效生态化发展具有积极意义和促进作用。然而针对微观层面促进产业结构绿色低碳高效生态优化的产业政策研究还不足,有必要选择一个具体的行业和领域,在小范围内对其微观层面的产业促进政策进行深入地研究,以弥补宏观政策方面的缺陷和不足。例如,对产业生态链构建和运行的鼓励政策,对静脉产业和补链企业运行的补贴政策,对产业价值链与产业生态链有机整合的激励政策等,还需要深入系统研究。

11.3.2　进一步的发展与展望

在新的历史时期,绿色低碳发展已成为全球经济不可逆转的发展趋势。党的十八大提出了我国在 2020 年全面建成小康社会的奋斗目标,并把生态文明建设放在事关全面建成小康社会的更加突出的战略地位。西部地区经济的跨越式快速发展问题和可持续绿色发展问题,以及区域产业结构生态化问题已越来越受到人们的关注。对于西部地区绿色低碳经济导向下产业结构优化的对策研究具有重要的理论和现实意义。本项研究结果已初步形成了从宏观层面到微观层面对西部地区产业结构进行优化的理论框架,提出了在产业结构合理化和高度化的基础上,对产业结构进行高效化和生态化的思路、方法和路径。但就整个理论体系完善而言,还需要多个学科领域专家学者们的共同努力。随着绿色经济、低碳经济、生态经济等理论的不断完善和具体实践,必将有力推进西部地区绿色低碳和高效快速的发展,实现西部地区经济社会发展的历史性跨越。

(1)对于绿色低碳和高效生态经济理论不断完善的展望。本项目组将继续努力,针对该理论体系在中观和微观层面存在的缺陷进行深入地研究,特别是在产业组织优化改造的微观机制,绿色技术低碳技术生态技术升级的关键要素和控制条件,具体生态链与产业价值链的有机整合模式,产业集群与循环链网的深度融合机制,绿色低碳经济高效有序稳定运行的有效机制等方面进行深入研究和探索。对于特殊地域内某些特殊产业结构的生态化问题及其产业结构优化对策与政策培育问题进行更为深入的探讨,以提升理论的适用性、可行性和可操作性。同时也希望更多领域的专家学者关注本领域,特别是新型城市化及社会发展相关领域的专家学者为之做出贡献。我们相信在各领域学者的共同参与和努力下,绿色低碳和高效生态的产业结构理论体系一定能够得到尽快地完善,并对西部地区的绿色低碳和高效快速发展做出积极贡献。

(2)对于西部产业结构低碳高效与生态优化实践的展望。西部的一些地区目前已经具有了一定规模的产业基础,部分地区的循环经济、绿色经济、低碳经济的推行和产业生态园建设,以及生态省和生态城市建设也取得了一些可喜的成效,使西部地区已初步具备了对产业结构进行低碳高效优化和产业生态化的基本条件。只要西部地区各级政府和相关企业认识到位,按照本研究所提出的产业结构低碳高效优化对策和保障措施,结合本地的资源环境状况和产业发展条件的具体实际,进行科学合理的规划设计,对产业结构进行合理化、高度化、高效化和生态化调整,采取有效措施聚合各种有利因素,营造产业结构生态化改造和发展所需的软硬环境和社会氛围,通过体制机制创新,建立和完善相关政策扶持体系,充分调动政府、企业和市场的改革力量,就一定能够通过结构调整形成绿色低碳和高效生态的产业结构体系。

(3)对于西部地区实现绿色低碳和高效快速发展的展望。我国的西部地区大多属于欠发达地区,其生态环境脆弱、经济发展落后,与全国的其他地区存在着较大差距,要实现与全国同步实现建成小康社会的奋斗目标,就必须走跨越式的快速绿色发展之路,而绿色低碳高效生态型产业结构是实现绿色低碳和高效快速发展的基础。在新一轮西部大开发这一新的历史发展时期,西部地区肩负着跨越式快速发展和可持续绿色发展的双重历史重任。只要西部地区能够采取有效的方式,通过对产业结构的合理化、高度化、高效化、生态化调整,形成绿色低碳高效生态的产业结构体系,就可以走上跨越式快速发展和可持续绿色发展之路,通过其强劲的绿色发展和低碳发展动力,形成跨越式的快速发展态势,使西部地区在保持绿水青山的情况下,不断缩小与我国其他地区的差距,最终实现西部地区经济社会发展的历史性跨越。

后　记

由于地理位置、自然环境和历史文化等方面的原因,我国西部地区的生态环境较为脆弱,产业经济发展落后,其中相当多的地区仍处于欠发达欠开发状态,其经济社会发展水平与全国其他地区相比存在着较大差距,而且这种差距在某种程度上还呈现出越来越大的趋势。新一轮西部大开发的实施,为西部地区快速发展和加快转型,尽力追赶和逐步缩小与我国其他地区的差距提供了历史性机遇。西部地区地大物博,自然资源丰富,是我国资源和能源的续接地,对其开发建设和加快发展,对于促进区域经济协调发展,缩小地区间的发展差距,保持我国经济持续稳定的长波发展都具有十分重要意义。然而,西部地区又是我国大江大河的源头和重要的自然生态屏障,面对其脆弱的自然生态环境和落后的产业发展状况,采用何种方式如何加快发展,成为人们必须认真面对和深入思考研究的问题。

自新一轮西部大开发战略开始实施以来,党和国家已把深入实施西部大开发战略作为一项重大的战略任务摆在了更加突出的位置。党的十八大提出了在2020年全面建成小康社会的新要求,把生态文明建设提升至与经济、政治、文化、社会四大建设并列的高度,成为全面建成小康社会任务的重要组成部分,为西部地区新时期的快速发展指明了方向。西部地区不仅需要高效快速发展,更需要低碳绿色发展,只有走跨越式快速发展和可持续绿色发展之路,在发展过程中不仅要追求经济效益,更要追求生态效益,才有可能与全国一道实现全面建成小康社会的奋斗目标。然而要想实现绿色低碳发展和高效快速发展,就必须要有绿色低碳高效生态的产业结构作支撑。本项目研究团队以新一轮西部大开发的产业结构调整为对象,研究了绿色低碳约束下的西部地区产业结构优化问题,就是为了在西部这新一轮结构调整中,为产业结构的绿色低碳和高效生态优化寻找对策。

　　本书的研究成果是在原贵州省省长基金专项课题研究成果的基础上，经过研究范围的扩展和研究内涵的深入而逐渐形成的。整个研究过程历时五年多，曾先后得到国家社科基金研究项目、商务部委托研究项目、贵州省社科规划办重大招标研究项目、贵州省科技厅软科学研究计划、贵州省省委组织部高层次人才项目等项目研究经费的资助。整个研究团队以持之以恒、坚持不懈、团结攻坚、协作克难的精神，经过多次的实地调研、文献梳理、理论研讨、问题剖析、思路探讨和对策分析，对整个研究报告多次反复修改后定稿。在研究过程中，本项目研究团队先后发表了相关研究论文 15 篇，其中有 3 篇被 SCI 和 EI 收录，有 3 篇为 CSSCI 核心期刊收录，有 8 篇为北大核心期刊收录。部分研究论文及观点被国务院发展研究中心的国研网、中国政府创新网、中国环境网、中国经济信息网、人大经济论坛、人民网经济理论版、人大复印资料、中国社会科学文摘等多家权威学术媒体转载。

　　在本项目研究过程中，得到了贵州财经大学产业经济学省级重点学科、西部欠发达地区经济发展研究中心、贵州省经济系统仿真重点实验室等单位在人财物方面的大力支持。本书的形成和出版得到了人民出版社集团和中联华文公司的鼎力帮助。在项目研究和成果形成过程中，蔡绍洪教授负责总体设计和主持研究，以及全书提纲的拟定和书稿的统撰工作；赵普、张杰飞、姚昊、杨杨等教授博士，以及常兴仁副教授、研究生陆阳同学在本项目的研究设计、考察调研、资料收集、数据分析、模型处理、综合协调、成果整理、报告撰写，以及全书的整理出版等方面都做出了突出贡献。此外，本项目的研究还得到了刘文江、袁开福、魏媛、苏洁等教授博士，以及钱怡帆、张雅祺、侯显涛、黄婷、余胜、张丰羽、张克克、王宝刚等研究生，在资料收集、数据整理、报告撰写等方面的倾力帮助。在此，对上述单位给予的宝贵支持以及同事们和同学们付出的辛勤劳动表示衷心感谢！

　　此外，在项目研究和本书的撰写过程中，参阅了大量的文献资料和档案数据，作者在此一并致谢。由于作者的学识水平和本书篇幅有限，书中难免存在种种不足甚至错误，敬请同行专家和读者们给予批评指正。

作者

二〇一五年九月